一流本科专业一流本科课程建设系列教材

高级会计学学习指导

主　编　孙自愿

副主编　蒋卫东　李秀枝　李文美　董　锋

参　编　张亚杰　谢　梅　张　涛　朱　玥　赵　旸

机　械　工　业　出　版　社

“高级会计学”是随着社会经济的发展，对原有的财务会计理论体系进行补充、开拓和延伸而产生的一门会计学专业课程。本书是与孙自愿教授主编的《高级会计学》教材配套的辅导用书，按照教材各章的内容顺序编写，每章共分五个模块：本章要点回顾、重点与难点精析、牛刀初试、习题解答、案例分析等。本书可作为会计学专业本科生（已学完“中级财务会计”课程）、专业会计硕士（MPAcc）的学习指导用书，也可作为财务会计领域工作人员的学习参考书。

图书在版编目（CIP）数据

高级会计学学习指导/孙自愿主编. —北京：机械工业出版社，2022.6

一流本科专业一流本科课程建设系列教材

ISBN 978-7-111-71075-2

Ⅰ.①高… Ⅱ.①孙… Ⅲ.①会计学-高等学校-教学参考资料 Ⅳ.①F230

中国版本图书馆CIP数据核字（2022）第113470号

机械工业出版社（北京市百万庄大街22号 邮政编码100037）
策划编辑：常爱艳 刘鑫佳 责任编辑：常爱艳 刘鑫佳 徐子茵
责任校对：史静怡 张 薇 封面设计：鞠 杨
责任印制：张 博
中教科（保定）印刷股份有限公司印刷
2023年1月第1版第1次印刷
184mm×260mm · 13.75印张 · 332千字
标准书号：ISBN 978-7-111-71075-2
定价：45.00元

电话服务	网络服务
客服电话：010-88361066	机 工 官 网：www.cmpbook.com
010-88379833	机 工 官 博：weibo.com/cmp1952
010-68326294	金 书 网：www.golden-book.com
封底无防伪标均为盗版	机工教育服务网：www.cmpedu.com

序

中国矿业大学会计学专业1983年开始招收本科生，2003年成为江苏省首批“高等学校品牌专业建设点”，2006年被正式授予省级“品牌专业”称号，2010年被教育部、财政部遴选为“高等学校特色专业建设点”，2012年成为江苏省高等学校本科“工商管理类重点专业”的核心专业，2019年被教育部遴选为中央赛道的“国家一流本科专业建设点”。会计学学科1993年获“会计学（学术型）”硕士学位授予权，2011年获专业会计硕士（MPAcc）学位授予权，2013年在管理科学与工程一级学科下自主增设“财务管理系统工程”二级学科博士点，已经形成了本科、专业型硕士、学术型硕士和博士研究生多层次人才培养格局。为进一步提升中国矿业大学会计学专业本科人才培养质量，彰显中国矿业大学会计学专业“立信创行”的人才培养特色，扩大中国矿业大学会计学专业办学示范效应和社会声誉，建设国家一流会计学本科专业，我们组织编写或修订了这套“一流本科专业一流本科课程建设系列教材”。

本系列教材包括《基础会计学》《中级财务会计》《成本会计学》《高级会计学》《财务管理学》《管理会计》和《审计学》七本教材及其配套学习指导，编写或修订的指导思想是：紧密结合我国会计改革与发展实践，适应经济全球化与人工智能时代对会计教育提出的挑战，遵循会计学专业本科教育规律，满足中国特色社会主义市场经济对会计人才的需求。各教材的编写或修订力求做到“全、准、新、中、顺”，服务中国矿业大学会计学国家一流本科专业培养目标。编写或修订的具体思路是：

（1）基础性与前瞻性并重。本系列教材的编写或修订既注重对各学科基础知识、基本理论和基本技能的全面介绍与准确表述，又重视科学预测与概括经济全球化、知识经济与人工智能时代各学科最新的发展动态，确保系列教材的知识含量与理论高度，基础性和前瞻性并重。

（2）本土性与时代性并重。本系列教材的编写或修订既立足我国会计改革实践，遵循会计实际工作经验与规律，又兼顾国际会计趋同需要，实现会计国家特色与国际化的协调。同时，依据中国特色社会主义市场经济建设对高质量会计专业人才的培养需求，结合各教材的特点，尽可能增加各教材的思政元素，本土性与时代性并重。

（3）系统性、综合性和研究性并重。本系列教材的编写或修订既突出各学科理论体系的完整性和系统性，又考虑会计学专业各主干学科之间的内在逻辑联系，强调各教材内容的衔接性、互补性和综合性。各教材章节编排力求按问题提出、理论介绍、模型推演、案例分析的研究型教学范式进行，系统性、综合性和研究性并重。

由于水平和经验有限，在系列教材的编写过程中对一些问题的认识还不够深刻，各教材均可能存在不成熟或谬误之处，恳请读者批评指正。

中国矿业大学一流本科专业一流本科课程建设系列教材编审委员会

前言

“高级会计学”课程是会计学专业财务会计课程体系中的三大主干课程（基础会计、中级财务会计、高级会计学）之一，是对财务会计理论与会计方法的高阶提升。它系统讲授财务会计领域中若干新产生的、特殊的问题，是会计基本理论与方法在财务会计领域中的应用，也是会计学专业难度较大、涉及面较广、信息量十分丰富的一门课程。与一般财务会计课程相比较，“高级会计学”课程具有内容新颖、理论性强、难度大、专题化、多维性、变动性大等研究型课程的显著特点。

本书的适用对象是会计学专业本科生（已学完“中级财务会计”课程）、专业会计硕士（MPAcc）和其他致力于财务会计领域的学习、工作与研究的人员。本书按照主教材各章的内容顺序编写，每章共分为五个模块：第一个模块是本章要点回顾，通过思维导图简明扼要地点出本章需要掌握的内容要点；第二个模块是重点与难点精析，主要针对本章需要掌握的重要内容和疑难知识点进行深度分析；第三个模块是牛刀初试，包括单选题、多选题、判断题、简答题、业务题等练习题；第四个模块是习题解答，给出了第三个模块习题的参考答案；第五个模块是案例分析，分析了一些与本章内容相关的案例资料，供读者进一步理解和掌握相关知识，以增强读者的高级会计实务核算技能，适应国家培养高质量会计人才的需要。

本书共分为十一章，内容由全体编写人员经过多次讨论、修改、完善后确定。具体编写分工如下：第一章、第二章、第十一章由孙自愿编写，第三章由李秀枝、孙自愿编写，第四章、第五章由李文美、朱玥编写，第六章由孙自愿、董锋编写，第七章由孙自愿、蒋卫东编写，第八章由孙自愿、张亚杰编写，第九章由谢梅、张涛编写，第十章由孙自愿、赵旸编写。感谢张诗宇（第一章、第十一章）、沈燕（第二章）、郭依慧（第三章）、朱方明（第四章、第五章）、王晓琳（第六章）、王潇赞（第七章）、董钰婷（第八章）、尹若水（第九章）、马琳（第十章）的资料收集、整理及核对工作。

本书为中国矿业大学特色专业教材建设项目“高级会计学”（2020TJC08）、教育部人文社会科学研究一般项目（18YJA790070）、中国矿业大学高级会计学 MOOCs 课程建设（2019YKF15）、中国矿业大学国家级一流本科课程“高级会计学”线上线下混合式一流课程培育项目、中国矿业大学研究生教育教学改革研究与实践项目“专业学位研究生‘产学研用’协同融合培养机制研究”（2019YJSJG006）的阶段性成果。

本书从立项、结构安排到具体写作，得到了中国矿业大学相关领导、专家的热情鼓励与支持，在此表示衷心的感谢。

由于编者水平有限，书中难免有错误和不当之处，恳请各位读者不吝赐教，以便我们及时修正，不胜感激！

编　者

目录

第一章

高级会计学的基础理论

模块一　本章要点回顾

本章思维导图如图 1-1 所示。

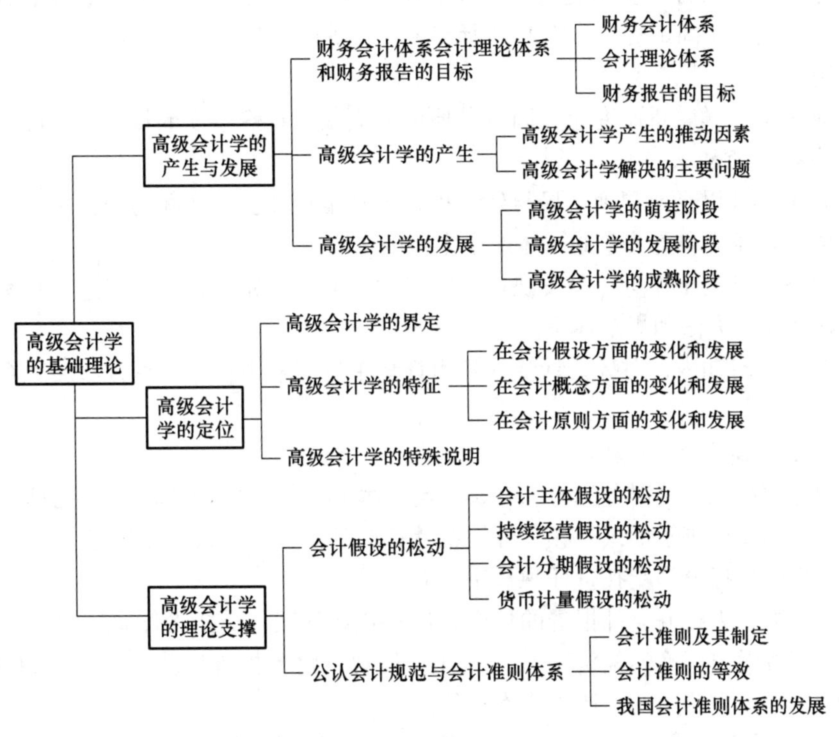

图 1-1　本章思维导图

模块二　重点与难点精析

会计是以货币为主要计量单位，以凭证为依据，采用科学的方法，对会计主体的经济活动进行全面、综合、连续、系统的核算和监督，并向利益相关方提供会计信息的一种经济管理活动。

1. 财务会计与管理会计的区别

财务会计主要是对外报告会计，管理会计主要是对内报告会计，这是二者最主要的区别。

财务会计主要是通过传统的记录、核算并定期编制财务报告的专门方法，提供给企业一定日期的财务状况以及一定期间的经营成果和现金流量情况的相应经济管理活动。

管理会计主要是指根据管理者的需要和成本效益分析原理的要求，通过一系列专门方法，对财务会计提供的资料及其他有关资料进行整理、计算、对比和分析，使企业各级管理者能对日常发生的一切经济活动进行规划与控制，并帮助其做出各种专门决策的一整套信息处理系统。

2. 财务会计体系的细分

财务会计体系可细分为基础会计、中级财务会计和高级会计学。

（1）基础会计（也称为会计学原理）主要阐述会计确认、计量、记录和报告的一般原理，属于入门级理论体系。

（2）中级财务会计着重阐述企业一般会计事项，如货币资金、应收款项、存货、流动及长期负债、投资、固定资产、损益、所有者权益等的会计处理，是财务会计一般理论与方法的运用。

（3）高级会计学着重研究企业因各种原因所面临的特殊事项或特殊行业的会计处理。

3. 财务会计的特点

（1）财务会计以企业管理当局与外部投资者甚至是社会大众间的信托关系为重，主要为外界与企业有经济利益关系的团体或个人服务。

（2）财务会计的工作重点是反映过去已经发生或已经完成的会计信息，且有一套约定俗成的会计程序、方法和规范体系。

（3）在一定时期内，财务会计统一货币计量单位，采用特定核算方法反映企业的经营管理活动。

4. 会计理论体系

会计理论体系包括：财务报告的目标；与环境和主体有关的假设及其他理论概念；基本会计原则，如实质重于形式，相关性原则等；会计方法，如折旧方法等。

财务报告的目标分为受托责任观和决策有用观。

受托责任观认为财务会计报告的目标是反映企业管理者受托责任履行情况，帮助财务会计报告使用者做出正确的经济决策。受托责任观下财务报告反映的会计信息是可靠的、有据可依的，因为它使用的是历史成本计量。

决策有用观认为财务报告的目标是保证财务报告使用者获得充分有效的信息，帮助其做出相应的决策。决策有用观下财务报告反映的会计信息是公允的，但不一定可靠，因为它包括关于企业未来情况的信息。

5. 会计理论的结构

（1）会计的目标是为企业内外部信息使用者提供决策所需要的财务资料，它是会计理论的第一层次和核心。

（2）会计的假设、概念和原则是会计理论的第二层次和基础。

（3）会计程序和方法即根据会计的假设、概念和原则处理经济业务的具体步骤和方法，它是会计理论的第三层次和实现过程。

（4）应用于实际工作中的会计准则是会计理论和方法的具体规范和实施细则，它是会计理论的第四层次和参考依据。

（5）财务报告及其中的报表是会计理论的第五层次和最终表现形式。

6. 高级会计学的产生

高级会计学产生的推动因素有：工业革命和科技革命带来的经济发展助推会计改革；企业合并、兼并及跨国并购整合的潮流席卷全球；金融工具多样化，世界经济一体化；企业经营范围、经营业务的多元化；货币币值不稳定及通货膨胀问题。

高级会计学解决的主要问题有：集团公司内部的特殊经济业务产生的问题，会计与税收差异的相关问题，外币波动产生的问题，物价波动产生的问题，因新行业、新经济业务出现而产生的其他问题，兼并重组与破产清算产生的问题。

7. 高级会计学的内容界定

（1）高级会计学属于财务会计范畴。

（2）高级会计学处理的是企业面临的特殊事项。

（3）高级会计学所依据的理论和采用的方法是对原有财务会计理论与方法的修正。

8. 高级会计学的特殊说明

高级会计学与中级财务会计的主要区别如下：

（1）涉及的业务范围不同。高级会计学核算和监督的部分内容是中级财务会计没有或者是不经常发生的业务事项，主要表现为一些特殊经济业务和特殊经营方式企业的特殊会计事项。

（2）对会计业务反映的连续性、系统性和全面性不同。高级会计学所反映的会计业务有些只发生于某一特定时期，且既可能发生于所有企业，也可能只发生于部分企业。

高级会计学属于财务会计范畴（相对于管理会计而言），原因如下：①它也是以货币为主要计量单位进行核算的；②它也是以合法的会计凭证为记录经济业务的依据的；③它也是依据会计凭证登记账簿，依据账簿编制对外报出的财务报告的；④从本质上看，它也是以记录经济业务为手段而全面介入企业经营的一种管理活动。

总之，高级会计学的会计方法与中级财务会计一致，也符合财务会计的一般特征。

9. 会计假设的松动

客观经济环境的变化造成的会计假设（会计主体、持续经营、会计分期、货币计量）松动，是高级会计学形成的基础。

“松动”有两层含义：一是原有的客观条件发生了较大变化，难以用原有的方式给出假设；二是原有的假设条件被客观形势所限，或被彻底否定。

会计假设的松动使会计学研究从以会计假设为核心转为以会计目标为核心。

（1）会计主体假设的松动。实践中产生了多层次、多方位的会计主体，由此形成分支机构会计、合并报表会计、分部报告会计等特有的会计分支。

（2）持续经营假设的松动。实践中有些企业难以持续经营而需要重组或解体，由此形成了企业解散、重组或破产清算的会计业务。

（3）会计分期假设的松动。实践中突破了以年度为核心的会计期间，由此形成了一些特殊的跨期摊配事项和损益确认事项。

（4）货币计量假设的松动。实践中由于存在不同货币而引发的有关记账本位币的确定问题和币值不稳定而引发的物价变动问题，由此形成了外币业务会计与物价变动会计。

10. 会计准则的等效

“等效”是指当东道国的准则、规定与外国公司的国家准则、规定充分接近或在功能上具有相互替代性时，东道国免除外国公司必须执行东道国准则、规定的要求。“等效”并不意味着相关准则、规定完全相同。

具体到“会计准则等效”，则是指企业在本国以外实施《国际财务报告准则》的国家或地区上市时，按照本国会计准则编制的财务报告不再需要进行调整，即使调整也只对个别项目做出说明或者编制极少项目的调节表即可，无须再按《国际财务报告准则》进行全面转换。如果按照某国会计准则编制的财务报告与按照《国际财务报告准则》编制的财务报告相比，能够让投资者对证券发行企业的财务状况、盈利状况及发展前景做出相似判断，并且很可能会使其做出相同的投资决定，就可以认为该国会计准则与《国际财务报告准则》等效。

11. 会计计量基础分类

根据会计计量过程和依据，可以将会计计量基础归纳为三类：

（1）以成本为基础的计量，即历史成本。

（2）以现行市场价格为基础的计量，包括公允价值、重置成本、可变现净值。

（3）以现金流量为基础的计量，即现值。

需要注意的是，以上三类会计计量基础在计量成本和相关性方面依次增强。

模块三　牛刀初试

一、单选题

1. 以会计基本假设的非标准或非典型情况作为参考依据的财务会计是（　　）。

A. 高级会计学　　B. 基础会计

C. 中级财务会计　　D. 以上都不是

2. 高级会计学研究的对象是（　　）。

A. 企业所有的交易和事项

B. 企业面临的特殊事项

C. 对企业一般交易事项在理论与方法上的进一步研究

D. 与中级财务会计一致

3. 高级会计学产生的基础是（　　）。

A. 会计主体假设的松动

B. 持续经营假设与会计分期假设的松动

C. 货币计量假设的松动

D. 以上都是

4. 现时成本会计对资产负债特有的计量原则是（　　）。

A. 现时价格计量　　B. 历史成本计量

C. 成本与市价孰低计量　　D. 成本与可变现净值孰低计量

5. 下列内容没有被包括在本书所介绍的内容中的是（　　）。

A. 企业合并会计　　B. 物价变动会计
C. 人力资源会计　　D. 企业清算会计

二、判断题

1. 高级会计学不属于财务会计范畴。（　）

2. 高级会计学是一门随着社会经济的发展，对原有的财务会计内容进行补充、延伸和开拓的会计学。（　）

3. 高级会计学所依据的理论和采用的方法与原有财务会计理论与方法截然不同。（　）

4. 高级会计学核算的核心就是计量的过程，确认的意义是为了计量，而报告就是计量的结果。（　）

5. 以现金流量为基础的计量即现值计量。（　）

6. 高级会计学处理的是会计假设松动前提下，企业面临的特殊事项或业务。（　）

7. 以成本为基础的计量即历史成本计量。（　）

8. 高级会计学是对现有中级财务会计未包括的业务以及随着客观经济环境变化而产生的新业务以新的会计观念进行反映和监督的会计。（　）

模块四　习题解答

一、单选题

1. A

【解析】高级会计学是以会计基本假设的非标准或非典型情况作为对象，其所涉及的会计确认、计量和报告方法，有的可能已经达成了共识或形成了公认会计准则，但与标准或典型会计基本假设情况下所形成的公认会计准则具有明显的差异；有的则可能尚未达成共识，对该类问题的处理还存在着很大的分歧，更没有形成相应的公认会计准则。选项 A 正确。

2. B

【解析】高级会计学的研究主要是承接中级财务会计，针对企业会计中的一些特殊事项加以研究和学习。选项 B 正确。

3. D

【解析】高级会计学产生的基础是会计四大基本假设的松动，即会计主体假设的松动、持续经营假设的松动、会计分期假设的松动和货币计量假设的松动。选项 D 正确。

4. A

【解析】现时成本会计对资产负债特有的计量原则是现时价格计量。选项 A 正确。

5. C

【解析】本书所介绍的内容包括企业合并会计、物价变动会计、企业清算会计等，不包括人力资源会计。选项 C 正确。

二、判断题

1. ×

【解析】高级会计学属于财务会计范畴。

2. √

【解析】高级会计学是随着社会经济的发展，对原有的财务会计内容进行补充、延伸和开拓的一种会计学，即利用财务会计的固有方法，对现有财务会计未包括的业务，以及随着经济环境的变化而产生的一些特殊业务用新的会计观念进行反映和监督的会计。它与传统的财务会计互相补充，共同构成了财务会计的完整体系。

3. ×

【解析】高级会计学所依据的理论和采用的方法是对原有财务会计理论和方法的修正。

4. √

【解析】会计学是一门对经济信息进行确认、计量、记录和报告的学科，它的目的是向各利益相关方提供据以做出投资决策的信息，高级会计学亦是如此。

5. √

【解析】现值计量即以现金流量为基础的计量。

6. √

【解析】高级会计学产生的基础是会计假设松动，其研究对象是企业面临的特殊事项或业务。

7. √

【解析】历史成本计量即以成本为基础进行的计量。

8. √

【解析】高级会计学是对原中级财务会计内容进行补充、延伸和开拓的会计。

模块五　案例分析

国内上市公司商誉减值案例

近年来，国内中小板、创业板上市公司并购重组数量呈现持续增长的态势，证监会公布数据显示，2018 年披露重组方案 123 例。与此同时，部分上市公司在并购重组后计提巨额的商誉减值损失，给国内资本市场带来不稳定因素，也严重损害了广大投资者的利益。在此背景下，证监会曾表示将进一步强化对并购重组的监管，避免因巨额商誉及潜在减值风险扰乱资本市场的运行秩序。基于此，以大连天神娱乐股份有限公司（以下简称“天神娱乐”）（002354）为例，对近年来并购后的商誉减值问题展开剖析，深入探究巨额商誉减值的原因。这一分析亦对游戏类公司并购时可能涉及的巨额商誉减值问题具有借鉴意义。

一、案例背景——天神娱乐并购始末

天神娱乐注册资金 93 684. 68 万元，主营软件开发及互联网信息服务，覆盖游戏、广告、影视等产业。其前身是北京天神互动科技有限公司，2014 年 7 月经证监会批准上市。

天神娱乐在获得证监会批准上市以前致力于游戏的开发，以每年一部游戏上线的速度发展。自上市以来，天神娱乐借助资本平台开启了系列并购活动。经过一系列的并购活动后，天神娱乐业绩大幅度上升，2017 年净利润达到 10.2 亿元。但在 2019 年 2 月初，天神娱乐发布《2018 年年度业绩预告修正公告》，显示业绩亏损预计高达 73 亿~78 亿元，计提商誉减值准备约 49 亿元。

二、天神娱乐巨额商誉减值的原因分析

2019 年年初，国内上市公司中存在商誉减值现象的不在少数，130 家预告首季度亏损的公司中，110 家与商誉减值有关，并购对赌期结束后，呈现了商誉快速出清的局面。经过深入分析，天神娱乐巨额商誉减值的原因主要有以下几方面。

（一）表外无形资产超额收益下降

天神娱乐以游戏、影视等为主业，在上市的四年里净利润年均增速超过 50%，但在 2018 年却预计亏损 73 亿~78 亿元，其中商誉减值 49 亿元。在现行的会计准则中，商誉与无形资产确认边界不明晰，天神娱乐公司并购的被合并方均为轻资产公司，往往固定资产较少，并购时无形资产不满足准则规定的可辨认性，由此将这部分资产计入商誉中。天神娱乐的并购活动中，未对客户资源等无形资产进行准确估值，而是计入商誉，导致对无形资产确认不充分。与此同时，将并购的价差全部计入商誉，导致商誉高估，表外无形资产超额收益下降。2018 年，在监管层对游戏、影视产业严格监管的背景下，天神娱乐的整体估值不断下降，不得不出清巨额商誉。

（二）并购后经营业绩不理想

从天神娱乐近年来持续不断的并购活动来看，其并购动因主要有四个方面：一是增强游戏产品的开发能力，获得更多的客户资源；二是通过并购实现在互联网、广告领域的业务延伸；三是发挥产业协同效应，增强网络游戏发布功能，拓展市场领域；四是提升公司盈利能力，实现多元化业务模式。但在 2018 年，天神娱乐经营业绩大幅下滑，由“并购之王”变为“亏损之王”，只得出清巨额商誉，以便重塑市场信心，挖掘新的业绩上攻方向。

（三）自创商誉的价值不稳定

天神娱乐在 2015 年—2017 年持续开展了系列并购活动，且被并购方自创商誉价值较高。目前，我国《企业会计准则》中并未对企业自创商誉进行明确，但仅从天神娱乐的并购活动来看，自创商誉已显性化。学者杜兴强通过对上市公司的并购案例展开多样本分析，提出在并购活动中，自创商誉更为明显。相较而言，游戏行业自创商誉的价值不稳定，这亦是引发天神娱乐巨额商誉减值的原因。

（资料来源：陈秋逸. 国内上市公司商誉减值案例分析［EB/OL］.［2021-11-16］. http://www.scicat.cn/1/jingjilunwen/20200409/3452226.html.）

【引发的思考】

天神娱乐巨额商誉减值案例给我们带来了什么启示？

【分析提示】

天神娱乐的巨额商誉减值在 A 股市场中引发轩然大波，但从 2019 年的 A 股市场来看，

在并购对赌结束后预计商誉减值的上市公司不在少数，这不利于稳定证券市场，易引发市场恐慌。通过对天神娱乐巨额商誉减值案例的分析可以得到如下启示：

一是明晰《企业会计准则》中对无形资产和商誉边界的界定规则，完善《企业会计准则》对自创商誉的规定。近年来，国内上市公司中并购案例呈现持续攀升的态势，特别是高新技术等轻资产并购案例增多，完善《企业会计准则》对可辨认无形资产的确认，能够有效避免商誉确认金额虚高。应改革自创商誉的确认、计量，亦能够引导企业自主创新，体现企业整体价值与能力，或采用剥离原则，确认企业的整体价值，减去可辨认资产，剩下的作为自创商誉价值，从而使自创商誉估值与市场同步，更具价值稳定性。

二是并购企业自身要对并购的协同与整合进行谨慎预测，增强业绩承诺期后的量化约束。结合考虑自身资金管理能力，有效地优化管理资源配置，充分发挥协同效应，抑制商誉减值风险。同时，在实施并购活动时，使用业绩承诺、补偿条款，制定业绩激励条款，从而将并购双方的利益紧密结合，能够有效解决信息不对称、业绩预测不准确的问题，通过一系列的软约束，规避商誉减值风险。

第二章

所得税会计

模块一　本章要点回顾

本章思维导图如图 2-1 所示。

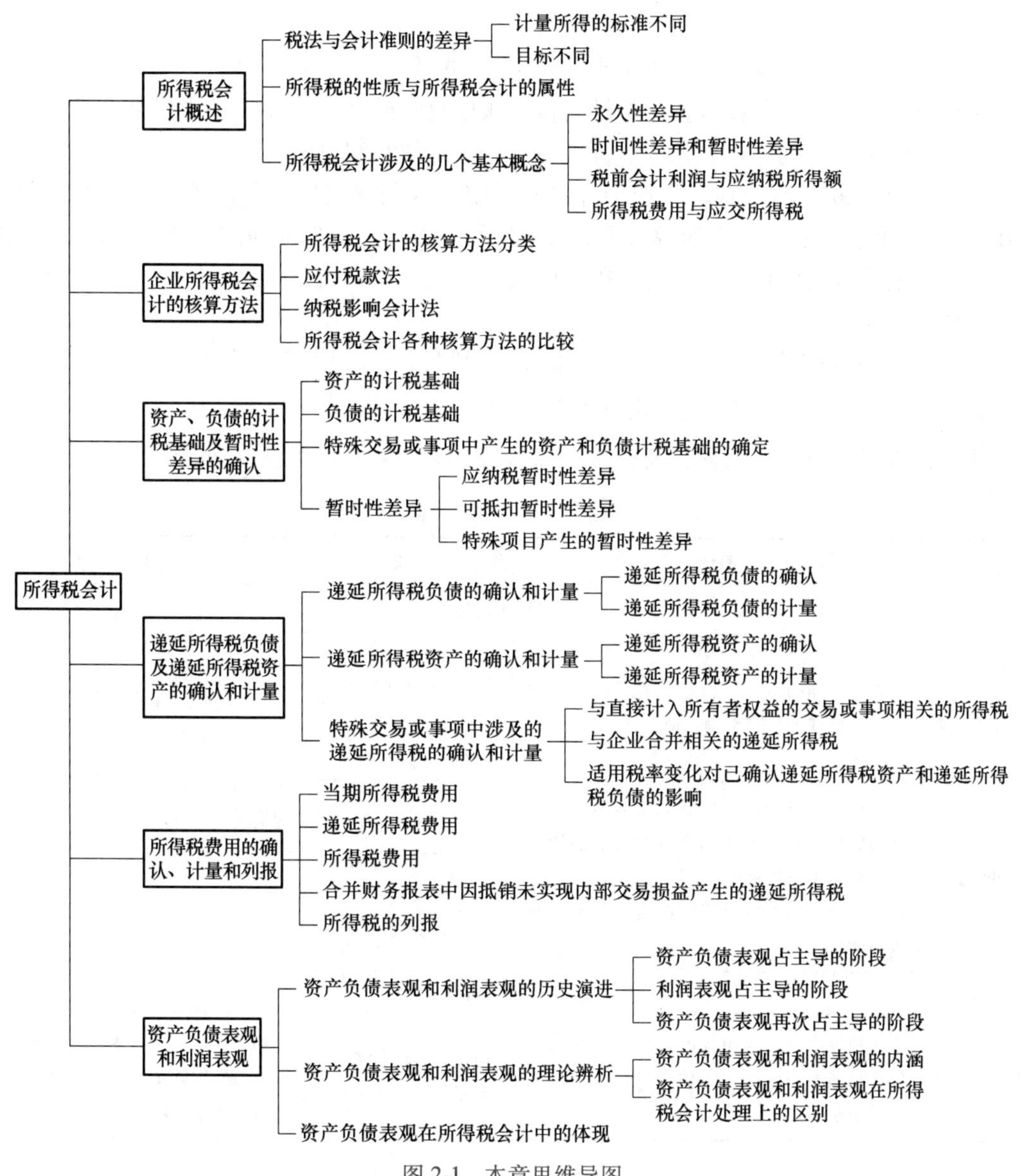

图 2-1　本章思维导图

模块二　重点与难点精析

（一）税法与会计准则的差异

目标不同：税法根据国家政治权力的需要确立纳税范畴，要求对可供选择的会计方法必须有所约束和控制。会计准则要求着重反映企业获利能力和经营绩效，反映某一时期收支相抵后的利润总额。

计量标准不同：税法按照收付实现制和权责发生制混合计量所得。会计准则按照权责发生制计量所得。

所得税会计依据现行税法规定计算纳税所得，财务会计以会计准则为依据计算会计利润。

（二）税前会计利润、应纳税所得额与应交所得税

税前会计利润亦称会计收益、会计所得、账面收益或报告收益，是指根据会计准则的规定，通过财务会计的程序确认的、列示在利润表上的利润总额。

应纳税所得额=会计利润+按照会计准则规定计入利润表但计税时不允许税前扣除的费用±计入利润表的费用与按照税法规定可予以税前扣除的金额之间的差额±计入利润表的收入与按照税法规定应计入应纳税所得额的收入之间的差额−税法规定的不征税收入±其他需要调整的因素

应交所得税=应纳税所得额×所得税税率=(利润总额±纳税调整额)×所得税税率

（三）永久性差异、时间性差异与暂时性差异

永久性差异、时间性差异以及暂时性差异的概念、种类和侧重点见表 2-1。

表 2-1　永久性差异、时间性差异与暂时性差异

名称	概念	种类	侧重点
		基于利润表观	
永久性差异	在某一期间发生，以后各期不能转回或消除。该项差异不影响其他会计期间	“会收税不收” “会费税不费” “税收会不收” “税费会不费”	当期发生的，当期会计利润与应纳税所得额之间的差异
时间性差异	由于税法与会计准则在确定收益、费用或损失时的时间不同而产生的税前会计利润与应纳税所得额的差异。该差异发生于某一会计期间，在以后一期或者若干期间内能够转回	“会先收税后收” “会先费税后费” “税先收会后收” “税先费会后费”	
		基于资产负债表观	
暂时性差异	一项资产或一项负债的计税基础与其在资产负债表中的账面价值之间的差额。该差异随时间推移会消除	应纳税暂时性差异 可抵扣暂时性差异	期末预计的、对未来期间应纳税所得额的确定有影响的账面价值与计税基础之间的差异

（四）所得税会计核算的基本方法

所得税会计核算的方法主要有应付税款法和纳税影响会计法，如图 2-2 所示。

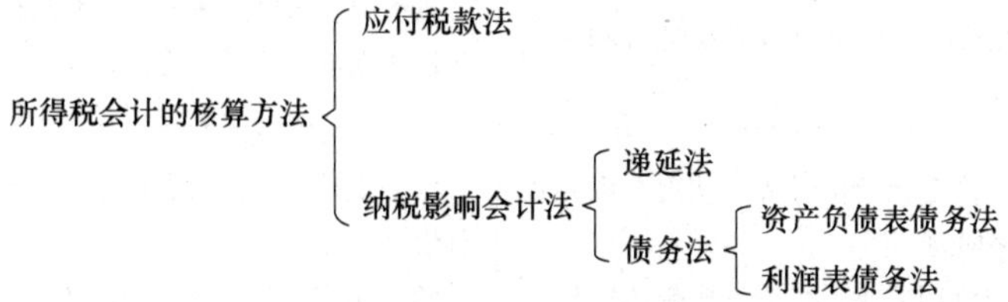

图 2-2　所得税会计的核算方法的类型和层次

目前国际会计准则只允许企业采用资产负债表债务法核算所得税费用。

（五）利润表债务法和资产负债表债务法

利润表债务法和资产负债表债务法的比较见表 2-2。

表 2-2　利润表债务法和资产负债表债务法的比较

项目	利润表债务法	资产负债表债务法
递延税款的核算基础	会计利润与应纳税所得额之间的时间性差异	资产或负债的账面价值与其计税基础之间的暂时性差异
差异所容纳的范围	时间性差异属于当期差异，范围相对狭小	暂时性差异属于累计差异，范围很广泛
所得税的计算程序	（1）所得税费用=会计利润×现行税率+税率变动对前期递延税款的调整数	（1）期末递延所得税负债（资产）=暂时性差异×预计税率
	（2）应交所得税=应纳税所得额×现行税率	（2）递延所得税负债（资产）=期末递延所得税负债（资产）-期初递延所得税负债（资产）
	（3）应纳税所得额=应税收入-准予扣除项目	（3）应交所得税=应纳税所得额×现行税率
	（4）递延税款=应交所得税-所得税费用	（4）所得税费用=应交所得税±递延所得税负债（资产）
报表项目的转移方向	由利润表项目推导出资产负债表项目	由资产负债表项目推导出利润表项目
递延税款调整项目	对当期所得税费用的调整	对期末资产或负债的调整
对收益的理解	收入费用观	资产负债观
	配比收益=收入-费用	全面收益=期末净资产-期初净资产-业主投资和业主派得
企业财务目标	企业利润最大化	企业价值最大化

（六）资产、负债的计税基础

资产和负债的计税基础比较见表 2-3。

表 2-3　资产和负债的计税基础比较

	资产	负债
概念	企业收回资产账面价值过程中，计算应纳税所得额时按照税法规定可以自应税经济利益中抵扣的金额	负债的账面价值减去未来期间计算应纳税所得额时按照税法规定可予抵扣的金额
解析	（1）收回资产账面价值过程：从现在到终止确认这一未来期间 （2）计算应税利润时，相关资产带来的经济利益需纳税 （3）自应税经济利益中抵扣的金额：一般是指取得成本或账面价值	（1）负债：发生或者偿还时会涉及利润的确定的那些负债 （2）未来期间：负债的偿还期间 （3）可予以抵扣的金额：对于那些与费用或损失有关的负债，是指可予以税前扣除的与负债有关的费用或损失；对于那些与收入有关的负债，是指非应税收入
	（1）多数情况下：计税基础=账面价值 （2）少数情况下：计税基础≠账面价值	
公式	（1）未来将以折旧、摊销、销售成本等形式收回账面价值的资产： 计税基础=未来可予以税前扣除的转移价值 （2）未来将以货币资金等形式收回账面价值的资产（如应收款项）： 计税基础=未来的非应税收入	负债的计税基础=账面价值-未来期间按照税法规定可予税前扣除的金额
举例	（1）固定资产计税基础=实际成本-税法累计折旧 （2）自行开发的无形资产，以开发过程中符合资本化条件后至达到预定用途前发生的支出为计税基础 （3）以公允价值计量的金融资产的计税基础：取得时的成本 （4）采用公允价值模式进行后续计量的投资性房地产的计税基础：以历史成本为基础确定 （5）其他计提了资产减值准备的各项资产的计税基础：税法规定资产在发生实质性损失之前，不允许税前扣除减值准备 （6）长期股权投资，拟长期持有的，不确认递延所得税；拟近期出售的，确认相关递延所得税	（1）企业因销售商品提供售后服务等原因确认的预计负债： 如果税法规定与销售商品有关的支出可于实际发生时税前扣除，其计税基础为0 如果税法规定因有些事项确认的预计负债无论是否发生均不允许税前扣除，其账面价值与计税基础相同 （2）合同负债 合同负债计入当期应纳税所得额，计税基础为零 合同负债未计入当期应纳税所得额，计税基础与账面价值相等 （3）应付职工薪酬 合理的职工薪酬基本允许税前扣除 规定税前扣除标准的，按照会计准则规定计入成本费用支出的金额超过规定标准部分，应进行纳税调整 （4）递延收益 作为免税收入的政府补助，不形成递延所得税影响 作为应税收入的政府补助计税基础为零 （5）罚款和滞纳金不得税前扣除，即计税基础等于账面价值

（七）暂时性差异与递延所得税

概念：暂时性差异是指资产、负债的账面价值与其计税基础不同产生的差额。除因资产、负债的账面价值与计税基础不同产生的暂时性差异以外，按照税法规定可以结转以后年度的未弥补亏损和税款抵减，也视同可抵扣暂时性差异处理。

分类：根据暂时性差异对未来期间应纳税所得额的影响，分为应纳税暂时性差异和可抵扣暂时性差异。

企业在计算了应纳税暂时性差异与可抵扣暂时性差异后，应当按照《企业会计准则第18号——所得税》规定的原则确认相关的递延所得税负债以及递延所得税资产。暂时性差异与递延所得税的关系见表2-4。

表2-4 暂时性差异与递延所得税的关系

暂时性差异				资产负债表中对暂时性差异纳税影响的报告	
种类	产生原因	对未来期间的影响		性质	账务处理
应纳税暂时性差异	资产：账面价值>计税基础 负债：账面价值<计税基础	应税利润高于会计利润	应交所得税高于所得税费用	递延所得税负债	确认时： 借：所得税费用/资本公积/其他综合收益等 贷：递延所得税负债 转回时方向相反
可抵扣暂时性差异	资产：账面价值<计税基础 负债：账面价值>计税基础 可结转以后年度的未弥补亏损 可结转以后年度的税款抵减	应税利润低于会计利润	应交所得税低于所得税费用	递延所得税资产	确认时： 借：递延所得税资产 贷：所得税费用/资本公积/其他综合收益/留存收益等 转回时方向相反

（八）所得税费用的确认

应纳税所得额=会计利润+按照会计准则规定计入利润表但计税时不允许税前扣除的费用±计入利润表的费用与按照税法规定可予税前抵扣的金额之间的差额±计入利润表的收入与按照税法规定应计入应纳税所得额的收入之间的差额-税法规定的不征税收入±其他需要调整的因素

递延所得税费用=(递延所得税负债的期末余额-递延所得税负债的期初余额)-(递延所得税资产的期末余额-递延所得税资产的期初余额)

所得税费用=当期所得税费用+递延所得税费用

模块三 牛刀初试

一、单选题

1. 下列各项交易或事项形成的负债中，计税基础为零的是（　　）。

A. 因各项税收滞纳金和罚款确认的其他应付款

B. 赊购商品

C. 因确认保修费用形成的预计负债

D. 从银行取得的短期借款

2. 下列各项资产中，不产生暂时性差异的是（　　）。

A. 自行研发无形资产发生的符合资本化条件的研发支出

B. 已计提减值准备的无形资产

C. 应税合并条件下非同一控制下吸收合并购买日产生的商誉

D. 采用公允价值模式进行后续计量的投资性房地产

3. 在应付税款法下，本期所得税费用与本期应交所得税（　　）。

A. 前者比后者金额小　　B. 前者比后者金额大

C. 两者金额相等　　D. 计算依据不同

4. 鑫达公司（本书鑫达公司为虚构名称，下同）2021 年 12 月 31 日购入一台设备，原价为 2 010 万元，预计净残值为 10 万元，税法规定的折旧年限为 10 年，按直线法计提折旧，会计上按照 5 年计提折旧，折旧方法与税法规定一致。假定鑫达公司适用的所得税税率为 25%。鑫达公司采用资产负债表债务法进行所得税会计处理。那么，鑫达公司 2023 年年末资产负债表中反映的“递延所得税资产”项目的金额为（　　）。

A. 0　　B. 100 万元　　C. 50 万元　　D. 25 万元

5. 鑫达公司 2021 年年末确认与产品质量保证有关的预计负债 50 000 元，相关产品的质量保证期限为 2 年。按照税法规定，实际发生产品质量保证费用时才允许税前抵扣。2022 年鑫达公司实际发生的相关产品的保修费用为 20 000 元，则 2022 年年末该预计负债的账面价值和计税基础分别是（　　）。

A. 50 000 元、0　　B. 30 000 元、0

C. 20 000 元、0　　D. 20 000 元、20 000 元

6. 鑫达公司于 2021 年 12 月 1 日将收到的与资产相关的政府补助 800 万元确认为递延收益，至 2021 年 12 月 31 日相关资产尚未达到预定可使用状态，预计相关资产按 10 年计提折旧。假定该政府补助不属于免税项目，鑫达公司采用总额法核算政府补助，税法规定，该政府补助在收到时应计入当期应纳税所得额。鑫达公司 2021 年 12 月 31 日递延收益的计税基础为（　　）万元。

A. 800　　B. 80　　C. 720　　D. 0

7. 2021 年 12 月 31 日，鑫达公司因以公允价值计量且其变动计入当期损益的金融资产和以公允价值计量且其变动计入其他综合收益的金融资产的公允价值变动，分别确认了 40 万元的递延所得税资产和 50 万元的递延所得税负债。鑫达公司当期应交所得税的金额为 300 万元。假定不考虑其他因素，鑫达公司 2021 年度利润表“所得税费用”项目应列示的金额为（　　）万元。

A. 260　　B. 310　　C. 240　　D. 360

8. 鑫达公司适用的所得税税率为 25%。2021 年 12 月 31 日因职工教育经费超过税前扣除限额确认递延所得税资产 15 万元；2022 年度，鑫达公司实际发生的工资薪金支出为 5 000 万元，本期全部发放，发生职工教育经费 350 万元。税法规定，工资薪金按实际发放金额在税前列支，职工教育经费支出不超过工资薪金总额 8%部分准予扣除；超过部分准予在以后纳税年度扣除。鑫达公司 2022 年 12 月 31 日下列会计处理中正确的是（　　）。

A. 转回递延所得税资产 15 万元　　B. 增加递延所得税资产 15 万元

C. 转回递延所得税资产 12.5 万元　　D. 增加递延所得税资产 12.5 万元

9. 鑫达公司 2021 年实现的利润总额为 600 万元，该公司适用的所得税税率为 25%。递延所得税资产及递延所得税负债不存在期初余额。2021 年发生的与所得税核算有关的事项如下：①因违法经营被罚款 10 万元；②向关联方企业捐赠现金 100 万元，假定税法规定，企业向关联方的捐赠不允许税前扣除；③鑫达公司期初“预计负债——产品质量保证”余额为 0，当期提取了产品质量保证费 15 万元，支付了 7 万元的产品质量保证费，税法规定，与产品质量保证有关的支出可以在发生时税前扣除；④期末对持有的存货计提了 100 万元的存货跌价准备；⑤取得国债利息收入 100 万元。鑫达公司在 2021 年应确认的所得税费用金额为（　　）万元。

A. 152.5　　B. 179.5　　C. 718　　D. 26.75

10. 下列项目中，不产生暂时性差异的是（　　）。

A. 会计上固定资产的账面价值与计税基础不一致

B. 确认国债利息收入同时确认的资产

C. 存货计提的存货跌价准备

D. 以公允价值计量且其变动计入当期损益的金融资产确认的公允价值

11. 下列各项中，应进行纳税调减的是（　　）。

A. 行政性罚款支出

B. 确认国债利息收入

C. 计提固定资产减值

D. 发生的业务招待费税法上不允许扣除部分

12. 鑫达公司在 2021 年实现营业收入 800 万元，利润总额为 400 万元，当年广告费用实际发生额为 180 万元，税法规定每年广告费用应税支出不得超过当年营业收入的 15%，鑫达公司采用资产负债表债务法核算所得税，适用的税率为 25%，当年行政性罚款支出为 20 万元，当年购入的以公允价值计量且其变动计入当期损益的金融资产的公允价值上升了 50 万元，假定不考虑其他因素，则鑫达公司 2021 年应确认的所得税费用为（　　）万元。

A. 90　　B. 107.5　　C. 120　　D. 105

13. 下列各项不应确认递延所得税的是（　　）。

A. 以摊余成本计量的金融资产计提的信用减值损失

B. 对联营企业的长期股权投资（长期持有），初始投资成本小于被投资单位可辨认净资产公允价值份额而调增的

C. 权益法核算的长期股权投资（短期持有），因被投资单位其他权益变动而确认调增的

D. 以公允价值计量且其变动计入其他综合收益的金融资产期末公允价值小于初始投资成本的

14. 2023 年 12 月 31 日，鑫达公司对商誉计提减值准备 4 000 万元。该商誉系 2021 年 12 月 12 日鑫达公司购买畅优公司（本书畅优公司为虚构名称，下同）100%的净资产形成的，该项合并属于吸收合并，且为应税合并，商誉的初始计量金额为 8 000 万元。根据税

法规定，鑫达公司购买畅优公司股权产生的商誉在整体转让或清算相关资产、负债时，允许税前扣除。鑫达公司适用的所得税税率为 25%，下列会计处理中正确的是（　　）。

A. 2023 年 12 月 31 日商誉的账面价值为 8 000 万元

B. 2021 年 12 月 12 日商誉的计税基础为 0

C. 2023 年 12 月 31 日商誉产生的可抵扣暂时性差异不确认递延所得税资产

D. 2023 年 12 月 31 日应确认的递延所得税资产为 1 000 万元

15. 鑫达公司 2021 年实现利润总额 1 200 万元，当年实际发生工资薪酬比计税工资标准超支 75 万元，由于会计采用的折旧方法与税法规定不同，当期会计比税法规定少计提 54 万元折旧。2021 年年初递延所得税负债的余额为 99 万元（均与固定资产有关）；年末固定资产的账面价值为 8 000 万元，计税基础为 7 050 万元。除上述差异外没有其他纳税调整事项和差异。鑫达公司适用的所得税税率为 25%。鑫达公司 2021 年的净利润为（　　）万元。

A. 894. 75　　B. 657. 25　　C. 795. 75　　D. 756. 25

二、判断题

1. 资产的计税基础是指企业收回资产账面价值的过程中，计算应纳税所得额时按照税法规定可以自应税经济利益中抵扣的金额。（　　）

2. 负债的计税基础是指负债的账面价值减去未来期间计算应纳税所得额时按照税法规定可予抵扣的金额。（　　）

3. 通常情况下，资产在取得时其账面价值与计税基础是相同的，后续计量过程中因企业会计准则规定与税法规定不同，可能造成账面价值与计税基础的差异。（　　）

4. 通常情况下，短期借款、应付票据、应收账款等负债的确认和偿还，不会对当期损益和应纳税所得额产生影响，其计税基础即为账面价值。（　　）

5. 企业应缴纳的罚款和滞纳金等，税法规定不能在税前扣除，所以其计税基础为 0。（　　）

6. 如果无形资产的确认不是产生于企业合并交易，同时在（初始）确认时既不影响会计利润也不影响应纳税所得额，则按照《企业会计准则第 18 号——所得税》的规定，不确认有关暂时性差异的所得税影响。（　　）

7. 以公允价值计量的金融资产等在持有期间内公允价值的波动在计税时不予考虑，因此账面价值与计税基础之间存在永久性差异。（　　）

8. 会计上作为非同一控制下的企业合并但按照税法规定计税时作为免税合并的情况下，商誉的计税基础为零，其产生的应纳税暂时性差异应确认为递延所得税负债。（　　）

9. 计入当期损益的所得税费用或收益不包括企业合并和直接在所有者权益中确认的交易或事项产生的所得税影响，而与直接计入所有者权益的交易或者事项相关的当期所得税和递延所得税，应当计入所有者权益。（　　）

10. 有关资产计提了减值准备以后，其账面价值会随之下降，而按照税法规定，资产的减值在转化为实质性损失之前不允许税前扣除，从而造成资产的账面价值与其计税基础永远无法转回的差异。（　　）

三、业务题

1. 鑫达公司适用的所得税税率为25%，预计以后期间不会改变。2021年年初递延所得税资产和递延所得税负债均无账面余额，不存在其他未确认暂时性差异所得税影响的事项。其中会计准则与税法的规定存在以下几项差异：

（1）鑫达公司持有畅优公司30%的股权且能够对畅优公司的生产经营活动产生重大影响，采用权益法进行核算。该股权的初始投资成本为1 500万元，截至2021年12月31日，鑫达公司该股权的账面价值为3 000万元，其中，因畅优公司2021年实现净利润，鑫达公司按其比例计算确认增加的长期股权投资账面价值为200万元；因畅优公司持有的其他权益工具投资产生的其他综合收益增加，鑫达公司按持股比例确认增加的长期股权投资的账面价值为120万元；其他长期股权投资账面价值的调整是按持股比例计算享有畅优公司以前年度的净利润。鑫达公司计划在2022年出售该股权投资，但是该出售计划尚未经董事会和股东大会批准。税法规定，居民企业间的股息、红利免税。

（2）2021年1月1日，鑫达公司经股东大会批准，授予公司的10名管理人员每人10万份股份期权，每份期权于到期日可按5元每股的价格购买鑫达公司的普通股，但是被授予期权的管理人员需要在鑫达公司任职满2年才可以行权。该期权在授予日的公允价值为7元每股。鑫达公司因这一股权激励计划于当年确认了350万元的成本费用。税法规定，行权时股份公允价值与员工实际支付款价之间的差额，可在行权期间计算应纳税所得额时抵扣。鑫达公司预计该股份期权行权时可予税前抵扣的金额为1 200万元，预计因该股权激励计划确认的股份支付费用合计金额不会超过可税前抵扣的金额。鑫达公司2021年度的利润总额为3 000万元。

要求：

（1）根据材料（1）说明鑫达公司的长期股权投资在权益法下核算的账面价值与计税基础之间是否产生暂时性差异；如果产生暂时性差异，说明是否需要确认递延所得税负债或递延所得税资产及其理由。

（2）计算鑫达公司2021年度的应交所得税、所得税费用，并编制相关的会计分录。

2. 鑫达公司适用的企业所得税税率为25%，申报2021年度的企业所得税时涉及以下事项：

（1）2021年，鑫达公司的应收账款年初余额为30 000万元，坏账准备年初余额为0；应收账款年末余额为24 000万元，坏账准备年末余额为2 000万元。税法规定，企业计提的各项资产减值在未发生实质性损失前不允许税前扣除。

（2）2021年9月5日，鑫达公司以2 400万元购入某公司股票，作为其他权益工具投资处理。至2021年12月31日，该股票尚未出售，公允价值为2 600万元。税法规定，资产在持有期间公允价值的变动不计税，在处置时一并计算应计入应纳税所得额的金额。

（3）鑫达公司于2020年1月购入的畅优公司股权，该股权投资的初始投资成本为2 800万元，采用成本法核算。2021年10月3日，鑫达公司从畅优公司分得现金股利200万元，计入投资收益。至2021年12月31日，该股权投资未发生减值。鑫达公司、畅优公司均为在我国境内设立的居民企业。税法规定，我国境内居民企业之间取得的股息、红利免税。

（4）2021 年，鑫达公司将业务宣传活动外包给其他公司，当年发生业务宣传费 4 800 万元，至年末尚未支付。鑫达公司当年实现销售收入 30 000 万元。税法规定，企业发生的业务宣传费支出，不超过当年销售收入 15%的部分准予税前扣除；超过部分准予结转以后年度税前扣除。

（5）其他相关资料。

① 2020 年 12 月 31 日，鑫达公司存在可于 3 年内税前弥补的亏损 2 600 万元，鑫达公司对这部分未弥补亏损已确认递延所得税资产 650 万元。

② 鑫达公司 2021 年实现利润总额 3 000 万元。

③ 除上述交易或事项外，鑫达公司会计处理与税务处理不存在其他差异。

④ 鑫达公司预计未来期间能够产生足够的应纳税所得额用于抵扣可抵扣暂时性差异，预计未来期间适用的所得税税率不会发生变化。

⑤ 鑫达公司对上述交易或事项已按会计准则的规定进行处理。

要求：

（1）确定鑫达公司 2021 年 12 月 31 日有关资产、负债的账面价值及其计税基础，并计算相应的暂时性差异。

（2）计算鑫达公司 2021 年应确认的递延所得税费用（或收益）。

（3）编制鑫达公司 2021 年与所得税相关的会计分录。

3. 2021 年 1 月 1 日，鑫达公司递延所得税资产的账面价值为 100 万元，递延所得税负债的账面价值为 0。2021 年 12 月 31 日，鑫达公司有关资产、负债的账面价值和计税基础见表 2-5。

表 2-5　鑫达公司有关资产、负债的账面价值和计税基础　　单位：万元

项目	账面价值	计税基础
固定资产	12 000	15 000
无形资产	900	1 350
其他债权投资	5 000	3 000
预计负债	600	0

表 2-5 中，固定资产在初始计量时入账价值与计税基础相同，无形资产的账面价值是当年末新增的符合资本化条件的开发支出形成的，按照税法规定，企业自行研发形成无形资产的，按照形成无形资产成本的 150%作为计税基础。假定在确定无形资产账面价值及计税基础时均不考虑当年度摊销因素。

2021 年度，鑫达公司实现净利润 8 000 万元，发生广告费用 1 500 万元，按照税法规定，准予从当年应纳税所得额中扣除的广告费用金额为 1 000 万元，其余可结转以后年度扣除。

鑫达公司适用的所得税税率为 25%，在有关可抵扣暂时性差异转回期间内，鑫达公司预计能够产生足够的应纳税所得额用于抵扣可抵扣暂时性差异的所得税影响，除所得税外，不考虑其他税费及其他因素的影响。

要求：

（1）对上述事项或项目产生的暂时性差异，分别确定是否应确认递延所得税负债或递

延所得税资产，并说明理由。

（2）说明哪些暂时性差异的所得税影响应计入所有者权益。

（3）计算鑫达公司 2021 年度应确认的递延所得税费用。

4. 鑫达公司 2021 年实现利润总额 3 640 万元，当年度发生的部分交易或事项如下：

（1）鑫达公司自 2021 年 3 月 20 日起自行研发一项新技术，当年以银行存款支付研发支出共计 680 万元，其中研究阶段支出 220 万元，开发阶段符合资本化条件前支出 60 万元，符合资本化条件后支出 400 万元，研发活动至 2021 年年末仍在进行中。税法规定，企业为开发新技术、新产品、新工艺发生的研究开发费用，未形成资产而计入当期损益的，在按规定据实扣除的基础上，按照研究开发费用的 75%加计扣除；形成无形资产的，按照无形资产成本的 175%（非制造业企业）摊销。

（2）鑫达公司 2021 年 7 月 10 日，自公开市场以每股 5.5 元购入 20 万股畅优公司股票，作为其他权益工具投资核算。2021 年 12 月 31 日，畅优公司股票收盘价为每股 7.8 元。税法规定，企业持有的股票等金融资产以取得成本作为计税基础。

（3）鑫达公司 2021 年发生广告费 2 000 万元。鑫达公司 2021 年的销售收入为 9 800 万元。税法规定，企业发生的广告费不超过当年销售收入 15%的部分准予扣除；超过部分准予在以后纳税年度结转扣除。

其他有关资料：鑫达公司适用的所得税税率为 25%，本题不考虑中期财务报告的影响，除上述差异外，鑫达公司 2021 年年末发生其他纳税调整事项，递延所得税资产和负债无期初余额，假定鑫达公司在未来期间能够产生足够的应纳税所得额用以利用可抵扣暂时性差异的所得税影响。

要求：

（1）对鑫达公司 2021 年自行研发新技术发生的支出进行会计处理，确定 2021 年 12 月 31 日所形成开发支出的计税基础，判断是否确认递延所得税并说明理由。

（2）对鑫达公司购入及持有畅优公司的股票进行会计处理，计算该其他权益工具投资在 2021 年 12 月 31 日的计税基础，编制确认递延所得税的相关会计分录。

（3）计算鑫达公司 2021 年的应交所得税和所得税费用，并编制确认所得税费用的相关会计分录。

模块四　习题解答

一、单选题

1. C

【解析】选项 B 和 D 不影响损益，计税基础与账面价值相等；选项 C，因确认保修费用形成的预计负债，税法允许在以后实际发生时税前列支，即计税基础=账面价值-未来期间可以税前扣除的金额=0；选项 A，企业发生的税收滞纳金和罚款，税法不允许在以后实际发生时税前扣除，即其他应付款计税基础=账面价值-未来期间可以税前扣除的金额=账面价值-0=账面价值。选项 C 正确。

2. C

【解析】选项A，符合资本化条件的研发支出比照无形资产处理，计税基础为其账面价值的175%或200%（制造业企业），产生可抵扣暂时性差异，但不确认递延所得税资产；选项B，企业计提的资产减值准备在发生实质性损失前税法是不承认的，因此计提当期不允许税前扣除，形成可抵扣暂时性差异；选项C，免税合并条件下，非同一控制下的吸收合并购买日产生的商誉的计税基础为0，产生应纳税暂时性差异，应税合并条件下，非同一控制下的吸收合并购买日产生的商誉账面价值与计税基础相等，不产生暂时性差异；选项D，采用公允价值模式进行后续计量的投资性房地产，会计上确认公允价值变动，但不计提折旧或摊销，税法上不承认公允价值变动，仍按照固定资产或无形资产有关规定计提折旧或摊销，因此产生暂时性差异。选项C正确。

3. C

【解析】应付税款法是将本期税前会计利润与应纳税所得额之间时间性差异造成的影响纳税的金额直接计入当期损益，而不递延到以后各期。在应付税款法下，当期计入损益的所得税费用等于当期应缴纳的所得税。选项C正确。

4. B

【解析】企业对于产生的可抵扣暂时性差异，在估计未来期间能够取得足够的应纳税所得额用以利用该可抵扣暂时性差异时，应当以很可能取得用来抵减可抵扣暂时性差异的应纳税所得额为限，确认相关的递延所得税资产，期末填列在资产负债表中的“递延所得税资产”项目内。

本题中，会计年折旧额=(2 010−10)÷5=400（万元）。

税法年折旧额=(2 010−10)÷10=200（万元）。

2023年年末固定资产的账面价值=2 010−400×2=1 210（万元）。

2023年年末固定资产的计税基础=2 010−200×2=1 610（万元）。

账面价值小于计税基础，产生的可抵扣暂时性差异=400（万元）。

所以2023年年末资产负债表中反映的“递延所得税资产”项目的金额=400×25%=100（万元）。选项B正确。

5. B

【解析】预计负债的账面价值=50 000−20 000=30 000（元），因确认保修费用形成的预计负债，税法允许在以后实际发生时税前列支，即计税基础=账面价值−未来期间可以税前扣除的金额=0。选项B正确。

6. D

【解析】企业收到与资产相关的政府补助，先确认为递延收益，不影响利润总额，但是由于该政府补助不属于免税项目，即税法认为在实际收到时应该全额计入应纳税所得额，因此要纳税调减；未来期间会计上分期确认损益，在计算应纳税所得额时可以纳税调减。即2021年12月31日鑫达公司递延收益的计税基础=账面价值−未来期间可以税前扣除的金额=800−800=0。选项D正确。

7. A

【解析】递延所得税费用=当期递延所得税负债发生额−当期递延所得税资产发生额，所以递延所得税费用=0−40=−40（万元）。所得税费用=当期应交所得税+递延所得税费用=260万元。选项A正确。

8. C

【解析】鑫达公司2022年按税法规定可税前扣除的职工教育经费=5 000×8%=400（万元），实际发生350万元本期可全部扣除，2021年超过限额部分60（15÷25%）万元可在本期抵扣50万元，所以2022年应转回的递延所得税资产=50×25%=12.5（万元）。选项C正确。

9. A

【解析】鑫达公司2021年的应纳税所得额=600+10+100+(15-7)+100-100=718（万元）；应确认的应交所得税=718×25%=179.5（万元）；应确认的递延所得税资产=[(15-7)+100]×25%=27（万元）；没有需要确认递延所得税负债的事项。鑫达公司2021年应确认的所得税费用=179.5-27=152.5（万元）。选项A正确。

10. B

【解析】确认国债利息收入同时确认资产，会计上资产的账面价值与税法上的计税基础一致，不产生暂时性差异。选项B正确。

11. B

【解析】选项A、C、D在计算时都应该纳税调增。选项B正确。

12. D

【解析】鑫达公司2021年的应纳税所得额=400+(180-800×15%)+20-50=430（万元）；应交所得税=430×25%=107.5（万元）；确认递延所得税资产=(180-800×15%)×25%=15（万元）；确认递延所得税负债=50×25%=12.5（万元）；所得税费用=107.5+12.5-15=105（万元）。选项D正确。

13. B

【解析】选项A，以摊余成本计量的金融资产计提的信用减值损失导致账面价值小于计税基础，应确认递延所得税资产；选项C，权益法核算的长期股权投资（短期持有），长期股权投资的账面价值大于计税基础应确认递延所得税负债；选项D，以公允价值计量且其变动计入其他综合收益的金融资产的期末公允价值小于初始投资成本，账面价值小于计税基础。选项B正确。

14. D

【解析】2023年12月31日商誉计提减值以后，账面价值为4 000万元，计税基础为8 000万元，应确认递延所得税资产=(8 000-4 000)×25%=1 000（万元）。选项D正确。

15. D

【解析】当期应交所得税=(1 200+75-54)×25%=305.25（万元），年末固定资产的账面价值大于计税基础，形成递延所得税负债，递延所得税费用=(8 000-7 050)×25%-99=138.5（万元），所得税费用总额=305.25+138.5=443.75（万元），净利润=1 200-443.75=756.25（万元）。选项D正确。

二、判断题

1. √

2. √

3. √

4. ×

【解析】应收账款可能会计提坏账准备，会计上承认坏账准备而税法上在实际发生损失前不承认，因此账面价值与计税基础会产生暂时性差异。

5. ×

【解析】企业应缴纳的罚款和滞纳金等，税法规定不能在税前扣除，所以其计税基础=账面价值-未来期间按照税法规定可以税前扣除的金额=账面价值-0=账面价值。

6. √

7. ×

【解析】以公允价值计量的金融资产等在持有期间内公允价值的波动在计税时不予考虑，因此账面价值与计税基础之间存在暂时性差异。

8. ×

【解析】会计上作为非同一控制下的企业合并但按照税法规定计税时作为免税合并的情况下，商誉的计税基础为零，形成应纳税暂时性差异，但不确认递延所得税负债。

9. √

10. ×

【解析】有关资产计提了减值准备以后，其账面价值会随之下降，而按照税法规定，资产的减值在转化为实质性损失之前不允许税前扣除，从而造成资产的账面价值与其计税基础之间存在差异，该差异不是永远无法转回的。

三、业务题

1. （1）长期股权投资的账面价值=3 000（万元）；长期股权投资的计税基础=1 500（万元）。

账面价值与计税基础的差异形成暂时性差异，不需要确认递延所得税负债或递延所得税资产，原因如下：鑫达公司拟在2022年出售该项股权投资，但出售计划尚未经董事会和股东大会批准，因此，鑫达公司无法确定是否出售该项股权投资，那么该项股权投资则属于拟长期持有的股权投资，不需要确认递延所得税负债或递延所得税资产。

（2）2021年根据会计准则规定在当期确认的成本费用为350万元，但预计未来期间可允许税前抵扣的金额为1 200万元，超过了鑫达公司当期确认的成本费用。根据相关规定，超过部分的所得税影响直接计入所有者权益。鑫达公司应确认的递延所得税资产的金额=1 200×25%=300（万元）。会计分录如下：

借：递延所得税资产　　300

　贷：资本公积——其他资本公积　　212.5

　　所得税费用　　87.5

鑫达公司的应纳税所得额=3 000-200+350=3 150（万元）；应交所得税=3 150×25%=787.5（万元）。会计分录如下：

借：所得税费用　　787.5

　贷：应交税费——应交所得税　　787.5

鑫达公司的所得税费用=787.5-87.5=700（万元）。

2. （1）鑫达公司 2021 年暂时性差异的计算见表 2-6。

表 2-6 鑫达公司 2021 年暂时性差异的计算 单位：万元

项目	账面价值	计税基础	暂时性差异	
			应纳税暂时性差异	可抵扣暂时性差异
应收账款	24 000−2 000＝22 000	24 000		2 000
其他权益工具投资	2 600	2 400	200	
长期股权投资	2 800	2 800		
其他应付款	4 800	30 000×15%＝4 500		300

（2）鑫达公司 2021 年的递延所得税资产＝(2 000+300)×25%−650＝−75（万元）。因此，鑫达公司 2021 年的递延所得税费用为 75 万元。

（3）鑫达公司 2021 年的应纳税所得额＝3 000+2 000−200+300−2 600＝2 500（万元）。应交所得税＝2 500×25%＝625（万元）。会计分录如下：

借：所得税费用 700

　贷：应交税费——应交所得税 625

　　递延所得税资产 75

借：其他综合收益 50

　贷：递延所得税负债 50

3. （1）① 固定资产：需要确认递延所得税资产；因为该固定资产的账面价值小于计税基础，形成可抵扣暂时性差异。

② 无形资产：不需要确认递延所得税资产；因为该无形资产是企业内部研究开发形成的，其不属于企业合并，且初始确认时既不影响会计利润也不影响应纳税所得额，故产生的可抵扣暂时性差异不需要确认递延所得税资产。

③ 其他债权投资：需要确认递延所得税负债；因为该资产的账面价值大于计税基础，形成应纳税暂时性差异。

④ 预计负债：需要确认递延所得税资产；因为该负债的账面价值大于计税基础，形成可抵扣暂时性差异。

⑤ 发生的广告费：需要确认递延所得税资产；因为该广告费实际发生的金额为 1 500 万元，可以在当期进行税前扣除的金额为 1 000 万元，税法规定允许在未来期间税前扣除的金额为 500 万元，故形成可抵扣暂时性差异，需要确认递延所得税资产。

（2）其他债权投资的暂时性差异产生的所得税影响应该计入所有者权益，因为其他债权投资产生的暂时性差异通过“其他综合收益”科目核算，故其确认的递延所得税负债也对应“其他综合收益”科目，其他综合收益属于所有者权益。

（3）固定资产形成可抵扣暂时性差异的期末余额＝15 000−12 000＝3 000（万元）。

固定资产对应的递延所得税资产的期末余额＝3 000×25%＝750（万元）。

预计负债形成的递延所得税资产的期末余额＝600×25%＝150（万元）。

广告费形成的递延所得税资产的本期发生额＝500×25%＝125（万元）。

因此，2021 年鑫达公司应确认的递延所得税资产的本期发生额＝(750+150)−100+125＝925（万元）。

因其他债权投资确认的递延所得税负债为500（2 000×25%）万元，对应科目为“其他综合收益”，不影响所得税费用的金额。因此，鑫达公司2021年度应确认的递延所得税费用=0-925=-925（万元）。

【提示】鑫达公司2021年年初已经确认的递延所得税资产，视为均由表中资产、负债产生。

4.（1）① 会计分录如下：

借：研发支出——费用化支出　　280

　　　　　　——资本化支出　　400

　　贷：银行存款　　680

借：管理费用　　280

　　贷：研发支出——费用化支出　　280

② 开发支出的计税基础=400×175%=700（万元），与其账面价值400万元之间形成的300万元可抵扣暂时性差异，不确认递延所得税资产。理由：该项交易不是企业合并，交易发生时既不影响会计利润也不影响应纳税所得额，若确认递延所得税资产，则违背历史成本计量的原则。

（2）① 购入及持有畅优公司股票的会计分录如下：

借：其他权益工具投资——成本（20×5.5=110）　　110

　　贷：银行存款　　110

借：其他权益工具投资——公允价值变动（20×7.8-20×5.5=46）　　46

　　贷：其他综合收益　　46

② 该其他权益工具投资在2021年12月31日的计税基础为其取得时的成本，即为110万元。

③ 确认递延所得税的会计分录如下：

借：其他综合收益［(20×7.8-110)×25%=11.5］　　11.5

　　贷：递延所得税负债　　11.5

（3）①鑫达公司2021年的应交所得税=［3 640-280×75%+(2 000-9 800×15%)］×25%=990（万元）。

鑫达公司2021年的递延所得税资产=(2 000-9 800×15%)×25%=132.5（万元）。

鑫达公司2021年的所得税费用=990-132.5=857.5（万元）。

② 确认所得税费用的会计分录如下：

借：所得税费用　　857.5

　　递延所得税资产　　132.5

　　贷：应交税费——应交所得税　　990

模块五　案例分析

《企业会计准则第18号——所得税》案例分析——以海尔智家股份有限公司为例

海尔智家股份有限公司（原名“青岛海尔股份有限公司”，以下简称“海尔公司”）

创立于1984年，是全球大型家电知名品牌，目前已从传统家电产品制造企业转型为开放的创业平台。在互联网时代，海尔公司致力于转型为真正的互联网企业，打造以社群经济为中心，以用户价值交互为基础、以诚信为核心竞争力的后电商时代共创共赢生态圈，成为物联网时代的引领者。

面对体验经济、共享经济兴起的时代大趋势，海尔公司以“诚信生态共享平台”作为新时代的海尔精神与作风，在战略、组织、制造三大方面进行了颠覆性探索，打造出一个动态循环体系。在战略上，建立以用户为中心的共创共赢生态圈，实现生态圈中各相关方的共赢增值；在组织上，变传统的封闭科层体系为网络化节点组织，开放整合全球一流资源；在制造上，探索以互联工厂取代传统物理工厂，从大规模制造转为规模化定制。海尔公司的商业模式主线一直是“人的价值第一”，在转型过程中，员工从被雇佣者、执行者转变为创业者、动态合伙人。

从转型产生的社会价值看，截至2017年8月，在海尔共享式创业平台上聚集了2 246个创业项目，为“创客”提供了丰富的创业资源。由于海尔公司在模式转型的过程中坚持去中心化、去中介化、去“隔热墙”，海尔公司的在册员工比最高峰时减少了45%，但海尔平台为全社会提供的就业机会超过160万个。基于在“双创”（“大众创业、万众创新”）领域的突出成就和示范作用，2016年5月，国务院确定首批双创示范基地，海尔公司成为家电行业唯一入选企业。

通过对物联网时代商业模式的探索，海尔公司实现了稳步增长。从传统经济产生的收入看，海尔公司合并财务报表2016年营业收入为1 191亿元，同比增长32.59%，利润总额为81.83亿元，同比增长17.22%。

海尔公司企业所得税的会计处理：

1. 企业所得税的处理依据

财政部于2006年颁布及修订了《企业会计准则等18号——所得税》（以下简称《所得税准则》），要求全国所有上市公司按照资产负债表债务法确认所得税费用。2007年，海尔公司根据新颁布的《企业会计准则》对公司自身的相关会计政策进行了调整，统一采用债务法进行所得税会计核算，并在以后年度的财务报表附注中对企业所得税的处理方法做出了具体说明。

2. 计税基础

根据规定，海尔公司在取得资产、负债时确定其计税基础。资产的计税基础是指企业收回资产账面价值的过程中，计算应纳税所得额时按照税法规定可以自应税经济利益中抵扣的金额。负债的计税基础是指负债的账面价值减去未来期间计算应纳税所得额时按照税法规定可予抵扣的金额。

3. 暂时性差异

所得税准则对暂时性差异做出了以下定义：暂时性差异是指资产或负债的账面价值与其计税基础之间的差额；未作为资产和负债确认的项目，按照税法规定可以确定其计税基础的，该计税基础与其账面价值之间的差额也属于暂时性差异。按照暂时性差异对未来期间应纳税所得额的影响，分为应纳税暂时性差异和可抵扣暂时性差异。

4. 递延所得税资产（负债）的确认和计量

海尔公司依据《所得税准则》的规定确认相关递延所得税资产（负债），根据资产、负债的账面价值与其计税基础之间的差额（未作为资产和负债确认的项目按照税法规定可以确定其计税基础的，确定该计税基础为其差额），按照预期收回该资产或清偿该负债期间的适用税率计算确认递延所得税资产（负债）。海尔公司在财务报表附注中做出了如下说明：

"递延所得税资产的确认以很可能取得用来抵扣可抵扣暂时性差异的应纳税所得额为限。资产负债表日，有确凿证据表明未来期间很可能获得足够的应纳税所得额用来抵扣可抵扣暂时性差异的，确认以前会计期间未确认的递延所得税资产。如未来期间很可能无法获得足够的应纳税所得额用以抵扣递延所得税资产的，则减记递延所得税资产的账面价值。"

5. 递延所得税资产（负债）的列报

《所得税准则》中对递延所得税资产（负债）的列报做出了明确要求，要求其分别作为非流动资产和非流动负债在资产负债表中列示。所得税费用在利润表中单独列示，并在附注中披露所得税费用的主要组成部分，以及其与会计利润的关系说明。海尔公司依照准则规定披露了相关信息。

（资料来源：

1. 中国经济网. 2019 年全国质量月企业展示［EB/OL］. http://12365. ce. cn/2019zly/2019zly/46062. html.

2. 关路宁. 企业所得税会计实施中的问题及其完善［J］. 财经界（学术版），2013（3）：227-228.

3. 卢永昌. 所得税会计准则在上市公司中的应用及完善［J］. 财务与金融，2017（2）：27-31.

4. 戴德明，唐妤，何力军. 会计制度变迁背景下所得税会计信息的市场效应检验——基于 2001~2011 年 A 股上市公司的证据［J］. 山西财经大学学报，2013，35（11）：106-115.

5. 芦笛. 我国企业所得税会计准则执行现状的调查与分析［J］. 宏观经济研究，2015（12）：86-96.

6. 王健. 上市公司所得税会计处理方法现状与问题研究［J］. 知识经济，2017（1）：139+141.

7. 张丽. "税会分离"模式对会计信息披露影响分析［J］. 现代商贸工业，2015，36（8）：178-179.

8. 刘运国，曾富全. 盈余管理、审计费用与所得税会计政策选择——基于沪深 A 股上市公司年报数据的实证分析［J］. 财会通讯（学术版），2007（11）：67-71.

9. 青岛海尔. 青岛海尔股份有限公司 2014，2015，2016，2017 年度报告［R］. http://smart-home. haier. com/cn/gpxx/yjbg/.）

【引发的思考】

（1）如何规范确认资产、负债的账面价值和计税基础？

（2）如何把握递延所得税资产（负债）未来的转回？

（3）递延所得税资产（负债）对财务报表有什么影响？

（4）如果会计准则与税法规定不一致，企业应如何调节？

【分析提示】

（1）如何规范确认资产、负债的账面价值和计税基础？

根据《所得税准则》的规定，资产的计税基础是企业在收回资产账面价值的过程中，计算应纳税所得额时按照税法规定可以自应税经济利益中扣除的金额；负债的计税基础是负债的账面价值减去未来期间计算应纳税所得额时按照税法规定可扣除的金额。但是，“所扣除的金额是否一定能在未来扣除”，以及“可扣除的金额为多少”，这两个问题的答案在一定程度上依然是企业的估计，而不是一个可以确定的数字。由于我国尚未颁布专门的文件来规范怎样确定资产、负债的计税基础，有关规定大多都分散在各类税法文件中㊀，很难正确并规范地确认资产和负债的计税基础。

在所得税会计中，通过计算资产和负债账面价值与计税基础的差额，确认其为暂时性差异，并通过判断这一差异是可抵扣暂时性差异还是应纳税暂时性差异来判断所形成的是递延所得税资产还是递延所得税负债。因此，企业对资产（负债）的账面价值的记录正确，以及计税基础的核算准确，都是递延所得税计算无误的前提。并且，公允价值的确定对递延所得税的影响较大，以海尔公司2015年数据为例（见图2-3、图2-4），若在确定以上相关数据的时候，海尔公司缺乏相应的监管去规范其核算，可能会导致差异计算的错误，从而导致递延所得税资产（负债）以及递延所得税费用计算的错误。

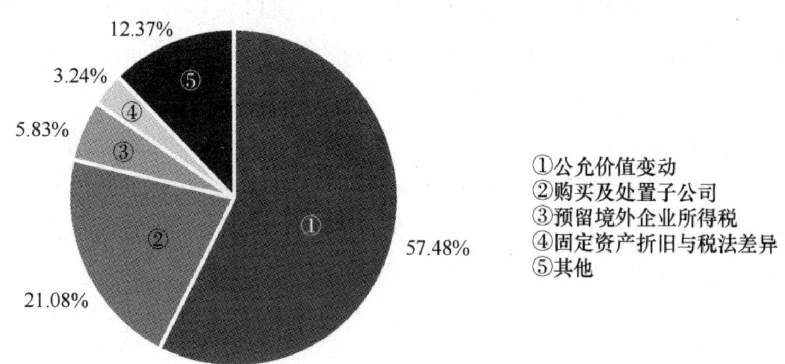

图2-3　海尔公司2015年递延所得税负债的组成

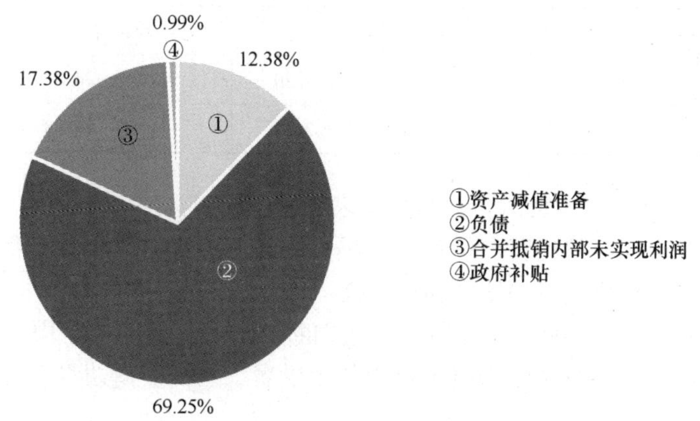

图2-4　海尔公司2015年递延所得税资产的组成

㊀ 关路宁. 企业所得税会计实施中的问题及其完善［J］. 财经界（学术版），2013（3）：227-228.

对公允价值、减值准备的确定而言，我国资本市场相对落后，许多方面还不成熟，缺乏规范的市场交易和竞争机制㊀，难以形成合理的公允价值，或公允价值不具有完全的权威性，可能会对暂时性差异的确认造成困难。

（2）如何把握递延所得税资产（负债）未来的转回？

根据规定，对于上市公司，必须是可抵扣暂时性差异产生的应纳税所得额，才可以确认递延所得税资产。同时，在资产负债表日对递延所得税资产进行重新核算时，企业若认为已确认的递延所得税资产在未来难以转回，需要对递延所得税资产计提减值准备。但由于递延所得税资产的减值难以确定，即对递延所得税资产的减值是企业的“估计”和主观判断，代表的是企业的预期影响㊁，这较大的主观性使得递延所得税资产的转回缺乏可靠性，同时也缺乏可验证的原始凭证（尤其是减值准备），因此在一定程度上，这难以满足会计信息质量要求之一的可靠性。

同时，通过对海尔公司2014年—2017年的财务报告以及其他资料可以发现，海尔公司确认的递延所得税资产每年有增无减（见表2-7），且海尔公司2016年的递延所得税资产增长率高达63.87%（见图2-5）。上市公司对递延所得税资产少有确认减值准备情况的发生，这是由于在会计实务操作中，递延所得税资产项目大多产生于资产减值准备。而由于准则中“已计提的绝大部分长期资产减值准备不允许转回”的限制，资产在计提资产减值时借方余额发生，只有处置时才从贷方转出。若资产不出售，递延所得税资产便无法转回，即会产生递延所得税资产、递延所得税负债长期挂账的现象㊂。但是对于大多数公司而言，账面价值较大的固定资产只有在报废时才会处置，也就导致了公司长时间的递延所得税资产难以抵销，并且逐年如“滚雪球”般增多。一方面，会导致递延所得税费用大大增加，企业净利润的真实性受到影响。另一方面，此项目的增加可能会大大增加资产负债表中最后的总数，但又由于其不太符合准则对“资产”和“负债”的定义，因此有虚增的嫌疑。

表2-7　海尔公司2014年—2017年的递延所得税资产及递延所得税负债（合并财务报表）

单位：元

项目	2014年	2015年	2016年	2017年
递延所得税资产	919 731 174.63	971 483 089.80	1 592 009 404.59	1 895 213 404.67
递延所得税负债	130 113 355.29	113 330 102.11	133 243 146.68	279 114 620.35

（3）递延所得税资产（负债）对财务报表有什么影响？

如上文所述，递延所得税资产（负债）项目的增加会增加资产负债表中总资产和总负债的余额，使得资产负债表中的资产和负债被“充水”。同时由于财务报表的使用者在评估企业表现时，常常通过各种财务指标来辅助判断，其中包括资产结构、资产负债率、每股净资产等。因此，上市公司作为财务报表的提供者，当需要解决公司财务风险问题时，

㊀ 卢永昌．所得税会计准则在上市公司中的应用及完善［J］．财务与金融，2017（2）：27-31.

㊁ 戴德明，唐好，何力军．会计制度变迁背景下所得税会计信息的市场效应检验：基于2001~2011年A股上市公司的证据［J］．山西财经大学学报，2013，35（11）：106-115.

㊂ 芦笛．我国企业所得税会计准则执行现状的调查与分析［J］．宏观经济研究，2015（12）：86-96.

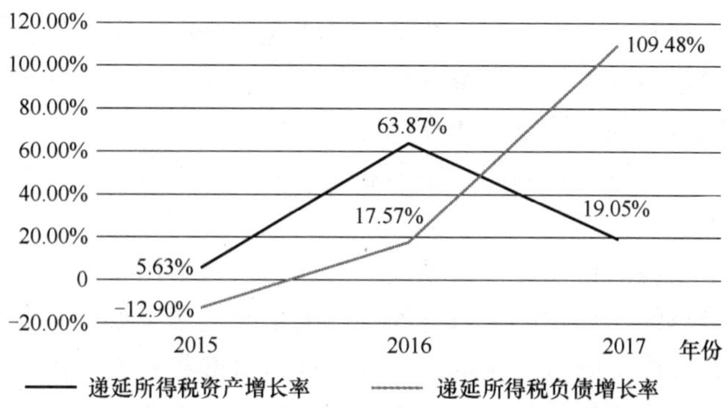

图 2-5 海尔公司 2015 年—2017 年的递延所得税资产及递延所得税负债增长率

可能通过适当降低递延所得税负债，或适当增加递延所得税资产来适当降低公司的负债水平，从而降低资产负债率，使公司的资产结构得到完善㊀。

同时，当上市公司利用投资收益、关联方交易来进行盈余管理时，需要承担一定的所得税成本。但如果利用资产减值、资产重组的方式增加可抵扣暂时性差异和递延所得税资产，从而进行盈余管理，则不需要承担所得税成本㊁。这样公司盈余管理的空间更大，隐蔽性也更强，并且会直接影响到公司的当期损益，增加当期利润。在本案例中，根据海尔公司 2015 年—2017 年的年度财务报表可得到这三年中企业股价、净利润、递延所得税净资产的增长率，这三者从目前信息来看并无紧密线性关系，但股价、净利润、递延所得税净资产（递延所得税资产减递延所得税负债）三个因素总体都呈上升趋势，只是递延所得税净资产的增长率相比其余两者减缓幅度较大（见图 2-6）。

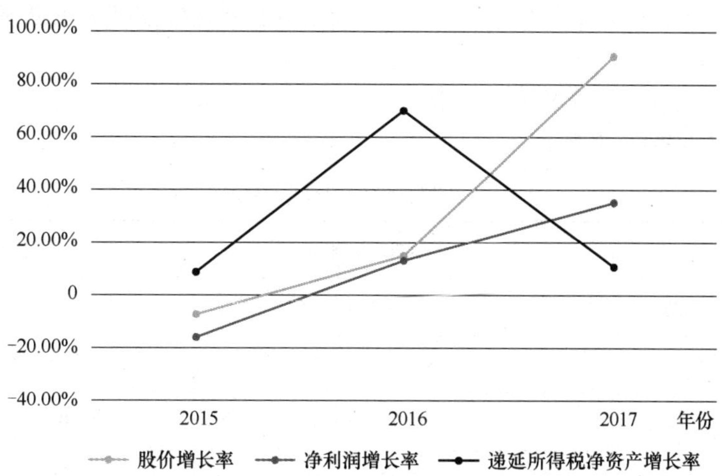

图 2-6 海尔公司 2015-2017 年股价、净利润、递延所得税净资产增长率

㊀ 王健. 上市公司所得税会计处理方法现状与问题研究［J］. 知识经济，2017（1）：139；141.

㊁ 刘运国，曾富全. 盈余管理、审计费用与所得税会计政策选择：基于沪深 A 股上市公司年报数据的实证分析［J］. 财会通讯（学术版），2007（11）：67-71.

（4）如果会计准则与税法规定不一致，企业应如何调节？

我国目前这种"会税分离"（会计准则与税法规定存在一定差异）的模式，不但增加了企业会计人员纳税申报的工作量和税务核算的成本，同时在企业管理者盈余管理的动机下，管理者看到其隐蔽性强的特点，还存在有意多列报报表中递延所得税资产项目、少列报递延所得税负债项目的情况。因此，在不断完善税法核算监管的同时，还需要协调税法规定与会计准则的差异。

如前文所述，由于我国目前资本市场还不够成熟，资本构架还不够完善，公允价值的确定缺乏权威性和可靠性，导致产生暂时性差异的主要因素，如固定资产、存货、金融工具、非同一控制下合并取得的可辨认资产，在计提减值准备及资产评估增值的过程中存在许多不确定性。因此，需要尽快地建立起现代企业制度，规范上市公司的财务行为，不断发展和完善我国的资本市场㊀，并完善与确定公允价值相关的准则条目，在企业计提减值准备和资产评估增值过程中增加有效监管，确保暂时性差异的真实性和准确性，从而确保递延所得税资产（负债）数据的准确性。

同时，总结分散在各类税法文件中有关确定计税基础的规定，形成专门的文件来规范怎样确定资产、负债的计税基础，构建更成熟的所得税会计理论体系，并构建相互连通的信息管理系统，在降低企业财务人员和税务机关人员核算工作量的同时，提高企业税务信息的质量，并简化审批手续，建立科学的企业所得税评价体系，逐步拉近所得税会计和财务会计的距离。

［附录］

1. 企业所得税的处理

本公司在正常的经营活动中，有部分交易其最终的税务处理和计算存在一定的不确定性。部分项目是否能够在税前列支需要税收主管机关的审批。如果这些税务事项的最终认定结果同最初估计的金额存在差异，则该差异将对其最终认定期间的当期所得税和递延所得税产生影响。

2. 递延所得税资产（负债）的列报

相关情况见表2-8～表2-11。

表2-8　未经抵销的递延所得税资产　　　　单位：元

项目	期末余额	期初余额
资产减值准备	185 051 809.02	206 179 413.32
负债	1 514 275 639.33	1 588 572 631.81
合并抵销内部未实现利润	418 158 297.39	306 515 615.29
其他	327 972 788.34	10 774 534.11
合计	2 445 458 534.08	2 112 042 194.53

㊀ 王健. 上市公司所得税会计处理方法现状与问题研究［J］. 知识经济，2017（1）：139；141.

表 2-9 未经抵销的递延所得税负债 单位：元

项目	期末余额	期初余额
公允价值变动	5 298 198.09	30 458 666.66
处置子公司及可供出售金融资产	102 860 801.45	111 105 965.55
预留境外企业所得税	161 690 532.32	38 629 859.78
资产折旧摊销与税法差异	471 732 062.64	461 236 134.20
利率互换协议	13 902 650.26	6 663 731.01
其他	73 875 505.00	5 181 579.42
合计	829 359 749.76	653 275 936.62

表 2-10 所得税费用 单位：元

项目	本期发生额	上期发生额
当期所得税费用	1 663 220 970.73	1 319 650 567.57
递延所得税费用	-170 414 253.00	172 986 187.75
合计	1 492 806 717.73	1 492 636 755.32

表 2-11 当期会计利润与所得税费用调整 单位：元

项目	金额
会计利润总额	10 544 455 901.77
按法定税率计算的所得税	2 636 113 975.44
子公司适用不同税率的影响	-485 447 920.31
调整以前期间所得税的影响	-106 909 555.19
非应税收益的影响	-251 839 213.46
不可抵扣的成本、费用和损失的影响	65 890 435.62
未确认递延税项的可抵扣暂时性差异或可抵扣亏损的影响	277 059 386.40
其他	-642 060 390.77
所得税费用合计	1 492 806 717.73

3. 递延所得税资产（负债）的确认

海尔公司依据《企业会计准则》的规定确认相关递延所得税资产和递延所得税负债，根据资产、负债的账面价值与其计税基础之间的差额（未作为资产和负债确认的项目按照税法规定可以确定其计税基础的，确定该计税基础为其差额），按照预期收回该资产或清偿该负债期间的适用税率计算确认递延所得税资产或递延所得税负债。

第三章

外币折算会计

模块一　本章要点回顾

本章思维导图如图 3-1 所示。

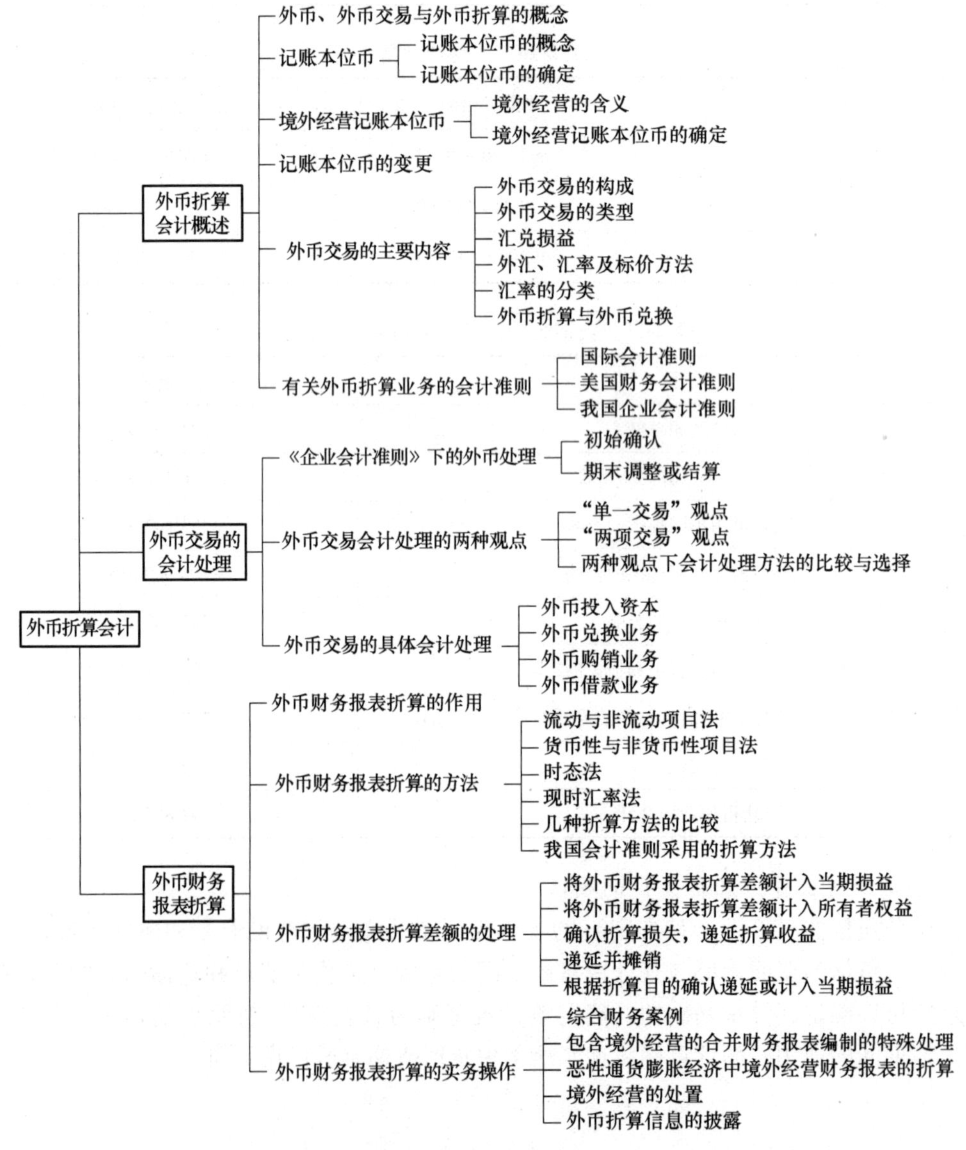

图 3-1　本章思维导图

模块二　重点与难点精析

一、记账本位币的确定方法

1. 企业选定记账本位币时应当考虑的因素

（1）该货币对商品和劳务的销售价格有主要影响。

（2）该货币对商品和劳务所需人工、材料和其他费用有主要影响。

（3）该货币是融资活动获得的货币以及保存从经营活动中收取款项所使用的货币。

2. 企业境外经营记账本位币的确定应当考虑的因素

（1）境外经营对其所从事的活动是否拥有很强的自主性。

（2）境外经营活动中与企业的交易是否占有较大比重。

（3）境外经营活动产生的现金流量是否直接影响企业的现金流量，是否可以随时汇回。

（4）境外经营活动产生的现金流量是否足以偿还其现有债务和可预期的债务。

二、记账本位币的变更

一般原则：企业的记账本位币一经确定，不得随意变更。除非企业经营所处的主要经济环境发生重大变化。

变更条件（重大变化）：这里的重大变化通常是指企业主要收入和支出现金的经济环境发生了重大变化，使用该环境中的货币最能反映企业的主要交易业务的经济结果。

注意：变更记账本位币时应当采用变更当日的即期汇率将所有项目折算为变更后的记账本位币。

三、汇兑损益的确认（两种观点）

（1）划分已实现汇兑损益和未实现汇兑损益：本期汇兑损益的确认，应以实现为准，即只有已实现的汇兑损益才能作为本期的汇兑损益登记入账。未实现的汇兑损益不能登记入账，待以后实现时才能予以确认。

（2）不必划分已实现汇兑损益和未实现汇兑损益：企业应将本期已实现汇兑损益和未实现汇兑损益全部计入当期损益。即只要汇率发生变动，就应确认相关汇兑损益已经实现。

汇兑损益的确认见表3-1。

表3-1　汇兑损益的确认

根据业务划分	根据是否已经在本期实现划分
交易损益	已实现损益
兑换损益	
调整损益	未实现损益
报表折算损益	

四、汇兑损益的处理

1. 外币货币性项目

该项目应采用资产负债表日的即期汇率折算，因资产负债表日即期汇率与初始确认或者前一资产负债表日即期汇率不同而产生的汇兑损益计入当期损益。

2. 以历史成本计量的外币非货币性项目

该项目应采用交易发生日的即期汇率折算。由于已在交易发生日按当日即期汇率折算，资产负债表日不应改变其原记账本位币金额，不产生汇兑差额。

3. 以公允价值计量的外币非货币性项目。

以公允价值计量的外币非货币性项目如交易性金融资产（股票、基金等），应采用公允价值确定日的即期汇率折算，折算后的记账本位币金额与原记账本位币金额的差额作为公允价值变动（含汇率变动）处理，计入当期损益。

五、外币交易会计处理的两种观点

1. “单一交易”观点

（1）交易发生日：将外币按当日汇率折算为记账本位币。

（2）资产负债表日：若交易未结算，应按资产负债表日规定的汇率将交易发生额折算为记账本位币，并对有关外币资产、负债、收入、成本账户进行调整。

（3）交易结算日：应按交易结算日汇率将交易发生额折算成记账本位币金额，并对有关外币资产、负债、收入、成本账户进行调整。

2. “两项交易”观点

该观点下，对交易结算日前的汇兑损益的两种处理方法：

（1）将其作为已实现的损益，列入当期利润表。

（2）将其作为未实现损益作递延处理，列入资产负债表，待到结算日再作为已实现的汇兑损益入账。

六、外币交易的记账方法及会计处理

1. 记账方法

（1）外币统账制。

当日汇率法：对每笔外币业务均按业务发生当日的市场汇率折算为记账本位币。这种方法需要了解每日的市场汇率信息，工作量较大，适用于外币种类较少、外币业务量较小的企业。

期初汇率法：对每笔外币业务均在发生时按当期期初的市场汇率折合为记账本位币。这种方法只需掌握每月第一日的市场汇率信息，工作量少，适用于外币业务较多的企业。

（2）外币分账制。

外币分账制按币种分设账户，分币种核算损益，适用外币交易频繁、外币币种较多的金融企业。

2. 会计处理

外币交易有两个环节：一是在交易日对外币交易进行初始确认，将外币金额折算为记账本位币金额；二是在会计期末或结算日对相关项目进行折算，因汇率变动产生的差额计入当期损益。

（1）交易日的会计处理。

原则：对于发生的外币交易，应当将外币金额折算为记账本位币金额。

汇率的选择：外币交易应当在初始确认时，采用交易发生日的即期汇率将外币金额折算为记账本位币金额；也可以采用与交易发生日即期汇率近似的汇率折算。

（2）会计期末或结算日对外币交易余额的会计处理。

会计期末或结算日，企业应当分别对外币货币性项目和外币非货币性项目进行处理。

1）货币性项目是指企业持有的货币资金和将以固定或可确定的金额收取的资产或者偿付的负债。货币性项目分为货币性资产和货币性负债。

货币性资产：库存现金、银行存款、应收账款、其他应收款、长期应收款等。

货币性负债：短期借款、应付账款、其他应付款、长期借款、应付债券、长期应付款等。

资产负债表日的处理：按照资产负债表日的即期汇率（或近似汇率）折算为记账本位币的金额。

若该金额与初始确认时或者前一资产负债表日相应账户的余额不同，会产生汇兑差额，应当调整相应的外币货币性账户和“财务费用——汇兑差额”。

结算日的处理：相关账户余额结转为0。

2）非货币性项目是指货币性项目以外的项目，包括存货、固定资产、无形资产、长期股权投资、实收资本、资本公积等。

资产负债表日的处理：对于以历史成本计量的外币非货币性项目，已在交易发生日按当日即期汇率折算，资产负债表日不应改变其原记账本位币金额，不产生汇兑差额。以成本与可变现净值孰低计量的存货项目，按资产负债表日的即期汇率（或近似汇率）将可变现净值折算成记账本位币（A），与账户中的本位币余额（B）进行比较：

A>B 则不需要进行会计处理。

A<B 则计提存货跌价准备。

对于以公允价值计量的股票、基金等非货币性项目，如果期末的公允价值以外币反映，则应当先将该外币按照公允价值确定当日的即期汇率折算为记账本位币金额，再与原记账本位币金额进行比较，其差额作为公允价值变动损益，计入当期损益。如属于可供出售外币非货币性项目的，形成的汇兑差额计入其他综合收益。

七、外币财务报表折算方法

1. 流动与非流动项目法

将资产负债表上的资产和负债项目划分为流动项目与非流动项目两大类，并分别选用不同的汇率进行折算。流动与非流动项目法的具体折算程序见表3-2。

表 3-2　流动与非流动项目法的具体折算程序

<table>
<tr><td rowspan="8">资产负债表（先折算）</td><td>流动项目</td><td>现行汇率</td><td rowspan="8">利润表</td><td>折旧与摊销费用</td><td>按取得有关资产时的历史汇率</td></tr>
<tr><td>非流动项目</td><td>入账时的历史汇率</td><td>其他项目</td><td>平均汇率</td></tr>
<tr><td rowspan="4">所有者权益</td><td rowspan="4">历史汇率</td><td colspan="2">销货成本=期初存货+本期购货−期末存货</td></tr>
<tr><td>期初存货</td><td>上期报表已知数</td></tr>
<tr><td>本期购货</td><td>本期平均汇率</td></tr>
<tr><td>期末存货</td><td>以期末现行汇率计算</td></tr>
<tr><td>未分配利润</td><td>轧算的平衡数（代入利润表）</td><td colspan="2">折算损益在利润表中作为当期损益处理</td></tr>
</table>

2. 货币性与非货币性项目法

将资产负债表上的资产、负债项目划分为货币性项目与非货币性项目，并分别选用不同的汇率进行折算。具体折算程序如下：

（1）资产负债表项目（先折算）。

货币性资产和负债项目，如货币资金、应收应付款、长期负债等，按年末现时汇率折算。

非货币性资产和负债项目，如长期投资、固定资产、无形资产等则按原交易时日的历史汇率折算。

存货项目根据存货计价方法来确定所选用的汇率。若采用加权平均法，则用平均汇率；若采用先进先出法，则用年末汇率。

实收资本按股份发行时日的历史汇率折算，留存收益则是按轧账算出的平衡数额折算。

（2）利润表项目。固定资产折旧及无形资产摊销费项目按取得有关资产时日的历史汇率折算，其他有关收入和费用项目按平均汇率折算。销售成本中期初存货按年初历史汇率折算，本期购入的存货按平均汇率折算，期末存货按年末历史汇率折算。

（3）折算损益。无论收益还是损失，都计入当期损益。

3. 时态法

时态法亦称时间量度法，是指针对资产负债表项目的计量方法和时间的不同，而选择不同汇率进行折算的一种方法。时态法的具体折算程序见表 3-3。

表 3-3　时态法的具体折算程序

<table>
<tr><th colspan="3">资产负债表项目</th><th colspan="2">利润表项目</th></tr>
<tr><td>货币性项目</td><td colspan="2">按资产负债表编制日期的现时汇率折算</td><td>固定资产折旧和无形资产摊销费</td><td>按取得时的历史汇率折算</td></tr>
<tr><td rowspan="3">非货币性项目</td><td colspan="2">依其计量属性分别按现时汇率和历史汇率折算</td><td rowspan="3">其他收入和费用项目</td><td rowspan="3">按平均汇率折算</td></tr>
<tr><td>历史成本计量</td><td>按历史汇率折算</td></tr>
<tr><td>现时成本计量</td><td>按现时汇率折算</td></tr>
<tr><td>实收资本</td><td colspan="2">按股份发行时日的历史汇率折算</td><td colspan="2">销售成本折算同货币性与非货币性项目法</td></tr>
<tr><td>留存收益</td><td colspan="2">轧账算出的平衡数字</td><td>折算损益的处理</td><td>计入当期损益</td></tr>
</table>

4. 现时汇率法

现时汇率法又称单一汇率法、期末汇率法，是指外币财务报表中的所有资产和负债项目都按期末的现时汇率进行折算。

利润表项目（先折算）：各项目按当期（年）平均汇率折算，产生的折算损益作为所有者权益的一个单独项目予以列示。

资产负债表项目：资产、负债项目按现时汇率折算，所有者权益项目按历史汇率折算，未分配利润为轧账计算出的平衡数（根据利润表填列），差额在所有者权益“其他综合收益”项目下单独列“外币报表折算差额”项目，而且逐年累积，不计入当期损益。

八、外币财务报表折算差额的处理

外币财务报表折算差额是指在外币财务报表折算时由于不同项目所采用的汇率不同而产生的差额。目前，国际上主要有以下两种基本处理方法：

（1）折算差额全部作为当前损益处理，以“折算损益”项目列示在利润表中。采用时态法时，应将折算差额作为当期损益处理。

（2）折算差额计入所有者权益，将外币财务报表折算差额在资产负债表的股东权益中“其他综合收益”项目下的“外币报表折算差额”项目内列示，不予摊销。

九、我国财务报表折算的会计处理方法

《企业会计准则第 19 号——外币折算》在外币财务报表折算规则中混合使用了时态法与现时汇率法。在对企业境外经营财务报表进行折算前，应当调整境外经营的会计期间和会计政策，使之与企业自身的会计期间和会计政策相一致，根据调整后的会计期间及会计政策编制相应货币（记账本位币以外的货币）的财务报表，再按照以下方法对境外经营的财务报表进行折算：

资产负债表中的资产和负债项目，采用资产负债表日的即期汇率折算，所有者权益项目除“未分配利润”项目外的其他项目采用发生时的即期汇率折算。

利润表中的收入和费用项目，采用交易发生日的即期汇率折算，也可以采用按照系统合理的方法确定的、与交易发生日即期汇率近似的汇率折算。

按照上述规则折算产生的外币财务报表折算差额，在资产负债表中所有者权益“其他综合收益”项目下列示，在编制合并财务报表时，应在合并资产负债表中所有者权益项目下单独作为“外币报表折算差额”项目列示。

模块三　牛刀初试

一、单选题

1. 下列关于记账本位币的说法中不正确的是（　　）。

A. 记账本位币是指企业经营所处的主要经济环境中的货币

B. 企业的记账本位币只能是人民币

C. 无论企业采用哪种货币作为记账本位币，编报的财务报告均应当折算为人民币

D. 企业的记账本位币一经确定，不得随意变更

2. 按照“两项交易”观点，确认的购货成本或销售收入取决于（　　）的汇率。

A. 交易日　　B. 结算日　　C. 决算日　　D. 成交日

3. 以公允价值计量的外币非货币性项目，折算后的记账本位币金额与原记账本位币金额的差额，作为（　　）处理。

A. 财务费用　　B. 资本公积　　C. 递延汇兑损益　　D. 公允价值变动损益

4. 下列关于记账本位币变更的说法中正确的是（　　）。

A. 记账本位币变更时应当采用变更当期期初的市场汇率将所有的项目进行折算

B. 企业的记账本位币变更产生的汇兑差额计入当期损益

C. 记账本位币变更时应当采用变更日的即期汇率将所有的项目进行折算

D. 记账本位币一经确定不得变更

5. 下列报表项目中应当采用交易发生时的即期汇率或即期汇率的近似汇率折算的是（　　）。

A. 财务费用　　B. 未分配利润　　C. 固定资产　　D. 长期股权投资

6. 关于归属于子公司少数股东的外币财务报表折算差额在合并财务报表中的列示，下列说法中正确的是（　　）。

A. 在“外币报表折算差额”项目中反映

B. 单独设置“少数股东外币报表折算差额”项目

C. 将其并入少数股东权益列示在合并资产负债表中

D. 在“资本公积”项目下单独列示

7. 企业将收到的投资者以外币投入的资本折算为记账本位币时，应采用的折算汇率是（　　）。

A. 投资合同约定的汇率　　B. 收到投资款时的即期汇率

C. 投资合同签订时的即期汇率　　D. 收到投资款当月的平均汇率

8. 如果企业因经营所处的主要经济环境发生重大变化而变更记账本位币，应采用规定的折算汇率将所有项目折算为变更后的记账本位币，这里所说的规定折算汇率是指（　　）。

A. 变更当日的即期汇率

B. 变更当期的期末汇率

C. 变更当期的期初汇率

D. 资产负债表日的即期汇率

9. 鑫达公司拥有境外子公司畅优公司90%的股权，因畅优公司采用的记账本位币与鑫达公司不一致而确定的外币财务报表折算差额为100 000元。鑫达公司编制的合并所有者权益变动表中“外币报表折算差额”项目金额是（　　）。

A. 100 000元　　B. 90 000元　　C. 10 000元　　D. 0

10. 鑫达公司的记账本位币为美元，对外币交易采用交易发生日的即期汇率折算。2021年2月15日出售价值为300万美元的存货，当日的即期汇率为1美元=6.3元人民币。2021年2月25日实际收到货款，当日的即期汇率为1美元=6.28元人民币。假定不考虑增值税等其他因素，下列说法中不正确的是（　　）。

A. 2021 年 2 月 15 日应收账款的初始入账金额是 300 万美元

B. 2021 年 2 月 15 日应收账款的初始入账金额是 1 890 万元人民币

C. 2021 年 2 月 25 日实际收到款项时，应当计入财务费用的金额是 0

D. 2021 年 2 月 25 日实际收到款项时，银行存款的入账金额是 300 万美元

11. 鑫达公司以人民币为记账本位币。2021 年 10 月 19 日鑫达公司向畅优公司赊销价格为 10 000 美元的商品，当日的即期汇率为 1 美元=6. 90 元人民币；10 月 31 日的汇率为 1 美元=6. 87 元人民币；2021 年 11 月 19 日鑫达公司收到畅优支付货款日的即期汇率为 1 美元=6. 89 元人民币。在“单一交易”观点下，以下关于此项购销交易对销售方鑫达公司的影响的说法中，正确的是（　　）。

A. 鑫达公司确认的汇兑损益是 1 000 元

B. 鑫达公司确认的销售收入是 68 700 元

C. 鑫达公司确认的销售收入是 68 900 元

D. 鑫达公司确认的销售收入是 69 000 元

12. 鑫达公司 12 月 31 日有关外币账户的余额（12 月 31 日市场汇率 1 美元=8. 5 元人民币）如下：应收账款（借方）10 000 美元，折合 81 000 元人民币；银行存款 30 000 美元，折合 258 000 元人民币；应付账款（贷方）6 000 美元，折合 49 200 元人民币；短期借款 2 000 美元，折合 16 500 元人民币；长期借款（所用于购建的固定资产已达到预定可使用状态）15 000 美元，折合 124 200 元人民币。则期末应调整的汇兑损益为（　　）元。

A. 5 150　　B. 850　　C. 1 400　　D. −4 600

13. 按我国现行会计准则的规定，企业发生的外币业务中，平时就可能产生汇兑差额的是（　　）。

A. 购入货物以外币结算

B. 企业从银行买入外币

C. 外币投入资本业务

D. 外币借贷业务

14. 鑫达公司的记账本位币为人民币。2021 年 12 月 5 日以每股 1. 5 美元的价格购入畅优公司 B 股 10 000 股作为交易性金融资产，当日的即期汇率为 1 美元=7. 8 元人民币，另发生相关税费折合人民币 10 000 元，相关款项已支付。2021 年 12 月 31 日，当月购入的畅优公司 B 股的市价变为每股 2 美元，当日的即期汇率为 1 美元=7. 6 元人民币。2022 年 2 月 27 日（即结算日），鑫达公司将所购畅优公司 B 股按当日市价每股 2. 2 美元全部售出，所得价款为 22 000 美元，当日汇率为 1 美元=7. 4 元人民币，对于汇率的变动和股票市价的变动不进行区分，则该项投资对 2022 年鑫达公司损益的影响为（　　）元。

A. 45 800　　B. 10 800　　C. 35 000　　D. 9 800

15. 鑫达公司系中外合资经营企业，注册资本为 520 万美元，合同约定分两次投入，但未约定折算汇率。中、外投资者分别于 2021 年 1 月 1 日和 2021 年 3 月 1 日投入 250 万美元和 270 万美元。2021 年 1 月 1 日、3 月 1 日、3 月 31 日和 12 月 31 日美元对人民币的汇率分别为 1 : 7. 75、1 : 7. 8、1 : 7. 82 和 1 : 7. 90。假定鑫达公司采用人民币作为记账本位币，外币业务采用业务发生日的汇率折算。则鑫达公司 2021 年年末资产负债表中“实

收资本”项目的金额为人民币（　　）万元。

A. 4 043.5　　B. 2 370　　C. 3 128　　D. 3 120

二、判断题

1. 企业收到投资者投入的资本，应按照合同约定的汇率进行折算。（　　）

2. 即期汇率的近似汇率通常是指当期期初汇率。（　　）

3. 根据我国现行会计准则，企业对境外经营的外币财务报表进行重述后，再按资产负债表日的即期汇率对资产负债表项目进行折算。（　　）

4. 企业对境外经营的利润表进行折算时产生的利润表折算差额，应在利润表中单独列示。（　　）

5. 汇率是指将一国货币换算成另一国货币的比率。（　　）

6. 外币交易应当在初始确认时，采用交易发生日的即期汇率将外币金额折算为记账本位币金额，也可以采用按照系统合理的方法确定的，与交易日即期汇率近似的汇率折算。（　　）

7. 一般来说，外币交易损益属于未实现损益。（　　）

8. “单一交易”观点在理论上虽然符合在取得时确认资产价值，但在实务上却不可行。（　　）

9. 在“两项交易”观点下，购货成本与销售收入的确定与交易日的汇率无关。（　　）

10. 我国外币财务报表的折算实质上采用的是现时汇率法。（　　）

三、业务题

1. 国内鑫达公司 2021 年 1 月 2 日以外币存款 1 000 万美元购入按年付息的美元债券，当日汇率为 1 美元=6.9 元人民币，面值为 1 000 万美元，票面利率为 5%，年末该债券的公允价值为 1 500 万美元，2021 年 12 月 31 日的汇率为 1 美元=6.95 元人民币。如果该美元债券是债权投资或其他债权投资，请分别说明鑫达公司的相关会计处理。

2. 国内鑫达公司 2021 年 12 月 10 日以每股 5 美元的价格购入畅优公司 B 股 100 万股作为金融资产（为了对比说明分别分类为其他权益工具投资和交易性金融资产），当日汇率为 1 美元=6.9 元人民币，款项已付。2021 年 12 月 31 日，由于市价变动，当月购入的畅优公司 B 股的市价变为每股 3 美元，当日汇率为 1 美元=6.95 元人民币。2022 年 1 月 10 日，鑫达公司将所购畅优公司 B 股股票按当日市价每股 2.5 美元全部售出，当日汇率为 1 美元=7 元人民币。假定不考虑相关税费的影响（注：其他权益工具投资处置时计入留存收益），请分别说明鑫达公司的相关会计处理。

3. 国内鑫达公司的记账本位币为人民币，该公司在意大利有一子公司畅优公司，畅优公司确定的记账本位币应为欧元。根据合同约定，鑫达公司拥有畅优公司 70% 的股权，并能够对畅优公司的财务和经营政策施加重大影响。2021 年 12 月 31 日，鑫达公司确认其在畅优公司的投资应分享或分担的畅优公司实现的净损益的份额时，需要先将畅优公司以欧元编制的财务报表折算为以人民币表述的财务报表。有关资料如下：

（1）2021 年 12 月 31 日的汇率为 1 欧元=11 元人民币。

（2）2021 年的平均汇率为 1 欧元=10 元人民币。

（3）实收资本、资本公积发生日的即期汇率为 1 欧元 = 8 元人民币。

（4）2021 年年初盈余公积为 140 万欧元，折算为人民币是 1 190 万元，未分配利润为 100 万欧元，折算为人民币是 900 万元，鑫达公司、畅优公司均在年末提取盈余公积。

根据资料，试将以下外币财务报表折算为以人民币表述的财务报表。折算前后的资产负债表、利润表、所有者权益变动表（待填）见表 3-4~表 3-6。

表 3-4　折算前后的资产负债表（待填）

编制单位：畅优公司　　　　　　　　2021 年 12 月 31 日

资产	期末数（万欧元）	折算汇率	折算为人民币金额（万元）	负债和所有者权益	期末数（万欧元）	折算汇率	折算为人民币金额（万元）
流动资产	3 300			流动负债	1 160		
非流动资产	6 000			非流动负债	1 200		
				负债合计	2 360		
				实收资本	6 000		
				盈余公积	300		
				未分配利润	640		
				其他综合收益：外币报表折算差额			
				所有者权益合计	6 940		
资产总计	9 300			负债和所有者权益总计	9 300		

表 3-5　折算前后的利润表（待填）

编制单位：畅优公司　　　　　　　　2021 年 12 月 31 日

项目	期末数（万欧元）	折算汇率	折算为人民币金额（万元）
一、营业收入	3 000		
减：营业成本	1 800		
管理费用	200		
财务费用	100		
二、营业利润	900		
加：营业外收入	100		
三、利润总额	1 000		
减：所得税费用	300		
四、净利润	700		
五、每股收益	—		

（续）

项目	期末数（万欧元）	折算汇率	折算为人民币金额（万元）
六、其他综合收益	0		
七、综合收益	700		

表 3-6　折算前后的所有者权益变动表（待填）

编制单位：畅优公司　　　　2021 年 12 月 31 日

项目	实收资本			盈余公积			未分配利润		其他综合收益：外币报表折算差额	所有者权益
	万欧元	折算汇率	人民币（万元）	万欧元	折算汇率	人民币（万元）	万欧元	人民币（万元）		人民币（万元）
一、本年年初余额	6 000			140			100	900		
二、本年增减变动金额										
（一）净利润										
（二）直接计入所有者权益的利得或损失										
其中：外币报表折算差额										
（三）利润分配										
提取盈余公积				160			-160			
三、本年年末余额	6 000			300			640			

模块四　习题解答

一、单选题

1. B　2. A　3. D　4. C　5. A　6. C.　7. B　8. A　9. B

10. B

【解析】鑫达公司的记账本位币为美元，因此发生的以美元计价的交易不属于外币交易，应收账款的初始入账金额应当是 300 万美元。选项 B 不正确。

11. C

【解析】按照“单一交易”观点，由于交易发生日、财务报表编制日、交易结算日汇率变动所发生的折合成记账本位币的全部差额，都应列作已入账的购入商品成本或销售收入的调整顿，而不作为外币折算损益处理，即不应该计入汇兑损益账户，因此“单一交易”观点下，只有在实际收到货币资金时才确认销售的收入，确认金额为 10 000×6.89=68 900（元）。选项 C 正确。

12. D

【解析】期末应调整的汇兑损益=(10 000×8.5−81 000)+(30 000×8.5−258 000)−(6 000×8.5−49 200)−(2 000×8.5−16 500)−(15 000×8.5−124 200)=−4 600（元）。选项 D 正确。

13. B

【解析】企业的外币购销业务、外币借贷业务和外币投入资本业务平时不产生汇兑差额，只有在期末调整时可能会产生汇兑差额；而外币兑换业务平时就可能会产生汇兑差额。选项 B 正确。

14. B

【解析】鑫达公司对股票购入交易应作以下账务处理：

借：交易性金融资产（10 000×1.5×7.8=117 000）　　117 000
　　投资收益　　10 000
　　贷：银行存款　　127 000

根据《企业会计准则第 22 号——金融工具确认和计量》的规定，交易性金融资产以公允价值计量。由于该项交易性金融资产是以外币计价，在资产负债表日，不仅应考虑美元市价的变动，还应一并考虑美元与人民币之间汇率变动的影响，上述交易性金融资产在资产负债表日的人民币金额为 152 000（2×10 000×7.6）元，与原账面价值 117 000 元人民币的差额为 35 000 元人民币，应计入公允价值变动损益。相应的会计分录如下：

借：交易性金融资产　　35 000
　　贷：公允价值变动损益　　35 000

上述 35 000 元人民币既包含鑫达公司所购畅优公司 B 股股票公允价值变动的影响，又包含人民币与美元之间汇 率变动的影响。2022 年 2 月 27 日，鑫达公司将所购畅优公司 B 股股票按当日市价每股 2.2 美元全部售出，所得价款为 22 000 美元，按当日汇率（1 美元=7.4 元人民币）折算为人民币的金额为 162 800 元，与其原账面价值人民币金额 152 000 元的差额为 10 800 元人民币，对于汇率的变动和股票市价的变动不进行区分，均作为投资收益进行处理。因此，售出当日鑫达公司的会计分录如下：

借：银行存款　　162 800
　　贷：交易性金融资产　　152 000
　　　　投资收益　　10 800

同时将原确认的公允价值变动损益转入投资收益，会计分录如下：

借：公允价值变动损益　　35 000
　　贷：投资收益　　35 000

因此，影响 2022 年损益的合计金额=10 800+35 000−35 000=10 800（元）。选项 B 正确。

15. A

【解析】“实收资本”应按照其入账时的即期汇率来折算。所以鑫达公司 2021 年年末资产负债表中实收资本项目的金额=250×7.75+270×7.8=4 043.5（万元）。选项 A 正确。

二、判断题

1. ×

【解析】企业收到投资者投入的资本，无论是否有合同约定的汇率，均不得采用合同约定的汇率和即期汇率的近似汇率折算，而应采用交易发生日的即期汇率折算。

2. ×

【解析】即期汇率的近似汇率通常是指当期平均汇率或加权平均汇率等。

3. √

4. ×

【解析】对境外经营财务报表折算产生的外币财务报表折算差额，应在资产负债表“所有者权益”项目下单独列示。

5. √

6. √

7. ×

【解析】外币交易损益中的外币交易损失属于已实现的汇兑损益。

8. √

9. ×

【解析】在“两项交易”观点下，购货成本与销售收入的确定，最终取决于交易发生日的汇率。

10. √

三、业务题

1. 【解析】

若该美元债券是债权投资，鑫达公司的会计处理如下：

① 购入和期末计息时

借：债权投资——面值（美元）（1 000×6.9=6 900）　　6 900

　　贷：银行存款——美元　　6 900

借：应收利息——美元（1 000×5%×6.95=347.5）　　347.5

　　贷：投资收益　　347.5

② 年末计算的汇兑差额=1 000×(6.95−6.9)= 50（万元）

借：债权投资——面值（美元）　　50

　　贷：财务费用　　50

若该美元债券是其他债权投资，鑫达公司的会计处理如下：

① 购入和期末计息时

借：其他债权投资——成本（美元）（1 000×6.9=6 900）　　6 900

　　贷：银行存款——美元　　6 900

借：应收利息—美元（1 000×5%×6. 95=347. 5）　　347. 5
　　贷：投资收益　　347. 5

② 年末计算汇兑差额

借：其他债权投资——公允价值变动（美元）　　3 475
　　贷：其他综合收益［(1 500-1 000)×6. 95=3 475］　　3 475

借：其他债权投资——成本（美元）　　50
　　贷：财务费用　　50

2. **【解析】**

（1）分类为其他权益工具投资时，鑫达公司的会计处理如下：

① 2021 年 12 月 10 日，购入股票

借：其他权益工具投资——成本　　3 450
　　贷：银行存款——美元（5×100×6. 9=3 450）　　3 450

② 2021 年 12 月 31 日公允价值变动=3×100×6. 95-3 450=-1 365（万元）

借：其他综合收益　　1 365
　　贷：其他权益工具投资——公允价值变动　　1 365

【提示】135. 8 万元人民币既包含该股票公允价值变动的影响，又包含人民币与美元之间汇率变动的影响。

③ 2022 年 1 月 10 日出售

借：银行存款——美元（2. 5×100×7=1 750）　　1 750
　　盈余公积　　170
　　利润分配　　1 530
　　其他权益工具投资——公允价值变动　　1 365
　　贷：其他权益工具投资——成本　　3 450
　　　　其他综合收益　　1 365

【提示】其他权益工具投资处置时对于汇率的变动和处置利得损失不进行区分，计入留存收益。

（2）分类为交易性金融资产（股票）时，鑫达公司的会计处理如下：

① 2021 年 12 月 10 日，购入股票

借：交易性金融资产——成本　　3 450
　　贷：银行存款——美元（5×100×6. 9=3 450）　　3 450

② 2021 年 12 月 31 日公允价值变动损益=3×100×6. 95-3 450=-1 365（万元）

借：公允价值变动损益　　1 365
　　贷：交易性金融资产——公允价值变动　　1 365

【提示】135. 8 万元人民币既包含该股票公允价值变动的影响，又包含人民币与美元之间汇率变动的影响。

③ 2022 年 1 月 10 日出售

借：银行存款——美元（2. 5×100×7=1 750）　　1 750
　　投资收益　　335
　　交易性金融资产——公允价值变动　　1 365
　　贷：交易性金融资产——成本　　3 450

【提示】交易性金融资产处置时对于汇率的变动和处置损益不进行区分，计入投资收益。

3.【解析】折算前后的资产负债表、利润表、所有者权益变动表见表3-7～表3-9。

表3-7 折算前后的资产负债表

编制单位：畅优公司　　　　2021年12月31日

资产	期末数（万欧元）	折算汇率	折算为人民币金额（万元）	负债和所有者权益	期末数（万欧元）	折算汇率	折算为人民币金额（万元）
流动资产	3 300	11	36 300	流动负债	1 160	11	12 760
非流动资产	6 000	11	66 000	非流动负债	1 200	11	13 200
资产总计	9 300		102 300	负债合计	2 360		25 960
				实收资本	6 000	8	48 000
				盈余公积	300		2 790
				未分配利润	640		6 300
				其他综合收益： 外币报表折算差额			19 250
				所有者权益合计	6 940		76 340
				负债和所有者权益总计	9 300		102 300

注：外币报表折算差额以记账本位币反映的净资产＝102 300－(25 960+48 000+2 790+6 300)＝19 250（万元）。

表3-8 折算前后的利润表

编制单位：畅优公司　　　　2021年12月31日

项目	期末数（万欧元）	折算汇率	折算为人民币金额（万元）
一、营业收入	3 000	10	30 000
减：营业成本	1 800	10	18 000
管理费用	200	10	2 000
财务费用	100	10	1 000
二、营业利润	900	—	9 000
加：营业外收入	100	10	1 000
三、利润总额	1 000	—	10 000
减：所得税费用	300	10	3 000
四、净利润	700	—	7 000
五、每股收益	—	—	—

（续）

项目	期末数（万欧元）	折算汇率	折算为人民币金额（万元）
六、其他综合收益	0		19 250
七、综合收益	700		26 250

表 3-9　折算前后的所有者权益变动表

编制单位：畅优公司　　　　2021 年 12 月 31 日

项目	实收资本			盈余公积			未分配利润		其他综合收益：外币报表折算差额	所有者权益
	万欧元	折算汇率	人民币（万元）	万欧元	折算汇率	人民币	万欧元	人民币（万元）		人民币（万元）
一、本年年初余额	6 000	8	48 000	140		1 190	100	900		50 090
二、本年增减变动金额										
（一）净利润							700	7 000		7 000
（二）直接计入所有者权益的利得或损失										19 250
其中：外币报表折算差额									19 250	
（三）利润分配										
提取盈余公积				160	10	1 600	-160	-1 600		
三、本年年末余额	6 000	8	48 000	300		2 790	640	6 300	19 250	76 340

注：折算前盈余公积期末余额 = 140+160 = 300（万欧元）。

折算后盈余公积期末余额 = 1 190（期初）+160×10（本期增加）= 2 790（万元）。

模块五　案例分析

外币折算会计对我国上市公司的影响——以海尔智家股份有限公司为例

海尔智家股份有限公司（原名“青岛海尔股份有限公司”，以下简称“海尔公司”）1984 年创立于青岛，创立以来坚持以用户需求为中心的创新体系驱动企业持续健康发展，从一家经营面临困难的集体小工厂发展成为全球大型家电知名品牌。通过对互联网模式的探索，海尔公司实现了稳步增长。2016 年海尔公司合并财务报表营业收入为 119 亿元，同比增长 32. 59%，利润总额为 81. 83 亿元，同比增长 17. 22%。

海尔公司外币折算的会计处理：

海尔公司对发生的外币交易，采用交易发生日即期汇率折合本位币入账。资产负债表日，对于外币货币性项目采用资产负债表日即期汇率折算，由此产生的汇兑差额按以下原则进行会计处理：①属于与购建符合资本化条件的资产相关的外币专门借款，产生的汇兑差额按照借款费用资本化的原则处理；②可供出售的外币货币性项目除摊余成本计入其他综合收益之外，其他账面余额变动产生的汇兑差额均计入当期损益。

以历史成本计量的外币非货币性项目，仍采用交易发生日的即期汇率折算，不改变其记账本位币的金额。以公允价值计量的外币非货币性项目，采用公允价值确定日的即期汇率折算，折算后的记账本位币金额与原记账本位币金额的差额，作为公允价值变动（含汇率变动）处理，计入当期损益或确认为其他综合收益。

海尔公司的控股子公司、合营企业、联营企业等，若采用与海尔公司不同的记账本位币，则需对其外币财务报表折算后，再进行会计核算及合并财务报表的编报。资产负债表中的资产和负债项目，采用资产负债表日的即期汇率折算，所有者权益项目除“未分配利润”项目外，其他项目采用发生时的即期汇率折算。利润表中的收入和费用项目，采用交易发生日即期汇率的近似汇率折算。折算产生的外币财务报表折算差额，在资产负债表中所有者权益项目“其他综合收益”项目下列示。外币现金流量采用交易发生日即期汇率的近似汇率折算。汇率变动对现金的影响额，在现金流量表中单独列示。处置境外经营时，与该境外经营有关的外币财务报表折算差额，全部或按处置该境外经营的比例转入处置当期损益。

海尔公司在 2017 年的外币财务报表折算差额为负值，在 2018 年恢复正值。海尔公司的财务报表中披露的外币折算标准是“本公司对发生的外币交易，采用交易发生日即期汇率折合本位币入账”，外币折算差额对于海尔公司的综合收益有一定程度的影响。海尔公司的外币报表折算差额及其占综合收益的百分比见表 3-10。

表 3-10　海尔公司的外币报表折算差额及其占综合收益的百分比

项目	2017 年	2018 年	2019 年
外币报表折算差额（元）	−317 446 061. 32	516 062 368. 49	510 494 831. 67
外币货币资金持有量（美元）	1 249 816 041. 00	1 067 804 067. 53	730 666 614. 19
外币货币资金持有量（欧元）	20 058 292. 65	48 497 251. 17	151 676 201. 42
外币货币资金持有量（日元）	5 007 949 886. 95	2 269 981 380. 74	3 356 863 028. 27
外币货币资金持有量（港元）	1 029 213 931. 69	596 825 742. 94	745 289 079. 40
其他综合收益中外币报表折算差额的金额（元）	203 472 980. 90	754 824 347. 90	1 265 319 179. 57

从海尔公司的外币持有结构可以看出，美元是其持有的主要外币，其他外币货币性项目包括应收款项、短期借款、应付款项、长期借款、固定资产等也是类似的结构，这也证实了外币报表折算差额的主要因素是美元汇率的变动。在 2018 年与 2019 年各有 1 次美元

持有量和日元持有量的大幅变动。从年报中可以了解到，变动的主要原因是固定资产的投资和新技术的开发。

从2017年起，外币报表折算差额在海尔公司其他综合收益中所占的比重就变得较大，主要原因是2017年海尔公司可供出售金融资产公允价值变动损益发生大幅度减少从而导致外币报表折算差额占其他综合收益的比重迅猛增加。外币报表折算差额对海尔公司固定资产和无形资产的影响见表3-11。

表3-11 外币报表折算差额对海尔公司固定资产和无形资产的影响

外币折算差额	2017年	2018年	2019年
专有技术	-44 436 979.82	32 968 654.60	33 642 700.48
特许使用权	-228 164 538.00	187 197 556.67	75 751 579.50
土地使用权	-1 694 884.48	957 287.64	6 143 758.90
商标权	-38 266 000.00	31 443 746.32	18 714 088.63
软件及其他	-23 640 702.94	52 453 017.36	11 500 459.26
房屋建筑物	-94 083 548.19	122 117 790.34	95 134 252.87
生产设备	-440 160 171.41	439 917 845.02	270 623 846.51
运输设备	-594 648.34	-792 278.13	959 073.83
办公设备	-3 017 038.70	1 569 755.48	12 599 005.34

结合海尔公司2017年—2019年的年报可知，外币折算差额影响最多的是生产设备，其次是房屋建筑物。结合海尔公司明确的海外经营计划（①继续坚持走高端差异化产品路线，增加高端产品占比，提升盈利能力。②持续提升在全球供应链中的布局，增加产品的本土制造比例，提升当地化企划研发能力，快速满足市场需求。③由以政策为导向的压货向以服务为导向的零售转型，聚焦中高端，加强终端建设，增强渠道运营能力，优化网络布局，保障业务发展），我们可以了解到，海尔公司在海外必然新建了多家子公司，子公司生产加工商品最基本的资产就是生产设备与房屋建筑物，这也导致了这两项资产受外币折算差额影响是最大的。对于无形资产，海尔公司外币折算差额影响最大的是特许使用权，其次是专有技术，再次是商标使用权。可见海尔公司的海外战略主要是提供特许使用权，专有技术的开发不再占具战略的核心地位。

（资料来源：

1. 冯娜. 外币报表折算方法选择研究［EB/OL］.（2019-10-14）［2021-04-15］. https://www.doc88.com/p-14561103659625.html.

2. 邱伟恒. 基于资产负债结构的我国上市公司外汇风险管理研究［D］. 长沙：湖南大学，2009.

3. 李春荣. 新外币折算准则对外资银行影响研究［D］. 厦门：厦门大学，2009.

4. 卢新宇. 我国外币报表折算方法选择研究［D］. 太原：山西财经大学，2008.

5. 王统一. 我国境外EPC工程项目汇率风险管理研究［D］. 北京：对外经济贸易大学，2016.）

【引发的思考】

(1) 对于可能存在的汇率风险应该如何应对?

(2) 我国外币报表的折算应该选择哪种方法?

【分析提示】

(1) 对于可能存在的汇率风险应该如何应对?

海尔公司在年报上陈述海外公司的外币资产和负债及未来的外币交易存在汇率波动风险。海尔公司财务部门负责监控外币交易和外币资产及负债的规模，以最大程度降低面临的汇率波动风险；并且海尔公司通过签署远期外汇合约的方式来达到规避汇率波动风险的目的。但是这些举措还远远不够使汇率波动带来的风险尽可能减小，所以还可以采取以下措施来规避汇率风险。

第一，做好外汇市场行情（汇率）预测工作。在外汇管理工作中，对汇率进行预测是重要内容，因为国际形势的复杂性，可能会在市场中存在不符合实际成本效益原则的情况，在受到经济冲击时，汇率水平可能会出现较大的波动，因此，在外资企业中，为应对汇率变动带来的风险，需要确保企业的财务会计师具有丰富的金融理财知识与较高的个人素质，可以对汇市行情进行预测。依照人民币汇率形成机制，现阶段，外资企业财务会计师在进行汇市行情预测时基本采用基本面预测与技术面预测结合的方式，前者主要指的是根据国际收支、利率差异、货币供给、相对物价、公共政策、经济增长以及心理预期等方面得出来的汇率走势，分析外汇内在投资价值和汇率中长期走势；后者主要指的是根据汇率走势分析影响汇率的因数，依托过去的汇率变动趋势来分析未来汇率走势，主要分析短期走势。依托判断出的外汇市场行情走势，外资企业可以进行汇率风险管理。如在签订国际贸易合同时，企业财务会计师就需要对合同条款要素予以把握，需要考虑汇率结算风险。同时，财务会计师需要对外汇负债、外汇资产头寸调整机会予以充分利用，让外汇敞口头寸风险得到降低。现阶段，汇率风险的来源主要体现在经济主体以外币计价的资产或负债存在“敞口”和经济主体的跨货币交易行为，其形式较为多样、项目较为复杂，对此，外资企业必须要利用组织培训、聘请专家以及构建奖惩激励制度等方法来提升企业财务会计师的个人能力，提升外汇市场行情预测的准确度。

第二，外资企业在签订出口合同时，需要对汇率问题予以充分考虑，做到合理规定双方都可接受的风险比例。在对外出口时，需要双方都可以在交易中最大限度地让汇率风险降低。对此，需要做好计价货币选择工作，可以选择本币作为计价货币，避免涉及货币兑换，对于外资企业来说，不存在外汇风险，同时，因为人民币国际地位的不断提升，现在已经有很多国家和地区在贸易中利用跨境人民币完成结算工作，此种方式可以消除汇率波动风险；也可以选择可以自由兑换的货币作为计价货币，这样可以让外汇资金的运用与调拨变得更为方便，如果有外汇风险出现，那么可以兑换成另一种有利货币，现阶段，这是多数企业的做法，但实际风险的出现可能会影响货币兑换，产生一定损失；可以选择“软”“硬”货币的合理搭配，收“硬”损“软”，让汇率波动带来的风险损失减少，让双方共同承担风险，在签订合同时，双方可以约定汇率，或是在合同中约定双方需要对汇率变动损失予以共同承担。外资企业需要考虑到外汇现金的流入、流出时间点与金额的匹配性，以及是否存在某种货币收入现金流可以对此种货币货款予以支付，进而让货币兑换减少。

第三，利用汇率风险敞口头寸降低汇率风险。汇率风险敞口的主要构成要素为本币、外币与时间。买卖头寸平衡法在汇率风险管理中具有耗费成本低、有效性高的特点，利用这种方法可以帮助外资企业应对汇率变动带来的风险。这种方法主要是调整外汇买卖头寸，进而让其保持平衡，在外汇交易中，买卖头寸的差额会形成风险敞口，所以，外资企在应对汇率变动带来的风险时，需要尽可能让买卖差额接近于零，对此，需要对出口与进口收付汇时间进行合理调整。将两种不同外汇买卖头寸进行交叉平衡的方法为交叉弥补风险法，此种方法可以规避外汇风险，在实际应用中，应该选择两种具有汇率稳定特点的货币并对其买卖头寸实施交叉平衡处理。

第四，海尔公司可以运用外汇交易避险法对汇率风险进行有效管理，在此方法中，非贸易交易、避险外汇交易和贸易处于相互独立状态，如果交易对方利益没有受到影响，那么需要利用外汇交易本身对外汇风险进行管理。现阶段，我国外贸出口呈快速增长趋势，出口企业之间具有激烈的竞争，且收汇期具有延长趋势，对此，企业需要对出口发货和收汇期的现金流通问题予以快速解决。如利用套期保值方法，就可以买进或卖出交易方向相反但数量相当的外汇期货合约，可以对当前汇率风险进行补偿，在应用这种方法时，首先需要对风险进行量化处理；然后针对具体风险制定保值策略，控制风险并跟踪保值；最后需要对保值效果进行评估，如评估表明利用出口押汇等新方法可以让资金周转问题得到解决，让人民币汇率变动风险得到规避。

（2）我国外币财务报表的折算应该选择哪种方法?

在当前的浮动汇率制下，外币财务报表折算标准的制定进程在我国尚处起步段。从目前我国跨国集团中的国外子公司的经营活动情况看，对其外币财务报表采用现时汇率法进行折算是不尽合理的，用时态法进行外币财务报表折算才是我国的现实选择。

首先，我国是一个发展中国家，跨国公司出现的时间不长，无论在数量上还是规模上都很难与发达国家相比。而且我国企业在国外的经营单位，大多数没有跨越本身的行业，其经营资金大都依赖于母公司的筹措和提供，一旦汇率有所变动，就会直接影响母公司的经营活动和现金流量。因此，这类国外子公司从经营特征上看应选用时态法进行外币财务报表折算。

其次，从现时汇率法与时态法的特点上看，现时汇率法是对所有的资产和负债都乘上一个常数，所以现时汇率法能保持原外币报表中各个项目的比例关系。但是现时汇率法假设所有的外币资产和负债都承受汇率变动的风险，由于存货和固定资产的价值基本上不受汇率变动的影响，这种假设很难成立。

最后，虽然在《企业会计准则第 19 号——外币折算》中规定，企业外币财务报表折算采用的是现时汇率法，这一方法与国际会计准则相一致；而对于恶性通货膨胀条件下外币财务报表折算，我国准则规定采用“先消除后折算”的程序。从该准则的要求中也可知，我国现行准则采用的现时汇率法不仅与国际会计准则接轨，也与我国准则制定时的实际情况相适应。随着我国经济的发展，国家鼓励企业“走出去”，境外投资规模扩大。与此同时人民币汇率的逐步市场化和可自由兑换，以及外汇管制的相关因素都使得我国跨国企业面临着较大的外汇风险，现时汇率法已不能满足当前需要。会计信息的真实性、客观性将影响会计信息使用者在资本市场的投资决策，更直接关系到每一个跨国企业的利益。

随着现时成本计量模式取代历史成本计量模式，所有按现时成本计量的项目都要按现时汇率折算，时态法也就与现时汇率法合而为一了。随着我国《企业会计准则》的进一步完善，时态法的负面影响将进一步减弱。

综上所述，采用时态法进行外币财务报表折算更能满足企业在当前国内外大环境下的发展需要。

第四章

油气开采会计

模块一　本章要点回顾

本章思维导图如图 4-1 所示。

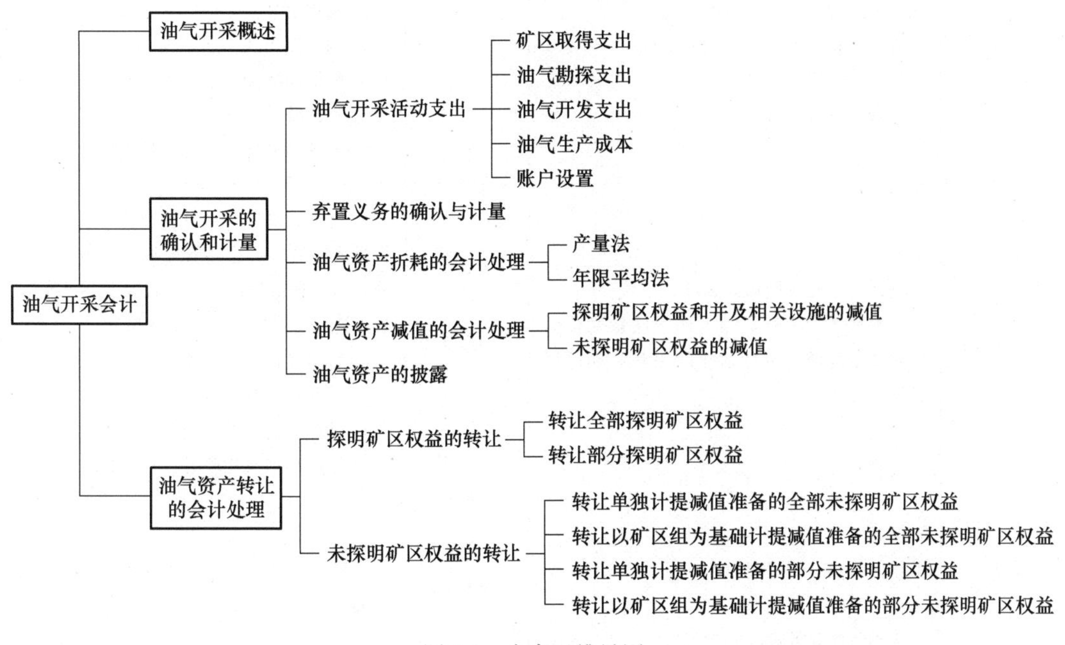

图 4-1　本章思维导图

模块二　重点与难点精析

（一）油气行业基本生产活动的特点与支出分类

油气行业基本生产活动的阶段可分为取得阶段、勘探阶段、开发阶段和开采阶段，其基本生产活动的特点与支出的分类见表 4-1。

（二）油气资产的初始计量、矿区权益的转换以及弃置义务的确认与计量

1. 油气资产的初始计量

由于油气勘探支出、油气开发支出在发生时不能直接计入油气资产价值，因此，需要设置“油气勘探支出”和“油气开发支出”账户反映油气企业在勘探和开发过程中发生的成本，待符合资本化条件时，再从这些账户转入“油气资产”账户中。为分别

反映矿区权益和井及相关设施的价值，也可以在“油气资产”下设置两个明细账户“油气资产——矿区权益”和“油气资产——井及相关设施”。油气资产的初始计量见表 4-2。

表 4-1　油气行业基本生产活动的特点与支出分类

石油天然气生产活动各阶段		相应支出	
取得阶段	从普查开始到矿权分享协议签署为止的全过程： 对有兴趣的地区进行大面积的地质及地球物理勘测，通常采用航空摄影及航空重磁力勘测的方法，随之进行地震普查 分析普查结果和有关商业情报 签署矿区租赁协议 签署矿权分享协议	矿区 取得支出	购买、租赁支出： 1. 探矿权价款 2. 采矿权价款 3. 土地使用权 4. 签字费 5. 租赁定金 6. 购买支出 7. 咨询顾问费 8. 审计费 9. 与获得矿区有关的其他支出
勘探阶段	确认可以授权勘察的区域 勘察被认为具有石油天然气储量勘探前景的特定区域，包括钻探勘探井和勘探型地层实验井	勘探支出	1. 地形、地质及地球物理研究成本、获得进入矿区进行这些研究权利的成本、地质学者、地球物理工作者以及其他人员从事上述研究的工资以及其他费用 2. 置存及保留未开发矿区权益的成本 3. 干井贡献与井底贡献 4. 勘探井的钻探及装备成本 5. 勘探型地层实验井的钻探成本
开发阶段	钻开发井 矿区道路、桥梁建设 矿区集输管线建设 天然气净化处理厂的建设等	开发支出	开采探明储量的开发井的成本和生产设施的支出
开采阶段	将油气采集出地面 油气去除杂质（如脱硫）的处理 油气在矿区内的输送 油气开采设施的维护	生产成本	在油田把石油和天然气提升到地面、并对其进行聚集、处理加工和储存等活动的成本

2. *矿区权益的转换*

未探明矿区（组）内发现探明经济可采储量而将未探明矿区（组）转为探明矿区（组）的，应当按照其账面价值转为探明矿区权益，借记“油气资产——探明矿区权益”科目，贷记“油气资产——未探明矿区权益”科目。

未探明矿区（组）因最终未能发现探明经济可采储量而放弃的，应当按照放弃时的账面价值转销未探明矿区权益并计入当期损益。因未完成义务工作量等因素导致发生的放弃成本，计入当期损益，借记“勘探费用”科目，贷记“油气勘探支出”科目。

表 4-2 油气资产的初始计量

油气资产	按不同取得方式分类	初始计量
矿区权益取得的初始计量	申请取得的矿区权益	借：油气资产——矿区权益 贷：银行存款/应付票据等
	购买取得的矿区权益	购买价款、中介费以及可直接归属于矿区权益的其他购买取得支出 借：油气资产——矿区权益 贷：银行存款/应付票据等 购买取得矿区权益后发生的探矿权使用费、采矿权使用费和租金等维持矿区权益的支出 借：管理费用 贷：银行存款
	其他方式取得的矿区权益	投资者投入的矿区权益 借：油气资产——矿区权益 贷：实收资本（股本） 资本公积——资本溢价（股本溢价） 通过债务重组取得的矿区权益 按照受让的矿区权益的公允价值加上应支付的相关税费，借记“油气资产”科目，按照重组债权已计提的减值准备，借记“坏账准备”科目；按照重组债权的账面余额，贷记“应收账款”等科目，按照应支付的相关税费，贷记“银行存款”“应交税费”等科目；按照借贷双方之间的差额，借记“营业外支出——债务重组损失”科目或贷记“营业外收入——债务重组收益”科目。 通过非货币性资产交换取得的矿区权益 非货币性资产交换取得的矿区权益，是指企业通过换出存货、固定资产、无形资产等非货币性资产而换入的矿区权益。应该按照《企业会计准则第 7 号——非货币性资产交换》进行处理
井及相关设施的初始计量	油气勘探支出	勘探过程中发生的支出 借：油气勘探支出 贷：银行存款/累计折旧/应付职工薪酬等 勘探过程完工，属于发现探明经济可采储量的钻井勘探支出 借：油气资产——井及相关设施 贷：油气勘探支出 属于未发现探明经济可采储量的钻井勘探支出 借：勘探费用 贷：油气勘探支出
	油气开发支出	油气开发过程中发生的支出 借：油气开发支出 贷：银行存款/累计折旧/应付职工薪酬等 开发工程达到预定可使用状态 借：油气资产——井及相关设施 贷：油气开发支出

3. 弃置义务的确认与计量

对于石油天然气开采行业的油气资产，确定其初始入账成本时还应考虑弃置费用。弃置费用通常是指根据国家法律和行政法规、国际公约等规定，企业因承担的环境保护和生态恢复等义务所确定的支出。在确认井及相关设施的成本时，弃置义务应当以矿区（组）为基础进行预计，主要涉及井及相关设施的弃置、拆移、填埋、清理和恢复生态环境等所发生的支出。对于油气资产的弃置费用，符合预计负债确认条件的，应当将该义务确认为预计负债，并相应增加井及相关设施的账面价值；不符合预计负债确认条件的，在废弃时发生的拆卸、搬移、场地清理等支出，应当计入当期损益。

企业应当按照弃置费用的现值计入相关油气资产的成本。在油气资产的使用寿命内，按照预计负债的摊余成本和实际利率计算确定的利息费用，应当在发生时计入财务费用。

（三）油气资产折耗

1. 油气资产折耗的范围

油气资产由矿区权益和井及相关设施两个部分组成。其中，矿区权益又分为探明矿区权益和未探明矿区权益。根据我国《企业会计准则》的规定，未探明矿区权益不计提折耗。

2. 油气资产折耗的计提方法

根据我国《企业会计准则》的规定，企业应当采用产量法或年限平均法对油气资产计提折耗，具体计提方法见表 4-3。企业选用的油气资产折耗计提方法一经选定不得随意变更。

表 4-3　油气资产折耗的计提方法

计提方法	资产类别	计量基础	计算公式
产量法	探明矿区权益	探明经济可采储量	探明矿区权益折耗额=探明矿区权益账面价值×探明矿区权益折耗率 $探明矿区权益折耗率=\frac{探明矿区当期产量}{探明矿区期末探明经济可采储量+探明矿区当期产量}$
	井及相关设施	探明已开发经济可采储量	矿区井及相关设施折耗额=期末矿区井及相关设施账面价值×矿区井及相关设施折耗率 $矿区井及相关设施折耗率=\frac{矿区当期产量}{矿区期末探明已开发经济可采储量+矿区当期产量}$
年限平均法	将油气资产成本均衡地分摊到各会计期间 采用该方法计算的每期油气资产折耗金额相等		

3. 油气资产折耗的会计处理

为反映油气资产计提的折耗，企业应当设置“累计折耗”科目。该科目和“油气资产”一样，可按油气资产的类别、不同矿区或油田进行明细核算。企业按期（月）计提油气资产的折耗时，借记“生产成本”等科目，贷记“累计折耗”科目。

（四）油气资产的转让

油气资产的转让可分为探明矿区权益和未探明矿区权益的转让，具体会计处理见表 4-4。

表 4-4　油气资产转让的会计处理

<table>
<tr><th colspan="2">转让资产的类别</th><th>转让原则</th><th>会计处理</th></tr>
<tr><td rowspan="2">探明矿区权益</td><td>全部探明矿区权益</td><td>将转让所得与矿区权益账面价值的差额计入当期损益</td><td rowspan="2">企业应当按照转让矿区权益获得的价款，借记“银行存款”科目，按照转让矿区权益已计提的折耗，借记“累计折耗”科目，按照转让矿区权益已计提的减值准备，借记“油气资产减值准备”科目；按照转让矿区权益的账面原价，贷记“油气资产”科目；按照借贷双方之间的差额，借记“营业外支出”科目或贷记“营业外收入”科目</td></tr>
<tr><td>部分探明矿区权益</td><td>按照转让权益和保留权益的公允价值比例，计算确定已转让部分矿区权益的账面价值，转让所得与已转让部分矿区权益账面价值的差额计入当期损益</td></tr>
<tr><td rowspan="3">未探明矿区权益</td><td>转让单独计提减值准备的全部未探明矿区权益</td><td>将转让所得与未探明矿区权益账面价值的差额计入当期损益</td><td rowspan="2">企业应当按照转让矿区权益获得的价款，借记“银行存款”科目，按照转让矿区权益已计提的减值准备，借记“油气资产减值准备”科目；按照转让矿区权益的账面原值，贷记“油气资产”科目；按照借方余额大于贷方余额的差额，贷记“营业外收入”科目；
在转让所得小于矿区权益账面价值的情况下，企业应当按照转让矿区权益获得的价款，借记“银行存款”科目，贷记“油气资产”科目</td></tr>
<tr><td>转让单独计提减值准备的部分未探明矿区权益</td><td>如果转让所得大于矿区权益账面价值，将其差额计入当期损益；如果转让所得小于矿区权益账面价值，以转让所得冲减矿区权益账面价值，不确认损益</td></tr>
<tr><td>转让以矿区为基础计提减值准备的未探明矿区权益</td><td>如果转让所得大于矿区权益的账面原值，将其差额计入当期损益；如果转让所得小于矿区权益的账面原值，以转让所得冲减矿区权益的账面原值，不确认损益。转让该矿区组最后一个未探明矿区的剩余矿区权益时，转让所得与未探明矿区权益账面价值的差额计入当期损益</td><td>企业应当按照转让矿区权益获得的价款，借记“银行存款”科目；按照转让矿区权益的账面原值，贷记“油气资产”科目，按照借方余额大于贷方余额的差额，贷记“营业外收入”科目；
在部分转让且转让所得小于矿区权益账面价值的情况下，企业应当按照转让矿区权益获得的价款，借记“银行存款”科目，贷记“油气资产”科目</td></tr>
</table>

（五）油气资产的减值

对于作为油气资产核算的矿区权益，应区分探明矿区权益和未探明矿区权益，对两者分别进行减值测试。油气资产减值的会计处理见表 4-5。

表 4-5　油气资产减值的会计处理

减值资产的类别	会计处理
探明矿区权益和井及相关设施	如果油气资产的可收回金额高于其账面价值，则说明油气资产没有发生减值，不需要计提油气资产减值准备。如果油气资产的可收回金额低于其账面价值，则说明油气资产发生了减值，企业应当按照油气资产的可收回金额低于其账面价值的差额，计提油气资产减值准备，借记“资产减值损失”科目，贷记“油气资产减值准备”科目

（续）

减值资产的类别	会计处理
未探明矿区权益	未探明矿区权益公允价值低于账面价值的差额，应当确认为减值损失，计入当期损益。按照矿区组进行减值测试并计提减值的，确认的减值损失不分摊至单个矿区权益的账面价值。未探明矿区权益减值损失一经确认，不得转回

模块三　牛刀初试

一、单选题

1. 在油气勘探阶段所发生的支出中，应当资本化计入井及相关设施成本的是（　　）。

A. 探明经济可采储量的钻井勘探支出

B. 未探明经济可采储量的钻井勘探支出

C. 无效井段钻井勘探累计支出

D. 非钻井勘探支出

2. 通过非货币性资产交换（假定具有商业实质）取得的矿区权益一般应（　　）。

A. 按照换出资产的公允价值加上相关税费作为其入账价值

B. 按照换入矿区权益的公允价值加上相关税费作为其入账价值

C. 按照换出资产的账面价值加上相关税费作为其入账价值

D. 按照换入矿区权益的账面价值加上相关税费作为其入账价值

3. 假定某项油气资产的预计弃置费用为 100 万元，经折现后的现值为 80 万元，则在初始计量时，该项油气资产及其预计负债的入账价值分别为（　　）。

A. 100 万元和 100 万元　　B. 100 万元和 80 万元

C. 80 万元和 100 万元　　D. 80 万元和 80 万元

4. 下列油气资产中，不计提折耗的是（　　）。

A. 探明矿区权益

B. 未探明矿区权益

C. 油气勘探形成的油气资产

D. 油气开发形成的油气资产

5. 企业对油气资产计提折耗应当采用（　　）。

A. 产量法　　B. 工作量法

C. 双倍余额递减法　　D. 年数总和法

6. 油气资产是一个有特定范围的资产，以下属于油气资产的是（　　）。

A. 办公相关设施　　B. 房屋建筑物

C. 矿区权益　　D. 机器设备

7. 矿区的划分应遵循一定的原则，以下关于矿区划分原则中说法错误的是（　　）。

A. 一个油气藏可作为一个矿区

B. 若干相邻且地质构造或储层条件相同或相近的油气藏可作为一个矿区

C. 一个独立集输计量系统为一个矿区

D. 一个大的油气藏分为几个独立集输系统即使分别计量的也应该划分为一个矿区

8. 未探明矿区权益公允价值低于账面价值的差额，应当确认为减值损失，计入（　　）。

A. 当期损益　　B. 待处理财产损益

C. 投资收益　　D. 以前年度损益

9. 企业应当在附注中披露与油气开采活动有关的信息中不包括的是（　　）。

A. 拥有国内和国外的油气储量年初、年末数据

B. 探明矿区权益、井及相关设施的账面原值

C. 实际利率法确定的各期间应负担的利息费用

D. 当期在国内和国外发生的矿区权益的取得、油气勘探和油气开发各项支出的总额

10. 企业转让矿区权益时，借方余额小于贷方余额的差额应借记的科目是（　　）。

A. 投资收益　　B. 营业外支出　　C. 管理费用　　D. 未确融资费用

11. 不属于油气行业上游活动的是（　　）。

A. 油气勘探活动　　B. 油气开发活动

C. 油气开采活动　　D. 油气炼制活动

12. 以下各项中，不应计入油气资产价值的是（　　）。

A. 因申请取得或购买取得矿区权益发生的支出

B. 在矿区权益取得后发生的探矿权使用费、采矿权使用费和租金等维持矿区权益的支出

C. 发现了探明经济可采储量的钻井勘探支出

D. 油气开发活动所发生的支出

13. 属于未发现探明经济可采储量的钻井勘探支出的，应借记的科目是（　　）。

A. 管理费用　　B. 油气资产　　C. 油气开发支出　　D. 勘探费用

14. 油气开采企业通过（　　）将油气资产的价值随着开采工作的展开逐渐转移到所开采的产品成本中。

A. 归集成本　　B. 计提减值　　C. 计提折耗　　D. 计算单耗

二、判断题

1. 通常情况下，特定矿区在勘探、开发和生产期间所发生的所有资本化成本作为一个整体来产生现金流的，计提折耗和减值测试均应以矿区作为成本中心。（　　）

2. 申请取得矿区权益的支出应当计入当期损益，而购买取得矿区权益的支出应当资本化，计入油气资产的价值。（　　）

3. 钻井勘探支出已费用化的探井又发现了探明经济可采储量的，已费用化的钻井勘探支出应进行调整，予以资本化。（　　）

4. 在钻井勘探阶段，未能确定该探井是否发现探明经济可采储量的，应当在完井后将钻探该井的支出予以暂时资本化，而且最长时间不超过一年。（　　）

5. 在油气资产的使用寿命内，按照预计负债的摊余成本和实际利率计算确定的利息费用，应当在发生时计入财务费用。（　　）

6. 转让部分探明矿区权益的，按照转让权益和保留权益的公允价值比例，计算确定已转让部分矿区权益的账面价值，转让所得与已转让矿区权益账面价值的差额计入当期损益。（ ）

7. 油气资产减值损失一经确认，不得转回。（ ）

8. 未探明矿区权益公允价值低于账面价值的差额，确认为减值损失计入当期损益。（ ）

9. 未探明矿区权益减值损失确认后可以转回。（ ）

10. 单个矿区取得成本较小且与其他相邻矿区具有相同或类似地质构造特征或储层条件的，可按照若干具有相同或类似地质构造特征或储层条件的相邻矿区所组成的矿区组进行减值测试。（ ）

11. 矿区权益取得后发生的探矿权使用费、采矿权使用费和租金等维持矿区权益的支出，应当予以资本化。（ ）

12. 根据《企业会计准则第 27 号——石油及天然气开采》，转让全部探明矿区权益的，转让所得大于矿区权益账面价值的差额计入营业外收入。（ ）

13. 从广义上来看，油气生产成本包括取得、勘探、开发和生产的所有成本。（ ）

三、业务题

1. 鑫达公司通过债务重组和非货币性资产交换取得两处矿区权益，具体资料如下：

（1）2021 年 3 月 1 日，鑫达公司销售一批产品给甲公司，开出的增值税专用发票上注明的销售价款为 4 800 000 元，增值税销项税额为 624 000 元；产品已发出，款项尚未收到。2021 年 6 月 1 日，甲公司由于遭受自然灾害，资金周转困难，无法按合同规定偿还债务，经双方协议，鑫达公司同意甲公司用某矿区权益抵偿该债务，矿区权益的公允价值为 5 760 000 元。假设鑫达公司在接受矿区权益的过程中发生相关运杂费 24 000 元，以银行存款支付；鑫达公司没有为该项应收账款计提坏账准备；债务重组交易过程没有发生除运杂费以外的其他费用和相关税费。

（2）经批准，鑫达公司决定以固定资产交换乙公司的某矿区权益。固定资产的原值为 6 000 000 元，已计提折旧 1 200 000 元，已计提减值准备 600 000 元，公允价值为 5 040 000 元，鑫达公司支付了固定资产的运输费用 12 000 元。

要求：根据上述资料，对这两项业务进行会计处理。

2. 2021 年 4 月 15 日，鑫达公司的某子公司决定转让某探明矿区权益，收到价款 14 760 000 元。该矿区权益已提折耗 5 040 000 元，已计提减值准备 1 332 000 元，该矿区权益的账面原值为 17 280 000 元。根据上述资料，对该业务进行会计处理。

模块四　习题解答

一、单选题

1. A

【解析】钻井勘探支出在完井后，确定该井发现了探明经济可采储量的，应当将钻探该井的支出结转为井及相关设施成本；确定该井未发现探明经济可采储量的，应当将钻探该井的支出扣除净残值后计入当期损益；确定部分井段发现了探明经济可采储量的，应当将发现探明经济可采储量的无效井段钻井勘探累计支出转入当期损益；非钻井勘探支出于发生时计入当期损益。选项 A 正确。

2. A

3. D

【解析】企业应当按照弃置费用的现值计入相关油气资产的成本。选项 C 正确。

4. B

【解析】根据《企业会计准则第 27 号——石油天然气开采》的规定，未探明矿区权益不计提折耗。选项 B 正确。

5. A

【解析】企业应当采用产量法或年限平均法对油气资产计提折耗。选项 A 正确。

6. C

7. D

【解析】一个大的油气藏分为几个独立集输系统并分别计量的可划分为几个矿区。选项 D 不正确。

8. A

9. C

【解析】企业应当在附注中披露与油气开采活动有关的下列信息：①拥有国内和国外的油气储量年初、年末数据；②当期在国内和国外发生的矿区权益的取得、油气勘探和油气开发各项支出的总额；③探明矿区权益、井及相关设施的账面原值、累计折耗和减值准备累计金额及其计提方法；④与油气开采活动相关的辅助设备及设施的账面原值、累计折旧和减值准备累计金额及其计提方法。选项 C 正确。

10. B

11. D

12. B

13. D

14. C

二、判断题

1. √

2. ×

【解析】申请取得矿区权益的支出应当资本化。

3. ×

【解析】钻井勘探支出已费用化的探井又发现了探明经济可采储量的，已费用化的钻井勘探支出不做调整，重新钻探和完井发生的支出应当予以资本化。

4. √

5. √

6. √

7. √
8. √
9. ×
【解析】未探明矿区权益减值损失一经确认，不得转回。
10. √
11. ×
【解析】相关支出应当计入当期损益。
12. √
13. √

三、业务题

1. （1）借：应收账款　5 424 000
　　贷：主营业务收入　4 800 000
　　　　应交税费——应交增值税（销项税额）　624 000
　借：油气资产——矿区权益　5 784 000
　　贷：应收账款　5 424 000
　　　　银行存款　24 000
　　　　营业外收入——债务重组收益　336 000
（2）借：固定资产清理　4 200 000
　　累计折旧　1 200 000
　　固定资产减值准备　600 000
　　贷：固定资产　6 000 000
　借：固定资产清理　12 000
　　贷：银行存款　12 000
　借：油气资产——矿区权益　5 040 000
　　贷：固定资产清理　4 212 000
　　　　资产处置损益　828 000
2. 借：银行存款　14 760 000
　累计折耗——矿区权益折耗　5 040 000
　油气资产减值准备　1 332 000
　贷：油气资产——矿区权益　17 280 000
　　营业外收入　3 852 000

模块五　案例分析

油气资产大缩水背景下的油气资产组合战略

北京时间2020年6月30日晚间，国际石油巨头荷兰皇家壳牌集团（以下简称“壳牌”）宣布了一项创纪录的资产减值计划，即将在当年二季度减记150亿~220亿美元的资产。其中，综合天然气部门减记80亿~90亿美元的资产。这些资产主要分布在澳大利亚，包括QGC和Prelude项目的部分资产减值。QGC项目去年供应了澳大利亚东海岸国内天然气市场16%的需求；Prelude是目前全球最大的浮式LNG生产项目。此外，壳牌上游部门将减记40亿~60亿美元的资产，主要为巴西和北美的页岩油气；整个炼油业务组合的石油产品将减记30亿~70亿美元的资产。这一减值规模超过壳牌去年的净利润。财报显示，2019年壳牌归属于母公司的净利润为158.43亿美元。

这并不是第一家在2020年进行资产减值的公司，也不会是最后一家。历史规模前十大的油气公司资产减值事件中，2020年占据了5宗，包括了BP、壳牌、贝克休斯、雪佛龙和西方石油等石油企业。通过这些减值，壳牌这些石油企业向我们传达了关于搁置资产的信息。无论是壳牌还是BP，他们的声明中一个很重要的部分就是对未来油价大幅度下调的预期，这意味着在这两家企业的上游资产组合中，未来可能会有相当一部分的价值为“0”。

1. 油价预期变动

4~5年之前，石油企业刚刚从上一轮油价崩盘中复苏，壳牌甚至斥530亿美元巨资收购英国天然气公司（BG）。彼时，没有人会讨论石油需求峰值、上游资产搁置和业务模式清算等问题，所有人都认为石油公司将会非常从容地应对气候变化转型。

但在2020年，席卷全球的新冠肺炎疫情改变了一切。一切的改变都预示着，石油需求的峰值有可能比所有人此前预期的更加提前到来。同时，技术的进步在这几年深刻地改变了石油行业，现在几乎不会有人会认为石油将在短时间内枯竭，越来越多更便宜的石油和天然气在全世界被发现。因此，这些国际石油企业没有理由再坚持此前对油价的预期了。

壳牌在声明中预计，布伦特原油的平均价格在2020年为35美元/桶，2021年升至40美元/桶，2022年升至50美元/桶，均低于2019年60美元/桶的假设。同时，还将其对长期炼油利润率的预期下调了约30%。BP则更为激进，将未来30年的布伦特原油均价预期调整为55美元/桶，天然气价格预期调整为2.9美元/百万Btu，相比此前的预期分别下降了27%和31%。不过，相比BP，壳牌在2015年用530亿美元收购BG，把未来能源转型的赌注压在了液化天然气上，这一收购不仅让壳牌负债累累，在目前的能源前景下，LNG甚至不能支撑壳牌的转型愿景。

2. 石油企业过冬

和国外同行相比，我国的石油企业面对的环境更加复杂：既要努力盈利实现国有资本保值增值；又要保障就业；还要保障国家的能源安全。相比上一轮油价暴跌，我国石油公司在这一轮面对的局面似乎更加艰难。

国家能源局在不久前表示，我国原油生产商应将2020年的原油产量定在1.93亿t（386亿桶），这比2019年的实际产量增加了1.6%。这就要求主要石油企业必须增加产量完成任务。但是，因为油气生产天然具有“递减率”，在目前成本控制已经相对完善的情况下，想要推动油气增产，必须要增加投资。而在目前油价水平下，国内相当一部分油气田在成本线以下，增产和效益开发之间极难平衡。

油气增产的要求始于2018年，2019年年底，上游勘探开发投资为3 321亿元，同比增长21.9%，在这一投资的带动下，我国石油产量一举扭转了连续3年的跌势，但同比增长仅不到1%。尽管这21.9%的投资增长所带来的油气资源未必会在2019年实现产量，但这一数据也足以说明，投资对油气产量的影响往往是事倍功半。2020年4月底，两家主要的石油企业相继宣布削减资本开支，因为上游业务是这两家企业的主营业务，资本开支削减将直接影响到油气生产量。

从目前公开的资料来看，在盈利和保障能源之间，我国石油企业似乎选择了后者。2020年5月，我国生产原油1 646万t，同比增长1.3%，增速比上月加快0.4个百分点，生产天然气159亿m^3，同比增长12.7%。

（资料来源：

1. 21世纪经济报道. 全球油气资产减值或达1.6万亿美元：石油企业紧缩过冬［EB/OL］.［2021-12-18］. http://news.ctafund.cn/2020/qihuoxinwen_0702/53423.html.

2. 侯瑞宁. 油气资产大缩水，壳牌二季度最高减值220亿美元［EB/OL］.［2021-12-18］. https://m.jiemian.com/article/4612397.html.

3. 毕马威中国. 前所未有不确定时代下的油气企业资产组合战略［EB/OL］.［2021-12-18］. https://mp.weixin.qq.com/s/vfhfp4n38MEKBKH0SoN2YA.）

【引发的思考】

1. 为什么要采用资产组合战略?

2. 如何重新审视油气企业的资产组合战略?

【分析提示】

1. 为什么要采用资产组合战略?

我国作为全球最大石油进口国和消费国与全球石油供需深度绑定。2020年以来，世界各主要经济体需求下降，同时原油价格呈现大幅度下跌（4月17日布伦特价格为28.4美元/桶），降至绝大多数供给国的财政盈亏平衡成本，对部分国家造成巨大影响。

有效资产组合管理是油气企业盈利的重要条件。由于油气行业的高风险特征，其资产组合战略必须考虑多重不确定性的波动性和交互影响。有效的资产组合管理方法有助于准确衡量复杂因素从而制定相应战略取舍策略，对指导油气勘探、开发和生产计划至关重要。

因此，油气企业需要更加全面、严格和灵活的资产组合战略以及更快的决策能力，以做出更明智的选择，产生更好的回报，确保企业在高度不确定性下的敏捷性和韧性。对于希望在机会出现时保持足够购买力的企业而言，保持灵活性至关重要。快速、持续和战略性地收购新资产并剥离表现不佳的资产的能力将决定未来行业竞争中的领导者。

同时，科技的发展大大提高了油气企业的数据分析能力，油气企业可以以高度协作的方式进行涉及多方的快速实时战略讨论，以更先进和复杂的方式评估每项资产的战略价值，这一快速的决策机制使得资产迅速转换成为可能。

2. 如何重新审视油气企业的资产组合战略?

具有远见的油气企业将其风险/回报分析扩展到资产组合战略。这是一种新的思维方式、一种数据驱动的资产分配战略以及一种涵盖整个行业生命周期并渗透到企业各个方面的管理文化。石油企业可能会考虑采取以下措施来重新审视其资产组合战略，以实现股东价值的最大化。

（1）思维方式的转变。

通过理解不确定性来更加动态地看待投资决策。如果企业在未来拥有应对不确定性的灵活度，那么不确定性不仅意味着“损失可能性”，还意味着创造价值的机会。投资并非简单的投或不投的决定，企业通常具有针对未来不确定性发生变化时进行战略调整并利用这些变化的能力。在这种情况下，更高的不确定性可能意味着更大范围的战略调整灵活度以及更大的创造和利用机会的潜力。

因此，企业不断寻求评估和分析不确定性对其投资影响的方法，对资产进行准确估值的能力已经成为一种战略优势。将价值创造与不确定性所提供的机遇联系起来是思维模式的变化。这种新的思维模式使企业了解不确定性对投资的影响，考虑未来的瞬息万变，通过认识灵活度的价值来提高在不断变化环境中的适应能力。

大多数灵活度是被创造出来而不是被发现的。灵活度价值在很大程度上取决于资产的属性，外部不确定性和内在复杂性是影响灵活度的两个主要变量，并且它们是相互依存的。一个决策会为创造某些灵活度奠定基础，而这些灵活度反过来可能会揭示其他创造价值的机会。资产本身就是不确定性、灵活度和机遇的综合体，只有动态的思维方式才能理解其真实价值。

（2）数据分析能力的发挥。

油气企业需要建设新的能力来制定资产组合战略，从而在整个价值链中准确把握不确定性和灵活度的关系。科技的发展带来的数据分析能力和庞大的计算能力能够使企业回答以下关键问题：哪些资产类别或地区具有战略价值？哪些资产类别或地区为其他资产带来了有意义且有价值的成果？数据分析、算法和结果阐释的能力是基础，而推理、直觉和创造性思维也至关重要，这对企业在业务、文化和技术等方面进行组织转型提出了挑战。

（3）敏捷性和韧性的提高。

敏捷性和韧性对于优秀的油气企业尤为重要。新的运营模式通过使用新技术、高级数据分析和优化的并购流程，以价值最大化的思维方式不断优化资产组合。企业通过监控战略和投资决策的经济影响，迅速调整资源配置，做出灵活的投资组合决策，并根据需要重新确定技术投资的优先级。而业务的观察和结果又会反馈到资产组合评估的过程中，周而复始。最敏捷的企业将不断利用这些能力来塑造可持续发展的良性循环和提高自身的韧性，在竞争中脱颖而出。

第五章

生物资产会计

模块一　本章要点回顾

本章思维导图如图 5-1 所示。

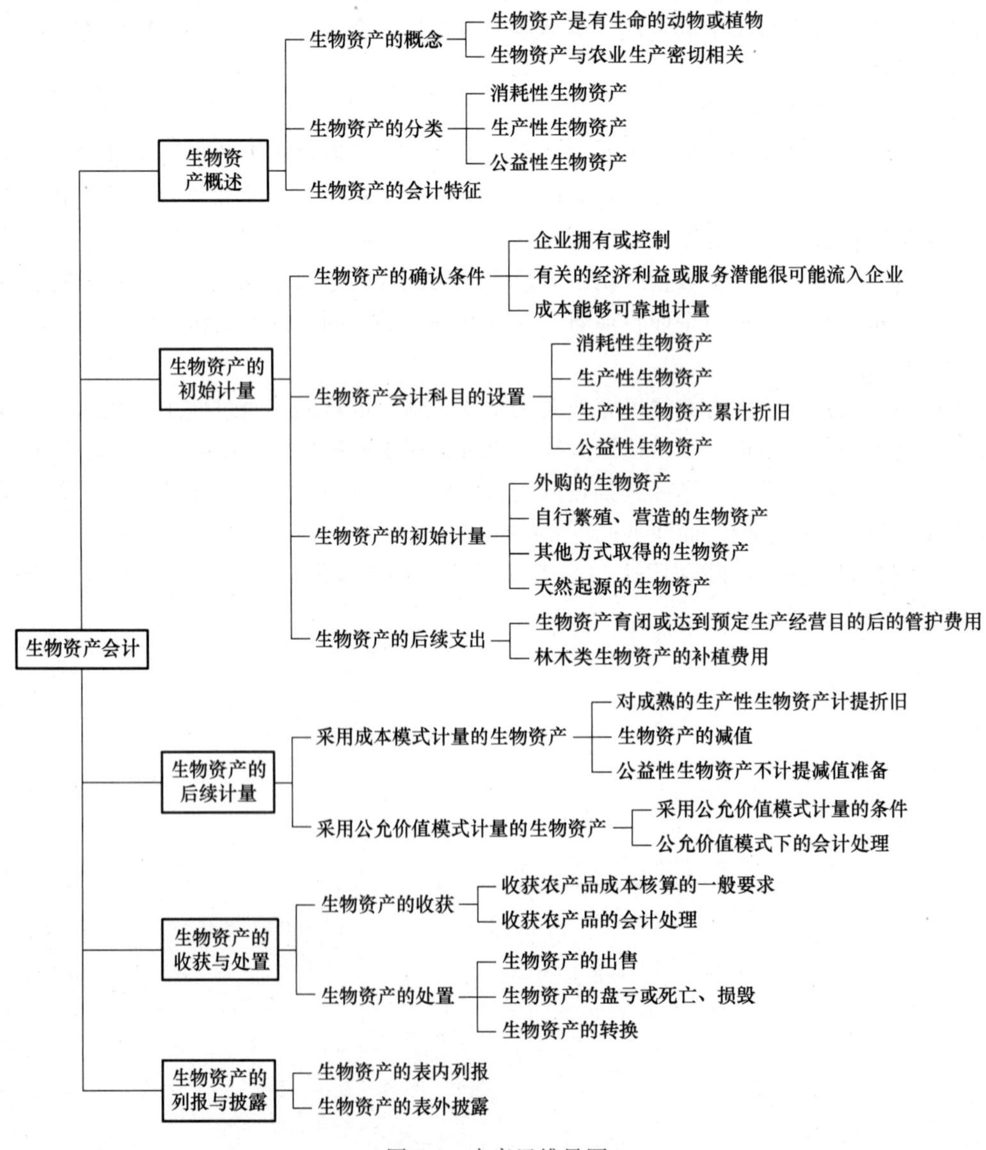

图 5-1　本章思维导图

模块二　重点与难点精析

（一）生物资产的分类及生物资产的会计核算特征

生物资产可分为三类：消耗性生物资产、生产性生物资产和公益性生物资产，见表 5-1。

表 5-1　生物资产的分类

名称	概念
消耗性生物资产	为出售而持有的，或为了在将来作为农产品而收获的生物资产，包括生长中的大田作物、蔬菜、用材林以及存栏待售的牲畜等
生产性生物资产	为产出农产品、提供劳务或出租等目的而持有的生物资产，包括经济林、薪炭林、产畜和役畜等
公益性生物资产	以防护、环境保护为主要目的而持有的生物资产，包括防风固沙林、水土保持林和水源涵养林等

从持有目的上来看，公益性生物资产与消耗性生物资产、生产性生物资产有本质上的不同。后两者的持有目的是直接给企业带来经济利益，而公益性生物资产主要是出于防护、环境保护等目的而持有的。尽管公益性生物资产不能直接给企业带来经济利益，但其具有服务潜能，有助于企业从相关资产中获得经济利益。例如，防风固沙林和水土保持林能带来防风固沙、保持水土的效能；风景林具有美化环境、可供休息游览的效能等，因此应当确认为生物资产单独核算。

由于生物资产与其他资产的形式不同，价值转化机理也不一样，因此生物资产不但具有一般资产的特征，基于动植物的自然再生产和经济再生产相互交织的特点，生物资产还具有与其他资产不同的会计特征。生物资产的会计特征见表 5-2。

表 5-2　生物资产的会计特征

会计特征	具体内容
生物转化性和自然增殖性	生物资产最基本的特征是具有生物转化性和自然增殖性
阶段性	繁育、成长、成熟、蜕化、消亡
周期性	生物资产的生物学年、生命周期与会计期间可能不一致，对其进行会计分期假设时必须考虑生命周期的特点
多样性	不同类型的生物资产生长、发育、繁殖规律和周期差异十分显著
双重资产特性	生物资产具有流动资产和长期资产的双重特性，而且可以相互转化
未来经济利益不确定性	生物资产在存续期间具有较大风险
后续支出数额较大	生物资产在存续期间需要连续不断地投入，才能维持生物资产活体的存在。如果中断投入，将影响生物资产的生存及其收获品的数量和质量，因此生物资产的后续支出数额通常比较大

（二）生物资产的科目设置和初始计量

生物资产的核算分别采用“消耗性生物资产”“生产性生物资产”“生产性生物资产累计折旧”“公益性生物资产”4 个会计科目。

1. 外购的生物资产

外购的生物资产的成本包括购买价款、相关税费、运输费、保险费以及可直接归属于购买该资产的其他支出。其中，可直接归属于购买该资产的其他支出包括场地整理费、装卸费、栽植费、专业人员服务费等。

企业外购的生物资产，按照应计入生物资产成本的金额，借记“消耗性生物资产”“生产性生物资产”或“公益性生物资产”科目，贷记“银行存款”“应付账款”“应付票据”等科目。

企业以一笔款项一次性购入多项生物资产时，购买过程中发生的相关税费、运输费、保险费等可直接归属于购买该资产的其他支出，应当按照各项生物资产的价款比例进行分配，分别确定各项生物资产的成本。

2. 自行繁殖、营造的生物资产

对于企业自行繁殖、营造的生物资产，应当按照不同的种类核算，分别按照消耗性生物资产、生产性生物资产和公益性生物资产确定其取得的成本，并分别借记“消耗性生物资产”“生产性生物资产”或“公益性生物资产”科目，贷记“银行存款”等科目。

对自行繁殖、营造的消耗性生物资产而言，其成本确定的一般原则是按照自行繁殖或营造（即培育）过程中发生的必要支出确定，既包括直接材料、直接人工、其他直接费，也包括应分摊的间接费用。

3. 投资成本

投资者投入生物资产的成本，应当按照投资合同或协议约定的价值确定，但合同或协议约定价值不公允的除外。

4. 其他方式取得的生物资产

通过非货币性资产交换、债务重组和企业合并取得的生物资产的成本，应当分别按照《企业会计准则第 7 号——非货币性资产交换》《企业会计准则第 12 号——债务重组》《企业会计准则第 20 号——企业合并》来确定。

（三）生物资产的后续计量

1. 一般情况下应采用成本模式计量生物资产

不同生物资产的计量方式有所不同，具体计量方式见表 5-3。

表 5-3 生物资产的计量方式

生物资产的种类	计量方式
消耗性生物资产	成本减累计跌价准备
未成熟的生产性生物资产	成本减累计减值准备
成熟的生产性生物资产	成本减累计折旧及累计减值准备
公益性生物资产	成本

2. 需要计提折旧的生产性生物资产的范围

当期增加的成熟生产性生物资产应当计提折旧，一旦提足折旧，无论能否继续使用均不再计提折旧。需要注意的是，承租人不再对租赁业务区分经营租赁和融资租赁，而是采用统一的会计处理模型，对短期租赁和低价值资产租赁以外的其他所有租赁均确认使用权资产和租赁负债，并分别计提折旧和利息费用。

3. 预计生产性生物资产的使用寿命

预计生产性生物资产的使用寿命时应考虑以下因素：

1）该资产的预计产出能力或实物产量。

2）该资产的预计有形损耗，如产畜和役畜的衰老、经济林的老化等。

3）该资产的预计无形损耗。

4. 生产性生物资产计提折旧的会计处理

企业应当按期对达到预定生产经营目的的生产性生物资产计提折旧，并根据受益对象分别计入将收获的农产品成本、劳务成本、出租费用等。对成熟生产性生物资产按期计提折旧时，借记“生产成本”“管理费用”等科目，贷记“生产性生物资产累计折旧”科目。

5. 生物资产的减值

（1）判断消耗性生物资产和生产性生物资产减值的主要迹象如下：

消耗性生物资产和生产性生物资产存在下列情形之一的，通常表明可变现净值或可收回金额低于账面价值，即存在减值迹象：

1）因遭受火灾、旱灾、水灾、冻灾、台风、冰雹等自然灾害，造成消耗性生物资产或生产性生物资产发生实体损坏，影响该资产的进一步生长或生产，从而降低其产生经济利益的能力。

2）因遭受病虫害或者疯牛病、禽流感、口蹄疫等动物疫病侵袭，造成消耗性生物资产或生产性生物资产的市场价格大幅度持续下跌，并且在可预见的未来无回升的希望。

3）因消费者偏好改变而使企业的消耗性生物资产或生产性生物资产收获的农产品的市场需求发生变化，导致市场价格逐渐下跌。与工业产品不同，一般情况下技术进步不会对生物资产的价值产生明显的影响。

4）因企业所处经营环境变化，如动植物检验检疫标准等发生重大变化，从而对企业产生不利影响，导致消耗性生物资产或生产性生物资产的市场价格逐渐下跌。

5）其他足以证明消耗性生物资产或生产性生物资产实质上已经发生减值的情形。

（2）计提减值准备

消耗性生物资产的可变现净值或生产性生物资产的可收回金额低于其账面价值时，企业应当按照可变现净值或可收回金额低于账面价值的差额，计提生物资产跌价准备或减值准备，借记“资产减值损失”科目，贷记“消耗性生物资产跌价准备”或“生产性生物资产减值准备”科目。

（3）已确认的消耗性生物资产减值损失的转回

企业在每年年度终了对消耗性生物资产进行检查时，如果消耗性生物资产减值的影响因素已经消失，则对其价值的减记金额应当予以恢复，并在原已计提的跌价准备金额内转回，转回的金额计入当期损益，借记“消耗性生物资产跌价准备”科目，贷记“资产减值损失”科目。生产性生物资产减值准备一经计提，不得转回。

6. 采用公允价值模式计量生物资产的特殊情况

1）生物资产有活跃的交易市场，即该生物资产能够在交易市场中直接交易。

2）能够从交易市场上取得同类或类似生物资产的市场价格及其他相关信息，从而对生物资产的公允价值做出科学合理的估计。

（四）生物资产的收获与处置

1. 收获农产品的会计处理

农产品按照所处行业，一般可以分为种植业产品、畜牧养殖业产品、林产品和水产品。企业应当按照成本核算对象设置明细账，并按成本项目设置专栏，进行明细分类核算。收获农产品的会计处理见表5-4。

表5-4 收获农产品的会计处理

农产品收获途径	会计处理
从消耗性生物资产中收获农产品	借记“农产品”科目，贷记“消耗性生物资产”科目；已计提跌价准备的，还应同时结转跌价准备，借记“消耗性生物资产跌价准备”科目；对于不通过入库直接销售的鲜活产品等，按实际成本，借记“主营业务成本”科目
从生产性生物资产中收获农产品	农产品收获过程中发生的直接材料、直接人工等直接费用，直接计入相关成本核算对象，借记“农业生产成本——农产品”科目，贷记“库存现金”“银行存款”“原材料”“应付职工薪酬”“生产性生物资产累计折旧”等科目 农产品收获过程中发生的间接费用，如材料费、人工费、生产性生物资产的折旧费等应分摊的共同费用，应当在生产成本归集时，借记“农业生产成本——共同费用”科目，贷记“库存现金”“银行存款”“原材料”“应付职工薪酬”“生产性生物资产累计折旧”等科目；在会计期末按一定的分配标准，分别计入有关的成本核算对象，借记“农业生产成本——农产品”科目，贷记“农业生产成本——共同费用”科目

2. 生物资产的出售

生物资产出售时，应当按照其账面价值结转成本。企业应按实际收到的金额，借记“银行存款”等科目，贷记“主营业务收入”等科目；应按其账面余额，借记“主营业务成本”等科目，贷记“生产性生物资产”“消耗性生物资产”等科目。另外，已计提跌价或减值准备或折旧的，还应同时结转跌价或减值准备或累计折旧。

3. 生物资产的盘亏或死亡、毁损

生物资产盘亏或死亡、毁损时，应当将处置收入扣除其账面价值和相关税费后的余额先计入“待处理财产损溢”科目，待查明原因后，根据企业的管理权限，经股东大会、董事会、经理（场长）会议或类似机构批准后，在期末结账前处理完毕。生物资产因盘亏或死亡、毁损造成的损失，在减去过失人或者保险公司等的赔款和生物资产的残余价值之后，计入当期管理费用；属于自然灾害等非常损失的，计入营业外支出。生物资产因盘亏或死亡、毁损造成的损失，如在期末结账前尚未经批准的，应在对外提供财务报告时先按上述规定进行处理，并在报告附注中做出说明；如果其后批准处理的金额与已处理的金额不一致，应按其差额调整财务报告相关项目的年初数。

4. 生物资产的转换

产畜或役畜淘汰转为育肥畜，或者林木类生产性生物资产转为林木类消耗性生物资产时，按转群或转变用途时的账面价值，借记“消耗性生物资产”科目；按已计提的累计折旧，借记“生产性生物资产累计折旧”科目；按其账面余额，贷记“生产性生物资产”科目。另外，已计提减值准备的，还应同时结转已计提的减值准备。

消耗性生物资产、生产性生物资产转为公益性生物资产时，应按其账面余额或账面价值，借记“公益性生物资产”科目；按已计提的生产性生物资产累计折旧，借记“生产性生物资产累计折旧”科目；按账面余额，贷记“消耗性生物资产”“生产性生物资产”科目。另外，已计提跌价准备或减值准备的，还应同时结转跌价准备或减值准备。

公益性生物资产转为消耗性生物资产或生产性生物资产时，应按其账面余额，借记“消耗性生物资产”或“生产性生物资产”科目，贷记“公益性生物资产”科目。

（五）生物资产的列报与披露

1. 生物资产的表内列报

将“农业生产成本”账户的借方余额扣减“消耗性生物资产跌价准备”账户贷方余额后的金额计入资产负债表中的“存货”项目中，并且在表中单独列示存货中的消耗性生物资产的金额。

将“生物性在建工程”账户的借方余额扣减“生物性在建工程减值准备”账户贷方余额后的金额计入资产负债表中的“在建工程”项目中。

将“生产性生物资产”账户的借方余额扣减“生物资产累计折旧”账户贷方余额后，以净额计入资产负债表中的“固定资产”项目中。

2. 生物资产的表外披露

企业应当在附注中披露与生物资产有关的下列信息：

（1）生物资产的类别以及各类生物资产的实物数量和账面价值。

（2）各类消耗性生物资产的跌价准备累计金额，以及各类生产性生物资产的使用寿命、预计净残值、折旧方法、累计折旧和减值准备累计金额。

（3）天然起源生物资产的类别、取得方式和实物数量。

（4）用于担保的生物资产的账面价值。

（5）与生物资产相关的风险情况与管理措施。

（6）与生物资产增减变动有关的下列信息：①因购买而新增加的生物资产；②因自行培育而新增加的生物资产；③因出售而减少的生物资产；④因盘亏或死亡、毁损而减少的生物资产；⑤计提的折旧及计提的跌价准备或减值准备；⑥因接受捐赠、盘盈等而增加的生物资产部分；⑦因产出农产品而减少的生物资产部分；⑧因天然起源而增加的生物资产部分；⑨其他变动。

模块三　牛刀初试

一、单选题

1. 生物资产出售、盘亏或死亡、毁损时，应当将处置收入扣除其账面价值和相关税费后的余额计入（　　）。

A. 资本公积　　B. 固定资产清理

C. 投资收益　　D. 当期损益

2. “生物性在建工程”账户的借方余额在减去“生物性在建工程减值准备”账户贷方余额后，计入资产负债表中的（　　）项目中。

A. 在建工程　　B. 固定资产

C. 固定资产原值　　D. 生物性在建工程净值

3. 企业应当在附注中披露与生物资产有关的信息中不包括的是（　　）。

A. 生物资产的类别以及各类生物资产的实物数量和账面价值

B. 用于担保的生物资产的账面价值

C. 单独列示于存货中的消耗性生物资产的金额

D. 与生物资产相关的风险情况与管理措施

4. 生物资产改变用途后的成本，应当按照改变用途时的（　　）确定。

A. 账面价值　　B. 公允价值

C. 重置成本　　D. 净值

5. 公益性生物资产是指以防护、环境保护为主要目的生物资产，以下不属于公益性生物资产的是（　　）。

A. 防风固沙林　　B. 水土保持林

C. 水源涵养林　　D. 经济林、薪炭林

6. 下列事项在发生减值时，不执行《企业会计准则第 8 号——资产减值》的是（　　）。

A. 消耗性生物资产　　B. 固定资产

C. 无形资产　　D. 长期股权投资

7. 以下不是生物资产确认时必须满足的条件的是（　　）。

A. 企业因过去的交易或者事项而拥有或者控制该生物资产

B. 与该生物资产有关的经济利益或服务潜能很可能流入企业

C. 该生物资产的成本能够可靠地计量

D. 该生物资产的收入能够可靠的计量

8. 下列各项中，依据《中华人民共和国企业所得税法》相关规定可计提折旧的生物资产是（　　）。

A. 经济林　　B. 防风固沙林

C. 用材林　　D. 存栏待售的牲畜

9.《企业会计准则第 5 号——生物资产》规定一般应当采用（　　）对生物资产进行后续计量，但有确凿证据表明其公允价值能够持续可靠取得的除外。

A. 历史成本　　B. 重置成本

C. 净现值　　D. 沉没成本

10. 下列关于生物资产，说法错误的是（　　）。

A. 生物资产通常可以分为消耗性生物资产、生产性生物资产和公益性生物资产 3 类

B. 外购的生物资产的成本包括购买价款、相关税费、增值税进项税额、运输费、保险费以及可直接归属于购买该资产的其他支出

C. 天然林等天然起源的生物资产，仅在企业有确凿证据表明能够拥有或者控制时才能予以确认

D. 以融资租赁方式租出的生产性生物资产不应计提折旧

11. 可以采用名义金额计量的生物资产是（　　）。

A. 消耗性生物资产　　B. 生产性生物资产

C. 天然起源的生物资产　　D. 公益性生物资产

12. 由于生物资产产生经济利益的方式发生变化，因此企业改变了生产性生物资产计提折旧的方式，这种变更属于（　　）。

A. 资产负债表日后事项　　B. 差错更正

C. 会计估计变更　　D. 会计政策变更

13. 企业确定生产性生物资产的使用寿命时不需要考虑的因素是（　　）。

A. 该资产产生经济利益的预期方式

B. 该资产的产出能力

C. 该资产的有形损耗

D. 该资产的无形损耗

二、判断题

1. 消耗性生物资产郁闭前的相关支出资本化，郁闭后的相关支出计入当期费用。（　　）

2. 天然起源的生物资产的成本，应当按照名义金额确定。（　　）

3. 对生物资产减值的会计处理，没有采用与《企业会计准则第 8 号——资产减值》中其他资产相同的有关减值迹象的判断标准来进行减值测试的方法，这主要是考虑到生物资产与其他资产相比具有显著的特点，即生物资产本身具有自我生长性，有时短暂的减值可能会通过以后的自我生长而得以恢复。（　　）

4. 应将收获时点的农产品的成本采用规定的方法，分别从消耗性生物资产、生产性生物资产的生产成本中转出，确认为收获的农产品的成本。（　　）

5. 生产性生物资产收获的农产品成本，应按照产出或采收过程中发生的材料费、人工费和应分摊的间接费用等必要支出计算确定，并采用加权平均法、个别计价法、蓄积量比例法、轮伐期年限法等方法，将其账面价值结转为农产品成本。相关的会计处理是借记“农业生产成本”，贷记“农产品”。（　　）

6. 林木类消耗性生物资产达到郁闭后发生的管护费用等后续支出，应借记“消耗性生物资产”，贷记“银行存款”等。（　　）

7.《企业会计准则第 5 号——生物资产》对收获时点的农产品的会计处理进行了规范，即应按规定的方法将其从消耗性生物资产或生产性生物资产生产成本中转出，确认为收获时点的农产品的成本；而收获时点之后的农产品的加工、销售等会计处理，应当适用《企业会计准则第 1 号——存货》。（　　）

8. 消耗性生物资产应当作为存货在资产负债表中列报。（　　）

9. 企业已经确定并对外报送，或备置于企业所在地的有关生产性生物资产目录、分类方法、预计净残值、预计使用寿命、折旧方法等，一经确定一年之内不得变更。（　　）

10. 消耗性生物资产包括生长中的大田作物、经济林以及存栏待售的牲畜等。（　　）

11. 企业在每年年度终了对消耗性生物资产进行检查时，如果消耗性生物资产减值的影响因素已经消失，对其价值减记的金额应当予以恢复，并在原已计提的跌价准备金额内转回，转回的金额计入当期损益。（　　）

12. 生物资产出售、盘亏和死亡、毁损时，应当将处置收入扣除其账面价值和相关税费后的余额计入所有者权益。（　　）

三、业务题

1. 鑫达公司于 2021 年 2 月使用一台拖拉机翻耕土地 $240hm^2$，用于小麦和玉米的种植，其中 $144hm^2$ 种植玉米、$96hm^2$ 种植小麦。该拖拉机原值为 60 600 元，预计净残值为 600 元，按照工作量法计提折旧，预计可以翻耕土地 6 $000hm^2$。

要求：根据上述资料，说明鑫达公司的相关会计处理。

2. 鑫达公司 2021 年 3 月将自行繁殖的 60 头种猪转为育肥猪准备对外出售，此批种猪的账面原价为 480 000 元，已经计提的累计折旧为 180 000 元，已经计提的减值准备为 24 000 元。

要求：根据上述资料，说明鑫达公司的相关会计处理。

3. 鑫达公司于 2021 年 6 月由于区域生态环境保护的需要，将 $12hm^2$ 造纸原料林（杨树）划为防风固沙林。该林转化后仍由鑫达公司负责管理，其账面余额 103 200 元，已经计提的跌价准备金额为 7 200 元。

要求：根据上述资料，说明鑫达公司的相关会计处理。

4. 2021 年 7 月，鑫达公司的橡胶园遭受了一次台风袭击。2021 年 12 月 31 日，鑫达公司对橡胶园进行检查时认为其发生了减值。该橡胶园公允价值减去处置费用后的净额为 1 440 000 元，尚可使用 5 年，预计在未来 5 年内产生的现金净流量分别为 480 000 元、432 000 元、320 000 元、300 000 元、240 000 元（其中 2025 年的现金流量为已经考虑使用寿命结束时进行处理的现金净流量）。在考虑有关风险的基础上，鑫达公司决定采用 5% 的折现率进行折现。该橡胶园 2021 年 12 月 31 日的账面价值为 1 800 000 元，以前年度没有计提减值准备。

要求：根据上述资料，说明鑫达公司的相关会计处理。

模块四　习题解答

一、单选题

1. D

2. A

3. C

【解析】企业应当在附注中披露与生物资产有关的下列 6 项信息：①生物资产的类别以及各类生物资产的实物数量和账面价值；②各类消耗性生物资产的跌价准备累计金额，以及各类生产性生物资产的使用寿命、预计净残值、折旧方法、累计折旧和减值准备累计金额；③天然起源生物资产的类别、取得方式和实物数量；④用于担保的生物资产的账面价值；⑤与生物资产相关的风险情况与管理措施；⑥与生物资产增减变动有关的信息。选项 C 正确。

4. A

5. D

【解析】公益性生物资产是指以防护、环境保护为主要目的的生物资产，包括防风固沙林、水土保持林和水源涵养林等。经济林、薪炭林属于生产性生物资产。选项 D 正确。

6. A

【解析】消耗性生物资产的减值按照《企业会计准则第 1 号——存货》的规定确定。选项 A 正确。

7. D

【解析】生物资产同时满足下列条件的，才能予以确认：①企业因过去的交易或者事项而拥有或者控制该生物资产；②与该生物资产有关的经济利益或服务潜能很可能流入企业；③该生物资产的成本能够可靠地计量。选项 D 正确。

8. A

【解析】企业对达到预定生产经营目的的生产性生物资产，应当按期计提折旧。选项 A 正确。

9. A

10. B

【解析】外购的生物资产的成本包括购买价款、相关税费、运输费、保险费以及可直接归属于购买该资产的其他支出。其中，可直接归属于购买该资产的其他支出包括场地整理费、装卸费、栽植费、专业人员服务费等。选项 B 说法不正确。

11. C

12. C

13. A

二、判断题

1. √

2. √

3. √

4. √

5. ×

【解析】从生产性生物资产中收获的农产品成本，应按照产出或采收过程中发生的材料费、人工费和应分摊的间接费用等必要支出计算确定，并采用加权平均法、个别计价法、蓄积量比例法、轮伐期年限法等方法，将其账面价值结转为农产品成本。相关的会计处理是借记“农业生产成本”，贷记“库存现金”“银行存款”“原材料”“应付职工薪酬”等科目。

6. ×

【解析】林木类消耗性生物资产达到郁闭后发生的管护费用等后续支出，应借记“管理费用”科目，贷记“银行存款”等科目。

7. √
8. √
9. ×
【解析】企业已经确定并对外报送，或备置于企业所在地的有关成熟生产性生物资产目录、分类方法、预计净残值、预计使用寿命、折旧方法等，一经确定不得随意变更。
10. ×
【解析】经济林属于生产性生物资产。
11. √
12. ×
【解析】相关余额应计入当期损益。

三、业务题

1. 鑫达公司的会计处理如下：

应当计提的拖拉机折旧费 = (60 600−600) ÷6 000×240 = 2 400（元）

玉米应当分摊的机械作业费 = 2 400÷240×144 = 1 440（元）

小麦应当分摊的机械作业费 = 2 400÷240×96 = 960（元）

会计分录如下：

借：消耗性生物资产——玉米　　1 440
　　　　　　　　　——小麦　　960
　贷：累计折旧　　2 400

2. 鑫达公司的会计处理如下：

借：消耗性生物资产——育肥猪　　276 000
　　生产性生物资产累计折旧　　180 000
　　生产性生物资产减值准备　　24 000
　贷：生产性生物资产——成熟生产性生物资产（种猪）　　480 000

3. 鑫达公司的会计处理如下：

借：公益性生物资产——防风固沙林（杨树）　　96 000
　　消耗性生物资产跌价准备　　7 200
　贷：消耗性生物资产——造纸原料林（杨树）　　103 200

4. 鑫达公司的会计处理如下：

鑫达公司生物资产未来现金流量现值计算见表 5-5。

表 5-5　鑫达公司生物资产未来现金流量现值计算

年度	预计未来现金流量（元）	折现率	折现系数	现值（元）
2021 年	480 000	5%	0. 952 4	457 152
2022 年	432 000	5%	0. 907 0	391 824
2023 年	320 000	5%	0. 863 8	276 416
2024 年	300 000	5%	0. 822 7	246 810
2025 年	240 000	5%	0. 783 5	188 040
合计	1 772 000			1 560 242

未来现金流量现值 1 560 242 元大于公允价值减去处置费用后的净额 1 440 000 元，因此该果园的可收回金额为 1 560 242 元，应计提的减值准备为 1 800 000－1 560 242＝239 758（元）。

鑫达公司的会计分录如下：

借：资产减值损失——生产性生物资产　　239 758

　　贷：生产性生物资产减值准备　　239 758

模块五　案例分析

对獐子岛生物资产披露的思考

獐子岛集团股份有限公司（以下简称“獐子岛”）在 2014 年 10 月突然宣布停牌，公司公告称因养殖海域受反常冷水团的影响，放弃捕捞原价值 7 亿多元的底播虾夷扇贝，并对其进行核销处理。另对约 43 万亩（1 亩＝666.67m^2）价值 3 亿元的底播虾夷扇贝计提 2.83 亿元存货跌价准备，扣除递延所得税影响 2.54 亿元，直接导致公司损失超过 7 亿元。对于该事件，獐子岛召开说明会否认企业存在虚增存货、瞒报灾情的情况。然而，在 2016 年 1 月初，2 000 多名獐子岛居民联名举报，称底播虾夷扇贝绝收的原因并非是非常规冷水团，而是提前采捕和播苗造假。受此次绝收事件影响，獐子岛在 2014 年、2015 年连续两年亏损，2016 年 5 月被证监会处以“ST”警示，2017 年 5 月才得以“摘帽”。

无独有偶，距“摘帽”不到一年的时间，2018 年 1 月 31 日，獐子岛再次发布公告称，公司在年末盘点时发现扇贝存货异常，评估的亏损金额为 6.29 亿元，数额相当于上年净利润的 8 倍之多，而在 2017 年第 3 季度的财务报告中，獐子岛预计当年可盈利 1 亿元。在相关公告发布后，獐子岛董事长在 2018 年 5 月 14 日对此进行了解释，称由于獐子岛的水产业性质，生物资产安全与环境息息相关，此次扇贝“失踪”是由于降水减少导致扇贝的饵料生物数量减少，养殖规模的扩张更加剧了饵料短缺，最终导致扇贝死亡，亩产降低。獐子岛在 2017 年年度财务报告中对主要资产重大变化进行了说明。2019 年 4 月，獐子岛发布公告，显示第 1 季度亏损 4 314 万元。2020 年 5 月獐子岛董事长在业绩说明会上表示，近期獐子岛集团底播虾夷扇贝大量损失。2018 年 4 月 26 日和 2020 年 2 月 29 日召开的会议通过了对相关资产进行核销及计提存货跌价准备的会计结果。獐子岛扇贝核销情况见表 5-6。

表 5-6　獐子岛扇贝核销情况

资产名称	面积（亩）	账面价值（万元）	平均亩产（kg/亩）
2014 年底播虾夷扇贝	211 403	13 322.79	0.45
2015 年底播虾夷扇贝	304 231	15 788.37	0.88
2016 年底播虾夷扇贝	556 000	28 646.78	0.80
合计	1 071 634	57 757.95	
2017 年底播虾夷扇贝	159 000	10 188.87	0.22
2018 年底播虾夷扇贝	270 736	12 401.28	1.71
2017 年底播虾夷扇贝（乌蟒岛）	6 000	462.34	6.77
合计	435 736	23 052.50	
总计	1 507 370	80 810.45	

注：1. 资料来源为獐子岛关于核销资产的相关公告。

2. “合计”栏尾差由“四舍五入”产生。

根据盘点结果，獐子岛将2014年—2018年五个年度投苗的底播虾夷扇贝全部核销，核销资产合计80 810.45万元，原因均为亩产过低，放弃采捕；同时2014年—2016年对底播虾夷扇贝受灾部分海域的待摊销租金进行核销，价值3 290.72万元。

2018年和2020年年初，獐子岛对2015年—2016年和2017年—2018年投苗的底播虾夷扇贝分别计提存货跌价准备，具体情况见表5-7。

表5-7　底播虾夷扇贝存货跌价准备计提情况

资产名称	面积（亩）	账面价值（万元）	可回收金额（万元）	跌价准备金额（万元）
2015年底播虾夷扇贝	191 000	9 912.15	6 307.61	3 604.54
2016年底播虾夷扇贝	52 000	2 679.37	211.76	2 467.61
合计	243 000	12 591.52	6 519.37	6 072.16
2017年底播虾夷扇贝	72 000	4 613.83	88.47	4 525.36
2018年底播虾夷扇贝	52 800	2 418.56	888.47	1 530.08
合计	124 800	7 032.39	976.95	6 055.44
总计	367 800	19 623.91	7 496.32	12 127.60

注：资料来源为獐子岛关于存货跌价准备的相关公告。

根据盘点结果，獐子岛共对367 800亩海域的底播虾夷扇贝计提存货跌价准备12 127.60万元。在会计师事务所的监督下，2015年度和2016年度獐子岛完成成本核销57 757.95万元，计提存货跌价准备5 135.60万元，合计62 893.55万元。其中存货跌价准备计提偏差是由加计应分摊空海部分海域的使用成本936.56万元导致的。因本次资产核销及存货跌价准备的计提，獐子岛2017年度净利润减少70 084.70万元。

（资料来源：

1. 赵越，杨成文. 对獐子岛公司生物资产披露的思考［J］. 商业会计，2018（18）：89-91.

2. 獐子岛. 关于2019年度计提资产减值准备及核销部分资产的公告［R/OL］.［2021-12-18］. http://www.cninfo.com.cn/new/disclosure/detail? stockCode = 002069&announcementId = 1207333402&orgId = 9900000781&announcementTime = 2020-02-29.）

【引发的思考】

1. 獐子岛的生物资产披露存在哪些问题？

2. 造成獐子岛生物资产披露不当的原因是什么？

3. 如何完善生物资产信息的披露？

【分析提示】

1. 獐子岛的生物资产披露存在哪些问题？

在不到5年的时间里，巨额资产不翼而飞的事件在獐子岛发生了两次。尽管该公司高层接连做出解释，相关部门在对2014年事件的调查中也并未发现该公司在采购苗种和底播过程中存在明显的虚假行为与非法挪用公司资金的情况，仅对其由于未及时披露相关信息而导致的巨额损失进行了通报批评，但该公司在相关生物资产确认和披露上存在的问题不容小觑。

由獐子岛2017年度财务报告可知，2016年与2017年该公司存货分别为175 135.43万元与120 917.08万元，占各年度总资产的39.14%与30.66%，其中消耗性生物资产的账面价值在2016年度为106 019.47万元，占当年存货的60.54%，2017年计提的消耗性生物资产跌价准备的账面价值为37 174.49万元，占存货的30.74%。

（1）獐子岛生物资产确认与计量存在的问题。

《企业会计准则第5号——生物资产》对生物资产的确认做出了明确规定：生物资产分为消耗性生物资产、生产性生物资产和公益性生物资产。生物资产的确认必须同时满足以下3个条件：企业由过去的交易或者事项而拥有或者控制该生物资产；与该生物资产有关的经济利益或服务潜能很可能流入企业；该生物资产的成本能够可靠地计量。獐子岛的扇贝自投苗之始直至最后长成收获要经过两年以上的时间，这期间发生的不确定性事件可能导致严重的预期偏差。因此，在确认生物资产时，生物资产应该是现实存在的，而不是预期可能拥有的。

扇贝的生长与自然环境关系密切，不受人为控制，不适合扇贝生长的状况极容易发生，而且底播虾夷扇贝生长于海底，以现有技术条件无法实时监测其生长过程和结果，不能保证扇贝会按常态生长到预期水平。且预期的生长水平及成长标准也是由獐子岛自身进行评估的，在评估和计量时隐藏着很大的不确定性风险。按照獐子岛对生物资产的监测状况来看，该类生物资产的成本并不能可靠计量。獐子岛对投苗底播虾夷扇贝以成本模式计量和一次性计提减值准备的后续计量方式并不完全符合会计信息质量的相关要求。

（2）獐子岛生物资产披露存在的问题。

獐子岛在2012年及2013年的年报中都声称其在底播海域设置了监测系统，用以持续监测海水的温度变化，但在“扇贝失踪”事件前并未披露相关海域的预警情况。由于2014年的“扇贝失踪”事件给獐子岛带来了巨大损失，为了防范风险，2014年该公司公告称将成立海洋牧场研究中心，每年投资不少于1 000万元用于研究海洋生态环境风险防控等问题。然而，2018年相似的事件再次发生，却并未看到该公司对相关风险的预警和披露，而且在该公司2017年10月25日出具的《关于2017年秋季底播虾夷扇贝抽测结果的公告》中披露，“公司底播虾夷扇贝尚不存在减值的风险”。不论是2014年非常规的冷水团侵袭，还是2017年度降水量骤减导致饵料不足，獐子岛都未在规定时间内披露，仅在损失发生后做了解释，给企业和投资者造成了重大损失。2019年，獐子岛共收到9次问询函和关注函，尤其是2019年11月11日发布公告后，深交所11月11日、14日、20日十天内连发三次关注函，要求该公司说明原因及补充说明风险情况等。面对深交所“是否对公司经营业绩造成重大影响”“扇贝为何短短几天之内死亡”“之前的信息披露是否真实、准确、完整”“为何推迟抽测时间”等质疑，獐子岛分别回复称“具体影响暂时无法判断”“原因还在分析”“真实、准确、完整，不存在隐瞒情况”“抽测时间已经调整为10月下旬到11月中旬”。从中可见披露并不充分。

另外，生物资产在獐子岛的存货及资产中占有相当大的比重，该公司却并未在报告中对生物资产的构成进行详细披露说明，财务报告使用者只能通过报告了解獐子岛拥有的消耗性生物资产种类，并不能获取数量、金额等方面的具体信息。

2. 造成獐子岛生物资产披露不当的原因是什么？

獐子岛对生物资产的确认和计量采用的是成本模式，在每个报告期对生物资产存货进行折旧盘点，根据盘存结果计提减值准备，而未对可能发生的风险进行预报。《企业会计准则》对成本模式下生物资产的折旧与减值做了详细规定，对公允价值模式也有所提及，即企业有确凿证据表明生物资产的公允价值能够持续可靠取得的，应使用公允价值模式计量，作为后续计量的一种补充。虽然成本模式满足了会计信息的谨慎性要求，但由于消耗性生物资产受自然环境及自身不稳定性的影响较大，以成本模式计量不能恰当反映其实际价值。

此次獐子岛事件在信息披露方面存在的问题主要是相关信息披露不完整导致的信息应用性不足。我国现阶段对会计信息披露的要求强调“及时、公平地披露信息，并保证所披露的信息真实、准确、完整”，对相关性的要求仅处于原则导向，并没有具体标准。企业可能因此选择“适当”披露来规避风险，并且有较大的解释空间。从獐子岛两次“扇贝失踪”事件来看，信息披露不完整不仅会使企业由于未及时对风险进行监管和整治而导致更严重的损失，也会给投资者的经济利益和金融市场的稳定性带来极大的负面效应。

3. 如何完善生物资产信息的披露？

（1）完善会计相关法规，改进核算模式。

在日益复杂的企业环境与市场环境下，原有的财务报告要求与会计信息质量要求已难以满足财务报告使用者做出正确决策的需要。一方面，经营者尽可能减少披露不利因素，另一方面，财务报告使用者与监管者希望尽可能全面充分地了解企业的相关信息。现有准则更侧重于满足对谨慎性与可靠性的要求，难以对资产的风险情况进行综合判断。

监管部门对上市公司会计信息披露的要求与会计信息质量要求也并未对企业披露事项做出明确具体的规定，难以满足多个层次信息使用者的需求。由于获取信息不足，财务报告使用者难以通过报告信息规避风险、做出正确决策和及时监管。针对这一问题，我国有关部门应对财务报告披露要求加以完善，增加披露内容，细化披露要求，充分满足财务报告使用者的需要。

（2）健全消耗性生物资产价值评估，提高评估现代化水平。

由于生物资产的特殊性，对其进行合理恰当的评估尤为关键。农业企业应在对消耗性生物资产进行评估时，采取有效的监测方法，提高监测的现代化水平，高密度、高质量地对存货的投苗与生长进行定期盘点，及时记录和公告，落实责任。同时加大对自然风险防范方面的投入，及时对不利环境做出预警，披露不利因素及预计可能产生的影响，以使企业与投资者利用有效信息做出正确决策，规避风险。

（3）规范内部股权结构。

企业内部股权环境存在弊端，内控制度不规范，会使管理者行为得不到有效监督。股权结构过度集中容易造成“内部人控制”现象，导致经营者为其个人私利而粉饰财务报告或对重大事项进行瞒报。因此，要对经营者的行为进行有效监管，必须形成有效的控制措施，明确经营者与管理者的界限，保持董事会与高层管理者的独立性。

第六章

金融工具会计

模块一　本章要点回顾

本章思维导图如图 6-1 所示。

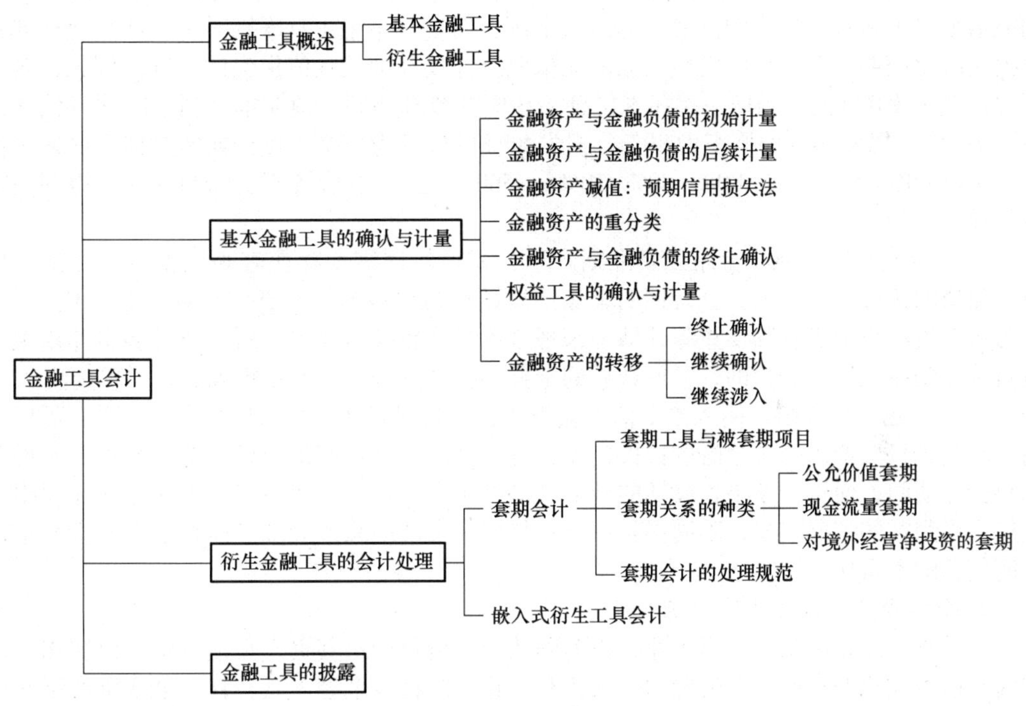

图 6-1　本章思维导图

模块二　重点与难点精析

本章所称新《金融工具准则》是指财政部于 2017 年修订发布的《企业会计准则第 22 号——金融工具确认与计量》，对应的，原（旧）《金融工具准则》为该准则此次修订前的版本。

1. 预期信用损失法

预期信用损失法与原《金融工具准则》“已发生损失法”的区别，以及引入预期信用损失法会带来的影响如下：

预期信用损失是指在对特定的金融资产进行会计处理时，需要对该项金融资产未来现金流可能发生的损失进行预估，然后按照其初始确认时的原实际利率进行折现的损失现值。

新旧《金融工具准则》在金融资产减值的会计处理上主要有下面几点不同：

（1）实际利率的初始确认。原《金融工具准则》下初始计算实际利率时只需要基于资产的初始账面价值和预计的未来现金流量，而新《金融工具准则》在此基础上，对于已发生信用减值的资产还需要考虑预期损失对未来现金流量的影响，即这类资产的初始实际利率是基于该项资产的摊余成本和经预期损失调整后的未来现金流量计算的。

（2）减值条件。原《金融工具准则》只在存在客观证据表明资产已经发生减值的情况下，才需要进行减值测试并确认减值损失，而新《金融工具准则》要求在后续的每个资产负债表日都对资产进行预期信用损失的重新评估，并将损失变动作为减值损失或利得计入当期损益。

（3）减值损失的金额确认。原《金融工具准则》下，当资产具备减值条件时，计提的减值损失为客观证据表明已发生的减值金额，而新《金融工具准则》下，在计提预期减值损失时要按照一系列可能发生结果的无偏概率加权来确认减值损失的金额。例如，某一债券面值为 1 000 元，到期一次还本付息，在债券持有期间，预期本金到期时全额偿还的概率为 5%，损失 50%的概率为 80%，损失 80%的概率为 20%，则到期本金损失的期望值为 1 000×(0%×5%+50%×80%+80%×20%)= 560（元），然后按原实际利率折现得到当期减值损失金额。

（4）减值转回。原《金融工具准则》下，减值转回需要存在客观证据表明之前产生资产减值的条件已经消失，且转回的金额不能超过摊余成本；在新《金融工具准则》下，因为每个资产负债表日都要重新评估未来现金流并调整减值损失，所以通过调整预期现金流就可达到减值回转的目的，且回转后的金额不得超过按实际利率折现的合同现金流。

新《金融工具准则》引入预期信用损失法，通过对资产未来预期损失的计提，可以提前反映报告日资产未来现金流的损失迹象，有效及时地将资产信用风险造成的损失平摊到几个会计期间，使资产整个存续期的减值计提处于平稳状态，但在实务中该方法需要报告主体主观判断的情况较多，不同报告主体对待同一资产的减值处理可能存在差异，易造成披露信息的不可比。

2. 金融资产终止确认的判断流程

金融资产终止确认，是指企业将之前确认的金融资产从其资产负债表中予以转出，表现为收取该项金融资产现金流量的合同权利终止，或将该金融工具转移。金融资产终止确认的判断流程如图 6-2 所示。

3. 金融资产的分类标准

新《金融工具准则》对于所有在其规定范围内的金融资产，包括应收账款和应收票据，都要求以企业管理金融资产的业务模式和金融资产的合同现金流量特征为标准进行分类和计量，即在分类时需要把握好以下两个分类标准：

（1）企业管理金融资产的业务模式。企业管理金融资产的业务模式，是指企业如何管理其金融资产以产生现金流量，业务模式决定其管理的金融资产现金流量的来源是收取合同现金流量还是出售金融资产，或是两者兼有。

在以收取合同现金流量为目标的业务模式中，要注意现金流量的实现是通过金融资产存续期内收取合同付款，而不是出售金融资产产生的整体回报，即便在该金融资产在信用风险增加时为减少损失将其出售，其业务模式仍可能是以收取合同现金流量为目标的业务模式。

在以收取合同现金流量和出售金融资产为目标的业务模式中，企业的关键管理人员认

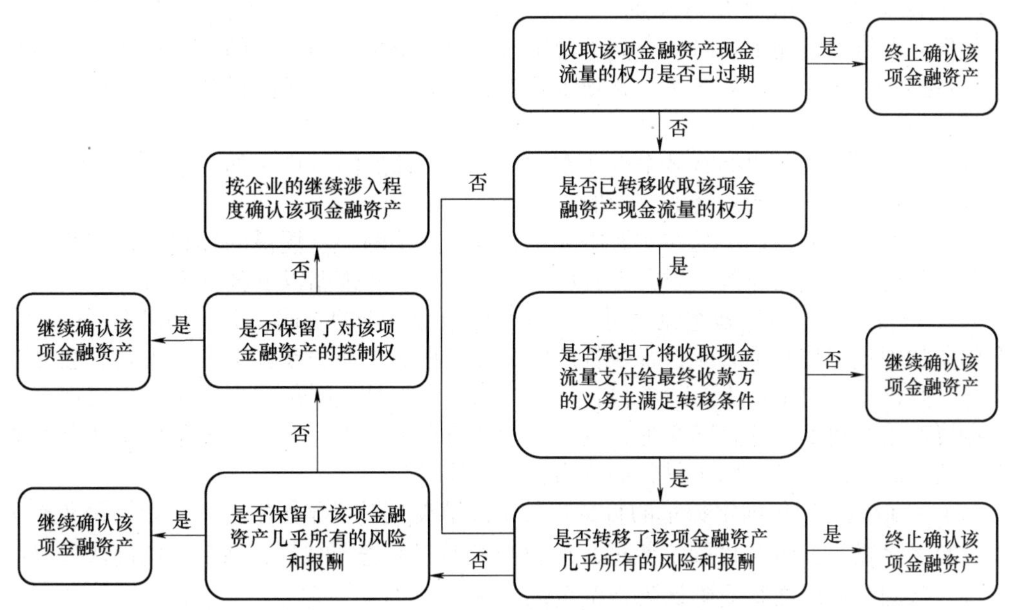

图 6-2　金融资产终止确认的判断流程

为收取合同现金流量和出售金融资产对于实现其管理目标来说都是不可缺少的。

若不满足以上两种情况，则企业管理金融资产的业务模式为其他业务模式。

（2）金融资产的合同现金流特征。金融资产的合同现金流量特征，是指金融工具合同约定的、反映相关金融资产经济特征的现金流量属性，企业分类为以摊余成本计量的金融资产和以公允价值计量且其变动计入其他综合收益的金融资产，其合同现金流量特征应当与基本借贷安排一致，即为本金加利息的合同现金流量特征。

本金是指金融资产在初始确认时的公允价值，可能因提前还款等原因在金融资产存续期内发生变动；利息包括对货币时间价值、与特定时期为偿付本金金额相关的信用风险以及成本和利润的对价。

金融资产的分类流程如图 6-3 所示。

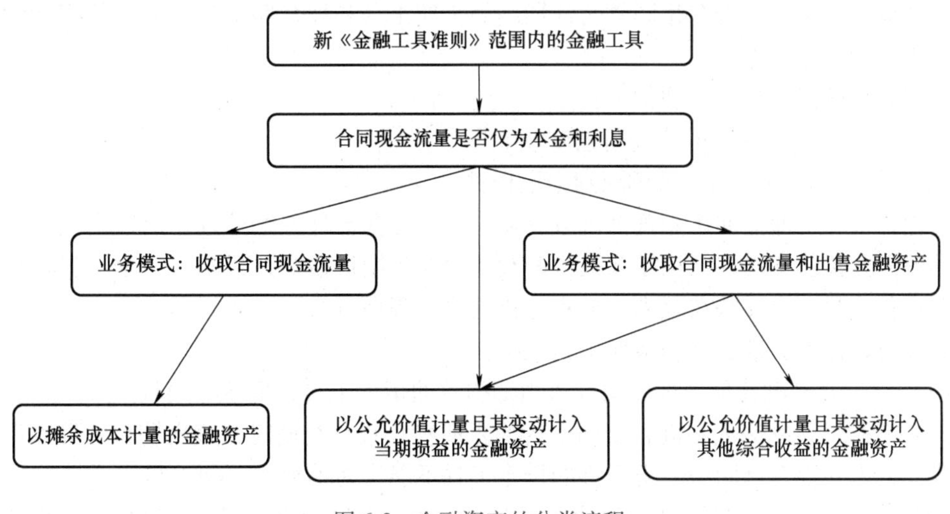

图 6-3　金融资产的分类流程

4. 金融负债和权益工具的区分

如果在发行某金融工具时，合同中规定将来负有交付金融资产的义务或在潜在不利条件下支付现金、金融资产的义务，该项工具就是金融负债，如短期借款、长期借款、应付债券等。

权益工具是指能证明拥有某个企业在扣除所有负债后的资产中的剩余权益的合同。最典型的权益工具是企业的发行的普通股。

由于金融负债和权益工具在实务中并不普遍，属于两个易混淆的知识点，在区分二者时，要从其合同反映的经济实质和工具特征方面考虑，并遵循以下区分原则：

（1）是否存在无条件地避免交付现金或其他金融资产的合同义务。如果发行的金融工具合同条款中规定将来负有交付金融资产的义务或在潜在不利条件下支付现金、金融资产的义务，则该工具应确认为金融负债；反之，如果该工具合同条款中不包括交付现金或其他金融资产给其他单位的合同义务，也不包括在潜在不利条件下与其他单位交换金融资产或金融负债的合同义务，该工具应确认为权益工具。

（2）是否通过交付固定数量的自身权益工具结算。对于非衍生工具，如果无义务交付非固定数量（即有义务交付固定数量）的自身权益工具进行结算，该工具应确认为权益工具，即股数固定；反之则应确认为金融负债。

对于衍生工具，如果通过交付固定数量的自身权益工具换取固定数额的现金或其他金融资产进行结算，该工具应确认为权益工具，即固定股数、固定现金；反之应确认为金融负债。

总的来说，如果企业发行金融工具时附有交付金融资产或现金的义务或有义务交付非固定数量的自身权益工具进行结算，该工具为金融负债；如果企业发行金融工具时不包括交付金融资产或现金的义务或有义务交付固定数量的自身权益工具进行结算，该工具为权益工具。

5. 套期会计的原理以及可作为套期工具的金融工具的种类

套期是指企业为管理外汇风险、利率风险、价格风险、信用风险等特定风险引起的风险敞口，指定金融工具为套期工具，以使套期工具的公允价值或现金流量变动，预期抵销被套期项目全部或部分公允价值或现金流量变动的风险管理活动。

套期会计方法则是指在相同的会计期间将套期工具和被套期项目公允价值变动的抵销结果计入当期损益的方法。

套期会计的两个核心原理如下：

（1）确认被套期项目的公允价值变动。

（2）将套期保值抵销结果体现到当期损益。

无论是公允价值套期还是现金流量套期，按照套期会计方法处理之后，套期工具和被套期项目公允价值变动的抵销结果最终都会反映在当期损益中，只不过一个反映在公允价值变动损益，另一个反映在收入、成本、投资收益等项目中。

企业可以作为套期工具的金融工具包括：

（1）以公允价值计量且其变动计入当期损益的衍生工具，但签出期权除外。企业只有在对购入期权（包括嵌入在混合合同中的购入期权）进行套期时，签出期权才可以作为套期工具。嵌入在混合合同中但未分拆的衍生工具不能作为单独的套期工具。

（2）以公允价值计量且其变动计入当期损益的非衍生金融资产或非衍生金融负债，但指定为以公允价值计量且其变动计入当期损益且其自身信用风险变动引起的公允价值变动计入其他综合收益的金融负债除外。

对于指定为以公允价值计量且其变动计入当期损益，且其自身信用风险变动引起的公允价值变动计入其他综合收益的金融负债，由于没有将整体公允价值变动计入损益，不能被指定为套期工具。

（3）对于外汇风险套期，企业可以将非衍生金融资产（选择以公允价值计量且其变动计入其他综合收益的非交易性权益工具投资除外）或非衍生金融负债的外汇风险成分指定为套期工具。

6. 套期会计中公允价值套期和现金流量套期的联系与区别

公允价值套期，是指对已确认资产或负债、尚未确认的确定承诺及尚未确认的确定承诺中可辨认部分的公允价值变动风险进行的套期，该类价值变动源于某类特定风险且将影响企业的损益。

现金流量套期，是指对现金流量变动风险进行的套期，该类现金流量变动源于与已确认资产或负债、很可能发生的预期交易有关的某类特定风险，且将影响企业的损益。

公允价值套期和现金流量套期有以下联系：

（1）都可以采用已确认的资产、负债作为被套期项目。

（2）都采用衍生金融工具作为套期工具。

（3）都会影响企业当期及以后期间的损益。

（4）要运用公允价值套期会计或现金流量套期会计都需要满足一定的条件。

总体来说，两者的核算原则是一致的，即在同一会计期间确认套期工具和被套期项目的利得或损失，以体现套期会计的本质，反映套期的对冲结果和有效性。

公允价值套期和现金流量套期有以下区别：

（1）所规避的风险不同。公允价值套期规避的是价格风险；现金流量套期是对现金流动性风险的套期，即规避的是未来现金流动性风险。

（2）适用范围不同。公允价值套期主要适用于对现有资产或负债和现有资产或负债中可辨认部分的公允价值变动风险进行套期，此外，对尚未确认的确定承诺中可辨认部分的公允价值变动风险进行的套期也适用于公允价值套期；而现金流量套期主要适用于对预期交易的套期。

（3）会计核算不同。公允价值套期的会计核算是在资产负债表日将套期工具与被套期项目的账面价值调整为公允价值，并将公允价值变动损益直接计入当期损益。其中，当套期工具是衍生金融工具时，通常被划分为交易性金融资产或交易性金融负债，账面价值即为公允价值，无须再做账面调整。

现金流量套期的会计核算则相对复杂。套期工具的利得与损益分为有效部分和无效部分。有效部分是自套期关系开始后，套期工具的累计利得与损失和被套期项目的未来现金流量现值的累计变动额两者中的较低者。有效部分直接确认为所有者权益并单项列示，无效部分直接计入当期损益。被套期项目为预期交易，且使企业随后确认了一项金融资产或者一项金融负债的，则应当在该金融资产或金融负债影响企业损益时将原直接确认为所有者权益的相关利得或损失一同转出并计入当期损益。

模块三　牛刀初试

一、单选题

1. 下列各项中，属于金融负债的是（　　）。

A. 按照销售合同的约定预收的销货款

B. 按照税法规定计算的应缴纳的所得税

C. 按照产品质量保证承诺预计的保修费

D. 按照采购合同的约定应支付的设备款

2. 企业持有的下列资产中，不属于金融资产的是（　　）。

A. 库存现金　　B. 长期股权投资

C. 预付账款　　D. 应收票据

3. 2021 年 12 月 31 日，鑫达公司从二级市场以 3 900 万元（含已到付息期但尚未领取的利息 200 万元）购入畅优公司发行的债券，另支付交易费用 20 万元，鑫达公司将该债券划分为交易性金融资产。2022 年 2 月 28 日，该交易性金融资产的公允价值为 4 100 万元。假定不考虑其他因素，鑫达公司应就该交易性金融资产确认的公允价值变动损益为（　　）万元。

A. 400　　B. 380

C. 180　　D. 200

4. 2021 年 6 月 1 日，鑫达公司支付价款 855 万元（含交易费用 5 万元）购入畅优公司的股票 100 万股，占畅优公司有表决权股份的 1.5%，鑫达公司将其指定为以公允价值计量且其变动计入其他综合收益的非交易性权益工具投资。2021 年 12 月 31 日，该股票市场价格为每股 9 元。2022 年 2 月 5 日，畅优公司宣告发放现金股利 1 000 万元。2022 年 8 月 1 日，鑫达公司以每股 8 元的价格将畅优公司股票全部转让。鑫达公司 2022 年利润表中因该非交易性权益工具投资应确认的投资收益为（　　）。

A. −40 万元　　B. −55 万元

C. −90 万元　　D. 15 万元

5. 下列相关金融资产的重分类日表述不正确的是（　　）。

A. 甲上市公司决定于 2021 年 3 月 20 日改变其管理某金融资产的业务模式，则重分类日为 2021 年 3 月 31 日

B. 乙上市公司决定于 2021 年 10 月 13 日改变其管理某金融资产的业务模式，则重分类日为 2022 年 1 月 1 日

C. 丙上市公司决定于 2021 年 5 月 5 日改变其管理某金融资产的业务模式，则重分类日为 2021 年 7 月 1 日

D. 丁上市公司决定于 2021 年 8 月 16 日改变其管理某金融资产的业务模式，则重分类日为 2021 年 10 月 1 日

6. 鑫达公司持有的下列金融资产，应分类为“以摊余成本计量的金融资产”的是（　　）。

A. 鑫达公司购入丙公司股票，该股票持有目的为长期持有

B. 鑫达公司购入畅优公司债券，该债券持有目的为短期获利

C. 鑫达公司赊销商品形成应收账款，该项应收账款的业务模式为保理业务

D. 鑫达公司购入丁公司债权，该债权持有目的为收取合同现金流量，该合同现金流量仅为对本金和以未偿付本金金额为基础的利息的支付

7. 关于金融资产转移，下列表述中错误的是（　　）。

A. 企业将金融资产出售，同时与买入方签订很可能行权的看跌期权合约，则不应终止确认该金融资产

B. 企业保留了金融资产所有权上几乎所有的风险和报酬，应当按照继续涉入规定计量该项金融资产

C. 企业采用附追索权方式出售金融资产，不应终止确认该项金融资产

D. 企业已将金融资产所有权上几乎所有的风险和报酬转移给转入方的，应当终止确认该金融资产

8. 下列选项属于权益工具的是（　　）。

A. 交易性金融资产　　B. 贷款和应收款项

C. 普通股　　D. 交易性金融负债

9. 下列项目中，属于现金流量套期的是（　　）。

A. 用利率互换去对固定利率债券套期

B. 对现有存货价格变动风险进行套期

C. 用利率互换去对浮动利率债券套期

D. 某公司因签订了一项 6 个月后以约定价格购买商品的合同，对该确定承诺的价格变动风险进行套期

10. 下列项目中，不可指定为被套期项目的是（　　）。

A. 预期可能采购 100t 棕榈油的合约

B. 签订销售 400t 棕榈油的合约，销售价格为 5 200 元/t

C. 持有库存棕榈油产品 2 000t

D. 签订采购 300t 棕榈油的合约，采购价格为 5 120 元/t

二、判断题

1. 企业应当按照单个金融资产逐项确定管理金融资产的业务模式。（　　）

2. 企业应当根据其管理金融资产的业务模式和金融资产的合同现金流量特征，对金融资产进行合理的分类，该分类一经做出不得变更。（　　）

3. 企业持有的股权投资不能分类为以摊余成本计量的金融资产。（　　）

4. 企业的应收账款均应作为以摊余成本计量的金融资产。（　　）

5. 企业利用衍生金融工具对以外币结算的应收账款进行套期，就是为了消除汇率变动可能给企业带来的风险。（　　）

6. 企业应当以客观事实为依据，确定管理金融资产的业务模式，不得以按照合理预期不会发生的情形为基础确定。（　　）

7. 企业取得债权投资支付的价款中包含已到付息期但尚未领取的债券利息，应构成

债权投资的初始确认金额。（　　）

8. 以公允价值计量且其变动计入当期损益的金融资产在资产负债表日采用公允价值进行后续计量，公允价值变动计入当期损益。（　　）

9. 企业签出的期权可以作为套期工具。（　　）

10. 企业将其他权益工具投资终止确认时，应将其处置价款与其他权益工具投资账面价值的差额计入投资收益，同时，之前计入其他综合收益的累计利得或损失应当从其他综合收益中转出，计入投资收益。（　　）

三、业务题

1. 鑫达公司为制造业企业。为提高闲置资金的使用率，鑫达公司 2021 年度进行了以下投资：

（1）1 月 1 日，鑫达公司支付价款 1 120.89 万元（含交易费用 10.89 万元），从活跃市场购入畅优公司当日发行的面值为 1 000 万元、5 年期的不可赎回债券。该债券的票面年利率为 10%，到期一次还本付息，同类债券的实际年利率为 6%。鑫达公司管理该项金融资产的业务模式为以收取合同现金流量为目标，且该金融资产可以通过合同现金流量测试。鑫达公司对该金融资产按年确认投资收益。

（2）4 月 10 日，鑫达公司购买丙公司首次发行的股票 100 万股，共支付价款 800 万元。鑫达公司取得丙公司股票后，对丙公司不具有控制、共同控制或重大影响，丙公司股票的限售期为 1 年，鑫达公司取得丙公司股票时没有将其直接指定为以公允价值计量且变动计入当期损益的金融资产，也没有随时出售丙公司股票的计划。

（3）5 月 15 日，鑫达公司从二级市场购买丁公司股票 200 万股，共支付价款 920 万元，其中交易费用 20 万元，取得丁公司股票时，丁公司已宣告发放现金股利，每 10 股派发现金股利 0.6 元。鑫达公司取得丁公司股票后，对丁公司不具有控制、共同控制或重大影响。鑫达公司管理层拟随时出售丁公司股票。

要求：

（1）判断鑫达公司取得畅优公司债券时应划分的金融资产类别，说明理由。编制鑫达公司取得畅优公司债券时的会计分录。

（2）判断鑫达公司取得丙公司股票时应划分的金融资产类别，说明理由。

（3）判断鑫达公司取得丁公司股票时应划分的金融资产类别，说明理由。编制丁公司取得丁公司股票时的会计分录。

2. 为提高闲置资金的使用效率，鑫达公司进行了以下投资：

（1）2021 年 1 月 1 日，购入畅优公司于当日发行且可上市交易的债券 100 万张，支付价款 9 500 万元，另支付手续费 90.12 万元。该债券期限为 5 年，每张面值为 100 元，票面年利率为 6%，于每年 12 月 31 日支付当年利息。鑫达公司管理该金融资产的业务模式是以收取合同现金流量为目标，该金融资产的合同条款规定，在特定日期产生的现金流量，仅为对本金和未偿付本金金额为基础的利息的支付。

2021 年 12 月 31 日，鑫达公司收到 2021 年度的利息 600 万元。该金融资产的信用风险自初始确认后显著增加，鑫达公司按整个存续期确认预期信用损失准备 50 万元，当日市场年利率为 5%。

2022 年 12 月 31 日，鑫达公司收到 2022 年度的利息 600 万元，因债务人发生重大财务困难，该金融资产已发生信用减值，鑫达公司按整个存续期确认预期信用损失准备余额 150 万元，当日市场年利率为 6%。

（2）2021 年 4 月 1 日，鑫达公司购买丙公司的股票 200 万股，共支付价款 850 万元。鑫达公司取得丙公司股票时将其指定为以公允价值计量且其变动计入其他综合收益的金融资产。

2021 年 12 月 31 日，丙公司股票的公允价值为每股 5 元。

2022 年 5 月 31 日，鑫达公司将持有的丙公司股票全部出售，售价为每股 6 元。

相关年金现值系数如下：

$(P/A,5\%,5)=4.3295$；$(P/A,6\%,5)=4.2124$；$(P/A,7\%,5)=4.1002$；$(P/A,5\%,4)=3.5460$；$(P/A,6\%,4)=3.4651$；$(P/A,7\%,4)=3.3872$。

相关复利现值系数如下：

$(P/F,5\%,5)=0.7835$；$(P/F,6\%,5)=0.7473$；$(P/F,7\%,5)=0.7130$；$(P/F,5\%,4)=0.8227$；$(P/F,6\%,4)=0.7921$；$(P/F,7\%,4)=0.7629$。

鑫达公司按净利润的 10%提取法定盈余公积，不考虑其他相关因素。

要求：

（1）判断鑫达公司取得畅优公司债券时应划分的金融资产类别，说明理由并编制鑫达公司取得畅优公司债券时的会计分录。

（2）计算鑫达公司 2021 年度因持有畅优公司债券而应确认的利息收入及预期信用损失，并编制相关会计分录。

（3）计算鑫达公司 2022 年度因持有畅优公司债券而应确认的利息收入及预期信用损失，并编制相关会计分录。

（4）计算发生信用减值后鑫达公司 2021 年度因持有畅优公司债券应确认的投资收益。

（5）编制鑫达公司取得、持有及出售丙公司股票的会计分录。

3. 2020 年 7 月 1 日，鑫达公司经批准在全国银行间债券市场公开发行 10 亿元人民币短期融资券，期限为 1 年，票面年利率为 4.58%，每张面值为 100 元，到期一次还本付息。所募集资金主要用于公司购买生产经营所需的原材料及配套件等。鑫达公司将该短期融资券指定为以公允价值计量且其变动计入当期损益的金融负债。假定不考虑发行短期融资券相关的交易费用以及公司自身信用风险变动。2020 年 12 月 31 日，该短期融资券的市场价格为每张 110 元（不含利息）；2021 年 6 月 30 日，该短期融资券到期兑付完成。

要求：

按上述资料编制相关会计分录。

4. 鑫达公司系上市公司，按季对外提供财务报表，2020 年与金融资产相关的资料如下：

（1）鑫达公司 2020 年 4 月 6 日购买 B 公司发行的股票 500 万股，每股成交价为 5.6 元，包含已宣告但尚未发放的股利，其中，每股分派 0.3 元现金股利，每 10 股分派 2 股股票股利；另付交易费用 2 万元，鑫达公司拟近期出售该股票。

（2）2020 年 4 月 15 日收到 B 公司发放的现金股利及股票股利。

（3）2020 年 12 月 10 日，鑫达公司出售股票 300 万股，每股成交价为 6 元，另支付相关税费 1.2 万元。

（4）2020 年 12 月 31 日，该股票每股的市价为 5.2 元。

（5）2021 年 7 月 26 日出售股票 150 万股，每股成交价为 5 元，另支付相关税费 1.8 万元。

（6）2021 年 12 月 31 日该股票每股的市价为 4.4 元。

要求：

按上述资料编制相关会计分录。

5. 鑫达公司发行了一项年利率为 8%、无固定还款期限、可自主决定是否支付利息的不可累积永续债，其他合同条款如下：

（1）该永续债嵌入了一项看涨期权，允许鑫达公司在发行的第 5 年年末及之后以面值回购该永续债。

（2）如果鑫达公司在第 5 年年末没有回购该永续债，则之后的年利率增加至 11%（通常称为“票息递增”特征）。

（3）该永续债的利息在鑫达公司向其普通股股东支付股利时必须支付（即“股利推动机制”）。

假设：鑫达公司根据相应的议事机制能够自主决定普通股股利的支付；鑫达公司发行该永续债之前多年来均支付普通股股利。

要求：

判断该可累积永续债是金融负债还是权益工具，并阐明理由。

模块四　习题解答

一、单选题

1. D

【解析】按照采购合同的约定应支付的设备款，应通过“应付账款”科目核算，属于金融负债。选项 D 正确。

2. C

【解析】预付账款不是金融资产，因其产生的未来经济利益是商品或服务，而不是收取现金或其他金融资产的权利。选项 C 正确。

3. A

4. D

【解析】鑫达公司 2022 年利润表中因该非交易性权益工具投资应确认的投资收益 = 1 000×1.5% = 15（万元）。选项 D 正确。

5. A

6. D

7. B

8. C

9. C

10. A

二、判断题

1. ×
2. ×
3. √

【解析】以摊余成本计量的金融资产在特定日期产生的现金流量，仅为对本金和以未偿付本金金额为基础的利息的支付。股权投资不满足以摊余成本计量的金融资产的现金流量特征。

4. ×

【解析】应当根据企业管理应收账款的业务模式对其进行分类。若业务模式符合“既以收取合同现金流量为目标又以出售该金融资产为目标”，且该应收账款符合本金加利息的合同现金流量特征，则应收账款应当分类为以公允价值计量且其变动计入其他综合收益的金融资产。

5. ×
6. √
7. ×
8. √
9. ×
10. ×

三、业务题（答案中的金额未标记单位的，以万元为单位）

1. （1）鑫达公司应将取得的畅优公司债券划分为以摊余成本计量的金融资产。

理由：鑫达公司管理该项金融资产的业务模式为以收取合同现金流量为目标，且该金融资产可以通过合同现金流量测试，应当分类为以摊余成本计量的金融资产。会计分录如下：

借：债权投资——成本　　1 000

　　债权投资——利息调整　　120. 89

　　贷：银行存款　　1 120. 89

（2）鑫达公司持有的丙公司的股票应划分为以公允价值计量且其变动计入其他综合收益的金融资产。

理由：鑫达公司取得丙公司股票后，对丙公司不具有控制、共同控制或重大影响，鑫达公司取得丙公司股票时没有将其直接指定为以公允价值计量且变动计人当期损益的金融资产，限售期 1 年过后该股票可在市场上流通，鑫达公司对该资产并未准备一直持有，说明鑫达公司持有该股票一是为了获取股利，二是出售以获得回报。因此鑫达公司应将其划分为以公允价值计量且其变动计入其他综合收益的金融资产。

（3）鑫达公司持有的丁公司的股票应划分为以公允价值计量且其变动计入当期损益的金融资产。

理由：鑫达公司持有该股票对丁公司不具有控制、共同控制或重大影响。鑫达公司管理层拟随时出售丁公司股票。会计分录如下：

借：交易性金融资产　　888
　　应收股利　　12
　　投资收益　　20
　　贷：银行存款　　920

2. （1）鑫达公司应将取得的畅优公司债券划分为以摊余成本计量的金融资产。

理由：鑫达公司管理该金融资产的业务模式是以收取合同现金流量为目标，且该金融资产的合同条款规定，在特定日期产生的现金流量，仅为对本金和未偿付本金金额为基础的利息的支付。会计分录如下：

借：债权投资——成本　　10 000
　　贷：银行存款　　9 590.12
　　　　债权投资——利息调整　　409.88

（2）设实际利率为 R，则 $600\times(P/A,R,5)+10\ 000\times(P/F,R,5)=9\ 590.12$（万元）

当实际利率为6%时，未来现金流量现值=10 000.44（万元）；

当实际利率为7%时，未来现金流量现值 $=600\times(P/A,7\%,5)+10\ 000\times(P/F,7\%,5)=600\times4.100\ 2+10\ 000\times0.713\ 0=9\ 590.12$（万元）；故实际利率 $R=7\%$。

2021年应确认的投资收益=9 590.12×7%=671.31（万元）。会计分录如下：

借：应收利息　　600
　　债权投资——利息调整　　71.31
　　贷：投资收益　　671.31
借：银行存款　　600
　　贷：应收利息　　600

2021年12月31日预期信用损失准备为50万元，2020年应确认预期信用损失准备50−0=50（万元）。会计分录如下：

借：信用减值损失　　50
　　贷：债权投资减值准备　　50

（3）因2021年未发生信用减值，所以2020年应以期初账面余额为基础计算利息收入，2021年12月31日账面余额=9 590.12+671.31−600=9 661.43（万元），2022年应确认的投资收益=9 661.43×7%=676.30（万元）。会计分录如下：

借：应收利息　　600
　　债权投资——利息调整　　76.30
　　贷：投资收益　　676.30
借：银行存款　　600
　　贷：应收利息　　600

2022年12月31日预期信用损失准备余额为150万元，2020年应确认预期信用损失准备=150−50=100（万元）。会计分录如下：

借：信用减值损失　　100
　　贷：债权投资减值准备　　100

（4）因2022年发生信用减值，所以2021年应以期初摊余成本为基础计算利息收入，2022年12月31日账面余额=9 661.43+676.30−600=9 737.73（万元），摊余成本=9 737.73−

150=9 587.73（万元），2021 年应确认的投资收益=9 587.73×7%=671.14（万元）。

（5）2021 年 4 月 1 日：

借：其他权益工具投资——成本 850

　　贷：银行存款 850

2021 年 12 月 31 日：

借：其他权益工具投资——公允价值变动 150

　　贷：其他综合收益 150

2022 年 5 月 31 日：

借：银行存款 1200

　　贷：其他权益工具投资——成本 850

　　　　　　　　　　　　——公允价值变动 150

　　　　盈余公积 20

　　　　利润分配——未分配利润 180

借：其他综合收益 150

　　贷：盈余公积 15

　　　　利润分配——未分配利润 135

3.（1）2020 年 7 月 1 日，发行短期融资券时：

借：银行存款 100 000

　　贷：交易性金融负债 100 000

（2）2020 年 12 月 31 日，年末确认公允价值变动和利息费用时：

借：公允价值变动损益（110 000-100 000=10 000） 10 000

　　贷：交易性金融负债 10 000

借：财务费用（100 000×4.58%÷2=2 290） 2 290

　　贷：应付利息 2 290

（3）2021 年 6 月 30 日，短期融资券到期时：

借：财务费用 2 290

　　贷：应付利息 2 290

借：交易性金融负债 110 000

　　应付利息（100 000×4.58%=4 580） 4 580

　　贷：银行存款 104 580

　　　　投资收益 10 000

4.（1）2020 年 4 月 6 日：

借：交易性金融资产——成本［500×(5.6-0.3)=2 650］ 2 650

　　应收股利（500×0.3=150） 150

　　投资收益 2

　　贷：银行存款 2 802

（2）2020 年 4 月 15 日：

借：银行存款 150

　　贷：应收股利（500×0.3=150） 150

对于股票股利应于除权日在备查账簿中登记，不需要做会计处理。

分配股票股利后，持有的股票股数为=500+500÷10×2=600（万股）。

（3）2020 年 12 月 10 日：

借：银行存款（300×6−1. 2=1 798. 8）　　1 798. 8

　　贷：交易性金融资产——成本（2 650÷600×300=1 325）　　1 325

　　　　投资收益　　473. 8

（4）2020 年 12 月 31 日：

借：交易性金融资产——公允价值变动（300×5. 2−1 325=235）　　235

　　贷：公允价值变动损益　　235

（5）2021 年 7 月 26 日：

借：银行存款（150×5−1. 8=748. 2）　　748. 2

　　投资收益　　31. 8

　　贷：交易性金融资产——成本［（2 650−1 325）×1÷2=662. 5］　　662. 5

　　　　　　　　　　——公允价值变动（235×1÷2=117. 5）　　117. 5

（6）2021 年 12 月 31 日：

借：公允价值变动损益（150×5. 2−150×4. 4=120）　　120

　　贷：交易性金融资产——公允价值变动　　120

5. 本例中，尽管鑫达公司多年来均支付普通股股利，但由于鑫达公司能够根据相应的议事机制自主决定普通股股利的支付，并进而影响永续债利息的支付，对鑫达公司而言，该永续债并未形成支付现金或其他金融资产的合同义务；尽管鑫达公司有可能在第 5 年末行使其回购权，但是鑫达公司并没有回购的合同义务，因此该永续债应整体被分类为权益工具。

注：如果没有其他情形导致某金融工具被分类为金融负债，则该金融工具应整体被分类为权益工具。同时，虽然合同中存在利率跳升安排，但该安排也不构成企业无法避免的支付义务。

模块五　案例分析

案例一

新《金融工具准则》的实施对企业财务信息的影响研究——以中国人寿为例

IASB 于 2014 年 7 月发布了《国际财务报告准则第 9 号——金融工具》（IFRS 9），是会计准则发展史上的一次重大变革，为保持与国际财务报告准则持续全面趋同，完善我国企业会计准则体系，我国财政部也在 2017 年 3 月 31 日修行并发布了《企业会计准则第 22 号——金融工具确认和计量》（CAS 22，以下简称“新《金融工具准则》”），并将新《金融工具准则》实施日期定为 2018 年 1 月 1 日（上市企业）。新《金融工具准则》将金融资产的分类由原有的四类简化为现在的三类，同时将金融资产减值由“已发生损失”模型改为“预期损失”模型。新《金融工具准则》的实施势必会对我国上市企业，特别是金融上市企业产生巨大影响。通过重点分析中国人寿保险股份有限公司（以下简称“中国人寿”）这一上市保险企业的年报数据，发现新《金融工具准则》下金融资产分类与金融资产减值的变化会对中国人寿的财务信息带来巨大的影响。

中国人寿是国内寿险行业的知名企业，总部位于北京，注册资本为282.65亿元人民币。

经过长期的发展和积淀，截至2017年12月31日，中国人寿总资产达人民币28 975.91亿元，位居国内寿险行业榜首。2017年公司营业收入为6 531.95亿元，同比增长了18.8%；保费收入5 119.66亿元，同比增长18.9%；市场份额约为19.7%，继续占据寿险市场的主导地位；其中，首年期交保费为人民币1 131.21亿元，同比增长20.4%；10年期及以上首年期交保费为人民币660.03亿元，同比增长28.5%；续期保费达人民币2 881.03亿元，同比增长28.9%；公司一年新业务价值为人民币601.17亿元，同比增长21.9%。2017年底公司总市值达1 208.34亿美元，位居全球上市寿险公司首位。

1. 分类的变化对金融资产结构产生的变化及对利润产生的影响

在原《金融工具准则》中，金融资产的分类标准为持有目的与意图，按此标准分为以下四类：①以公允价值计量且其变动计入当期损益的金融资产；②持有至到期投资；③贷款及应收款项；④可供出售金融资产。这种分类方式存在一定缺陷，首先它很复杂，其次它可能影响会计信息可比性，尤其在金融危机爆发前后，它的会计缺陷更加明显。新的《金融工具准则》将业务模式与合同现金流量特征作为金融资产的分类标准，共分为三类：①如果以收取合同现金流量为目的且仅涉及本金和利息的支付，则该金融资产划分为以摊余成本计量的金融资产；②如果以收取合同现金流量和交易两者为目的且合同现金流量仅是本金和利息的支付，则划分为以公允价值计量且其变动计入其他综合收益的金融资产（FVOCI）；③以上两种情况之外的划分为以公允价值计量且其变动计入当期损益的金融资产。同时，分类的变化也对利润产生影响。

此处需要特别说明，这里存在着可以指定为FVOCI的特殊情况，即将某些非交易性可供出售权益工具、以成本计量的可供出售权益工具指定为FVOCI。另外，一旦将某金融工具指定为FVOCI则不可撤回，意味着其计入其他综合收益的金额在以后任何时候都不能再进行转回损益的调整。下文将分可供出售权益工具全部指定为FVOCI和不指定为FVOCI两种情况进行分析。

2. 新《金融工具准则》下对金融资产减值变化带来的影响

对金融资产减值准备的计提，我国在原《金融工具准则》下采用“已发生损失”模型，即有客观证据表明减值发生时才确认减值损失。而新《金融工具准则》实施后，金融资产减值准备的计提改为“预期损失”模型，即需要一直确认预期信用损失并计提减值准备。贷款与应收款项、持有至到期投资以及可供出售债务工具全部适用于“预期损失”模型，除去部分贷款与应收款项可以采用简化的方法外，其他贷款与应收款项、持有至到期投资及可供出售债务工具都采用“三阶段”法，即根据准则的规定分三种情形确认预期信用损失。

贷款与应收款项、持有至到期投资与可供出售债务工具减值准备计提从“已发生损失”模型转变为“预期损失”模型只是单纯的模型发生了改变，但是它的基本会计核算方法不变（会计科目变为“信用减值损失”）。

（资料来源：中国人寿保险有限公司官网 https://www.e-chinalife.com/。）

【引发的思考】

1. 金融资产结构的变化如何？

2. 利润的变化如何？

3. 金融资产减值的变化如何？

【分析提示】

1. 金融资产结构的变化

对中国人寿2016年的年报数据进行分析可知，中国人寿截至2016年12月31日资产总额为26 672.94亿元，其中金融资产总额为18 265.3亿元，金融资产所占总资产的比重为68.48%。四分类法与三分类法下金融资产所占比重的对比见表6-1。按照以往的四分类法，可供出售金融资产占比最大，为41.54%，占绝对优势；持有至到期投资占比32.52%；贷款与应收款项占比12.4%；占比最少的是以公允价值计量且其变动计入当期损益的金融资产，为11.17%。按照新的三分类法，主要受分类影响的为可供出售金融资产中的可供出售权益工具。持有至到期投资、贷款及应收款项均以摊余成本计量，占比44.92%。若将可供出售权益工具指定为FVOCI，则以公允价值计量且其变动计入其他综合收益的金融资产就是四分类中可供出售金融资产的比重，为41.54%，以公允价值计量且其变动计入当期损益的金融资产也不变，仍占11.17%；若不指定为FVOCI，可供出售权益工具公允价值变动则不再计入其他综合收益，计入当期损益，这样一来以公允价值计量且其变动计入当期损益的金融资产占比就达到了35.02%；可供出售债务工具仍然以公允价值计量且其变动计入其他综合收益，占比17.69%。

表6-1 四分类法与三分类法下金融资产所占比重的对比

<table>
<tr><th colspan="2">四分类法</th><th>占比</th><th>三分类法</th><th>占比（指定为FVOCI）</th><th>占比（不指定为FVOCI）</th></tr>
<tr><td colspan="2">持有至到期投资</td><td>32.52%</td><td rowspan="2">以摊余成本计量的金融资产</td><td rowspan="2">44.92%</td><td rowspan="2">44.92%</td></tr>
<tr><td colspan="2">贷款及应收款项</td><td>12.4%</td></tr>
<tr><td colspan="2">以公允价值计量且其变动计入当期损益的金融资产</td><td>11.17%</td><td>以公允价值计量且其变动计入当期损益的金融资产</td><td>11.17%</td><td>35.02%</td></tr>
<tr><td rowspan="2">可供出售金融资产</td><td>权益工具</td><td>23.85%</td><td rowspan="2">以公允价值计量且其变动计入其他综合收益的金融资产</td><td rowspan="2">41.54%</td><td rowspan="2">17.69%</td></tr>
<tr><td>债务工具</td><td>17.69%</td></tr>
</table>

2. 利润的变化

对于可供出售金融资产分类变化对其他综合收益和利润的影响，根据针对中国人寿年报数据进行的统计分析，2016年，中国人寿的净利润为195.85亿元，可供出售金融资产公允价值变动金额为42.29亿元，除去所得税的影响，税后净额有49.12亿元计入其他综合收益。其中可供出售权益工具公允价值变动金额共为23.18亿元，可供出售债务工具公允价值变动金额为19.11亿元，税后净额计入其他综合收益的金额分别为23.85亿元和25.27亿元，占中国人寿全年总净利润的12.18%和12.9%。

当新《金融工具准则》实施后，不指定 FVOCI，则可供出售权益工具公允价值的变动不再计入其他综合收益，而是直接计入当期损益。也就是说，中国人寿可供出售权益工具公允价值变动金额的 42.29 亿元全部计入当期损益，使得净利润增加 23.85 亿元，占全年净利润的 12.9%。从这一方面可以反映新《金融工具准则》的施行使得保险业利润波动增大。

3. 金融资产减值的变化

2016 年中国人寿各项金融资产减值准备计提情况见表 6-2。由表 6-2 可知，中国人寿的 3 997.58 亿元可供出售债务工具和 3 666.65 亿元可供出售权益工具分别减值了 1.43 亿元和 25.13 亿元；应收款项减值了 0.25 亿元。

根据新《金融工具准则》，可供出售权益工具不适用于“预期损失”模型，那么资产减值损失将减少 25.13 亿元。但是，需要计提减值准备的金融资产除个别使用其他模型外，绝大部分使用“预期损失”模型。“已发生损失”模型是存在减值迹象时才计提减值准备，而“预期损失”模型在初始确认起就需要确认预期损失，相对前者，减值计提的基础提高了。

表 6-2　2016 年中国人寿各项金融资产减值准备计提情况　　单位：亿元

分类	可供出售金融资产		持有至到期投资	贷款及应收款项
	债务	权益		
公允价值	3 997.58	3 666.65	5 947.3	8 832.71
资产减值损失	1.43	25.13	0	0.25

通过上述分析可知，新《金融工具准则》可能对我国上市公司财务信息数据产生巨大的影响。分类的变化对上市公司带来两个方面的影响，一个方面是对上市公司金融资产结构的影响，另一个方面是对利润的影响。如果企业不指定为 FVOCI，则可供出售权益工具划分为以公允价值计量且其变动计入当期损益的金融资产后，企业的利润可能会增加，利润的波动性也增大；但如果企业将可供出售权益工具指定为 FVOCI，那么其公允价值变动金额不再影响利润，企业的利润波动可以大幅度降低。对于减值变化对上市公司带来的影响，新《金融工具准则》提高了金融资产减值准备的计提基础，上市公司计提的金融资产减值准备将有所增加。

案例二

新《金融工具准则》实施影响分析——以中国农业银行股份有限公司为例

2017 年 3 月 31 日，财政部颁布了修订后的新《金融工具准则》中国农业银行股份有限公司采用新《金融工具准则》编制了 2018 年度的中期财务报表。新金融工具准则在上市企业的首次执行日是 2018 年 1 月 1 日，该变化构成了中国农业银行股份有限公司会计政策变更，且相关金额的调整已经确认在其财务报表中。实施新《金融工具准则》导致中国农业银行股份有限公司金融资产和金融负债的确认、分类和计量，以及金融资产减值的相关会计政策发生了变化。

中国农业银行股份有限公司的前身最早可追溯至 1951 年成立的农业合作银行。2010 年 7 月，中国农业银行股份有限公司分别在上海证券交易所和香港联合交易所挂牌上市。中国农业银行股份有限公司是我国主要的综合性金融服务提供商之一，致力于建设经营特色明显、服务高效便捷、功能齐全协同、价值创造能力突出的国际一流商业银行集团。中国农业银行股份有限公司凭借全面的业务组合、庞大的分销网络和领先的技术平台，向广大客户提供各种公司银行和零售银行产品和服务，同时开展金融市场业务及资产管理业务，业务范围涵盖投资银行、基金管理、金融租赁、人寿保险等领域。截至 2018 年 6 月末，中国农业银行股份有限公司总资产为 219 208.51 亿元，发放贷款和垫款 114 631.38 亿元，吸收存款 169 399.33 亿元，资本充足率为 14.77%，上半年实现净利润 1 159.76 亿元。

2008 年的金融危机让社会各界意识到了金融市场的不完善，进而推动了一系列的国际会计准则的修订，这是因为业界认为这次金融危机与当时的金融工具计量、分类、减值方面的弊端不无关系。原《金融工具准则》在金融工具的计量和分类方面有一定的主观性，这加大了人为操控利润的空间，同时在计提减值准备方面，只有在存在明确证据的情况下才能计提，推迟了损失的确认时间。新《金融工具准则》的修订在一定程度弥补了这些方面的不足。

1. 金融资产的分类由四分类变为三分类

原《金融工具准则》的分类原则是持有意图和目的，新《金融工具准则》的分类原则是业务模式和金融资产合同现金流量特征。新《金融工具准则》的分类原则更加客观，它基于交易合同中的明确相关要素，降低了主观性，增强了不同企业财务报表的可比性和一致性。

业务模式反映了某个企业如何管理其金融资产以产生现金流量。中国农业银行股份有限公司的目标是仅为收取金融资产的合同现金流量，还是既收取合同现金流量又出售金融资产，决定了其业务模式不同。如果以上两种情况都不适用，如以交易为目的持有金融资产，则其业务模式为“其他”，分类为以公允价值计量且其变动计入当期损益的金融资产。中国农业银行股份有限公司在确定一组金融资产业务模式时考虑的因素包括：以往如何收取该组资产的现金流、该组资产的业绩如何评估并上报给关键管理人员、如何评估和管理风险以及业务管理人员获得报酬的方式。

如果业务模式为收取合同现金流量，或包括收取合同现金流量和出售金融资产的双重目的，中国农业银行股份有限公司将评估金融工具的现金流量是否仅为对本金和利息支付。进行该评估时，中国农业银行股份有限公司要考虑合同现金流量是否与基本借贷安排相符，即利息仅包括货币时间价值、信用风险、其他基本借贷风险以及与基本借贷安排相符的利润率的对价。若合同条款引发了与基本借贷安排不符的风险或波动敞口，则相关金融资产应分类为以公允价值计量且其变动计入当期损益的金融资产。

2. 中国农业银行股份有限公司的金融资产减值

新《金融工具准则》将已“实现损失法”改为“预期信用损失法”，在准则修订前，会计上确认金融资产减值损失是以损失已实现为标准的，但这种做法在 2008 年金融危机后被业界所批评，因为这会给金融资产带来顺周期效应，高估企业的实际利率。采用预期信用损失法能减少顺周期效应，这是因为预期信用损失法在金融资产初始确认阶段就考虑了金融资产整个预计存续期在所有合同条款的基础上可实现的现金流量。对于以摊余成本计量和以公允价值计量且其变动计入其他综合收益的债务工具类金融资产，以及部分贷款承诺和财务担保合同，中国农业银行股份有限公司结合前瞻性信息进行预期信用损失评估。预期信用损失，是指以发生违约的风险为权重的金融工具信用损失的加权平均值。信用损失则是指中国农业银行股份有限公司按照原实际利率折现的、根据合同应收的所有合同现金流量与预期收取的所有现金流量之间的差额，即全部现金短缺的现值。其中，对于中国农业银行股份有限公司购买或源生的已发生信用减值的金融资产，应按照该金融资产经信用调整的实际利率折现。中国农业银行股份有限公司对预期信用损失的计量反映了以下各种要素：①通过评价一系列可能的结果而确定的无偏概率加权平均金额；②货币时间价值；③在资产负债表日无须付出不必要的额外成本或努力即可获得的有关过去事项、当前状况以及未来经济状况预测的合理且有依据的信息。对于纳入预期信用损失计量的金融工具，中国农业银行股份有限公司评估相关金融工具的信用风险自初始确认后是否已显著增加，运用“三阶段”减值模型分别计量其损失准备、确认预期信用损失。该模型中，阶段一为初始确认时信用风险并未显著增加的金融工具；阶段二为初始确认时信用风险显著增加，但并未将其视为已发生信用减值的金融工具；阶段三为已发生信用减值的金融工具。阶段一的金融工具应按照相当于该金融工具未来 12 个月内预期信用损失的金额计提减值准备，阶段二和阶段三的金融工具按照相当于该金融工具整个存续期内预期信用损失的金额计提减值准备。中国农业银行股份有限公司在预期信用风险计量中所使用的判断、假设及估计包括：①预期信用损失计量的参数，根据信用风险是否发生显著增加以及是否已发生信用减值，中国农业银行股份有限公司对不同的资产分别以 12 个月或整个存续期的预期信用损失计提减值准备，预期信用损失计量的关键参数包括违约概率、违约损失率和违约风险敞口；②信用风险显著增加的判断标准；③已发生信用减值资产的定义；④前瞻性信息。中国农业银行股份有限公司通过进行历史数据分析，识别出影响各业务类型信用风险及预期信用损失的关键经济指标，如国内生产总值（GDP）、货币供应量（M2）、消费者物价指数（CPI）等。

（资料来源：

1. 吴飞虹. 新金融工具会计准则实施对我国商业银行的影响探究［J］. 金融纵横，2018（2）：9.

2. 中国农业银行官网：https://www.abchina.com/cn/.）

【引发的思考】

新《金融工具准则》的实施对商业银行来说具有巨大的影响。金融资产的重新分类势必会引起会计核算的重大变化，四大类金融资产重新分类为三类，看似简单，但在实际操作中却是复杂的，标准化的分类条件需要企业在分类之初对金融资产进行详细分析，同时商业银行的会计科目体系以及核算体系都需要改变，要相应地更新核算系统，对操作人员进行培训。更加客观的新分类标准会降低商业银行通过可供出售金融资产的其他综合收益调控利润的情况，这可能会减少商业银行盈余管理的情况。

新《金融工具准则》中将金融资产减值方法从已实现损失法转换为预期信用损失法，这会增加减值准备，降低商业银行的利润。实施预期信用损失法后，风险减值准备要求会大幅提升，对商业银行的风险管理来说是个挑战。在实行过程中，该如何准确判断金融资产的信用风险存在显著恶化以及该如何计提金融资产整个生命周期的预期损失是商业银行需要考虑的问题。

【分析提示】

根据上述新《金融工具准则》对中国农业银行股份有限公司的影响来看，商业银行要高度重视，不断完善应对新《金融工具准则》的策略。新《金融工具准则》将金融资产分为三类，即以摊余成本计量、以公允价值计量且其变动计入其他综合收益（FVOCI）和以公允价值计量且其变动计入当期损益（FVTPL）的金融资产。具体的类别如下：①以摊余成本计量的债务工具；②FVOCI（债务工具），终止确认时累计利得和损失重分类至损益；③FVOCI（权益工具），其利得和损失不可重新分类至损益；④FVTPL（债务工具）、衍生工具和权益工具。这一分类会更加贴合会计实务对于金融资产的会计处理。FVOCI 是一项明确的计量类别，既不是一种剩余类别也不是一项选择。FVTPL 则成为剩余分类。指定为 FVTPL 类金融资产的情形仅包含“能够消除或显著减少会计错配”。原金融工具准则中可供出售金融资产的公允价值变动计入其他综合收益，处置时可将其原计入其他综合收益的金额转到投资收益，其他综合收益属于所有者权益项目，而投资收益属于利润项目。

金融资产减值对商业银行的影响也是巨大的，新《金融工具准则》采用预期信用损失法计提减值准备，计提标准分为 3 个阶段，这依赖于信用风险判断，但目前我国《企业会计准则》中只规定了合同支付义务逾期 30 日时可以认为属于信用风险显著增加，却没有给出其他的判断依据。因为不同的商业银行有不同的实际情况，例如不同类型的客户，商业银行要提前确定适合自身的信用风险显著恶化的标准。在实际运用中通常可以考虑内部评级的变化和违约概率的变化。

第七章

企业合并会计

模块一　本章要点回顾

本章思维导图如图 7-1 所示。

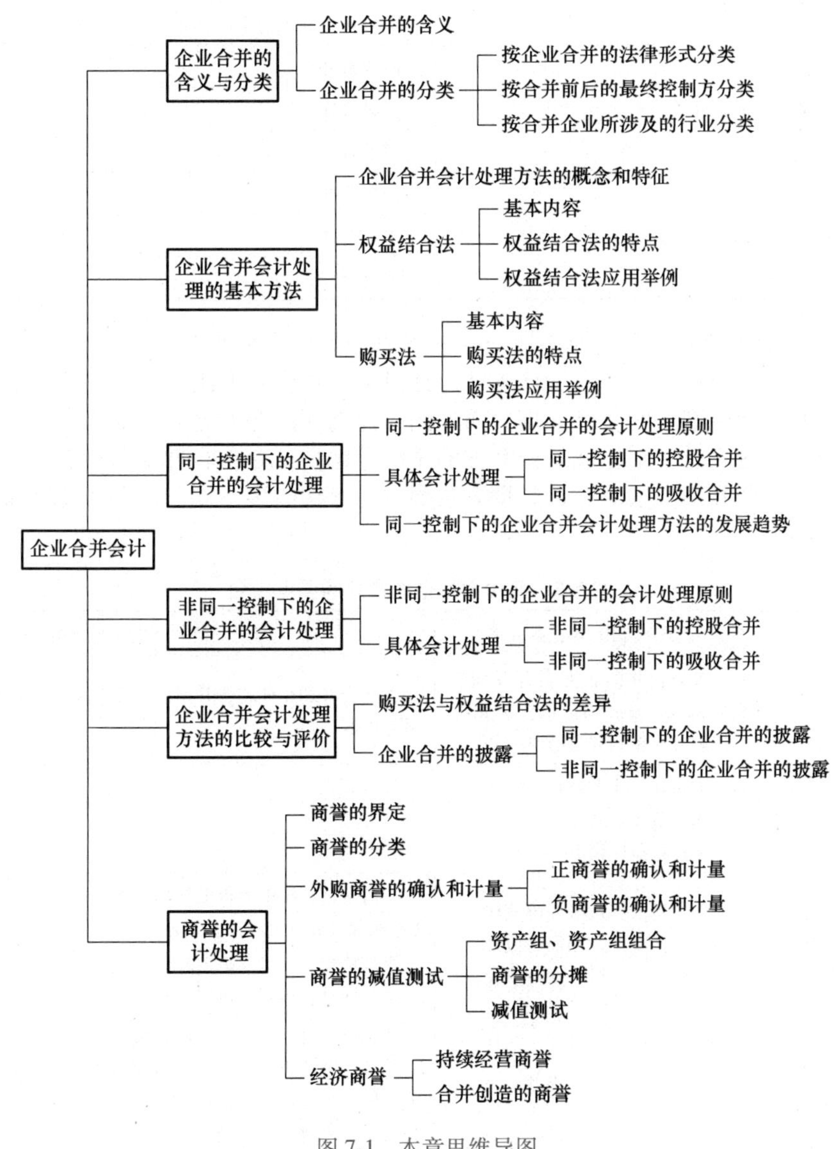

图 7-1　本章思维导图

模块二　重点与难点精析

1. 企业合并的分类

不同类型的企业合并在会计处理上有所区别。企业合并可按不同的方式进行分类，目前比较常见的是按照合并前后的最终控制方、企业合并的法律形式和合并企业所涉及的行业进行分类，见表 7-1。

表 7-1　企业合并的分类

分类标准	具体分类
按合并前后的最终控制方分类	同一控制下的企业合并
	非同一控制下的企业合并
按企业合并的法律形式分类	吸收合并
	新设合并
	控股合并
按合并企业所涉及的行业分类	横向合并
	纵向合并
	混合合并

2. 同一控制下的企业合并与非同一控制下的企业合并要点比较

同一控制下的企业合并，在会计确认与计量上是从合并方出发，确定合并方在合并日对于企业合并事项应进行的会计处理，而非同一控制下的企业合并，是参与合并的一方购买另一方或多方的交易，不能仅从合并方的角度考虑。二者在合并对价的计量、资产出让是否确认损益、合并商誉以及会计处理方法等方面存在诸多不同。两种类型企业合并的要点比较见表 7-2。

表 7-2　两种类型企业合并的要点比较

项目	同一控制下的企业合并	非同一控制下的企业合并
概念	参与合并的企业在合并前后均受同一方或相同的多方最终控制且该控制并非暂时性的	参与合并的企业在合并前后不属于同一方或相同的多方最终控制
合并对价的形式	支付现金或非现金资产 承担负债 发行权益性证券	
合并对价的计量	支付资产：按账面价值转出 发行债券：按票面价值计量 发行股票：按票面价值计量	支付资产：按账面价值转出，按公允价值计量合并对价（差额部分确认资产出让损益）； 发行债券：按公允价值计量； 发行股票：按公允价值计量
资产出让损益的确认	不确认资产出让损益	通过以下科目确认资产出让损益： 存货：营业收入、营业成本固定资产、无形资产等：营业外收入、营业外支出； 持有至到期投资等：投资收益

（续）

<table>
<tr><th>项目</th><th>同一控制下的企业合并</th><th colspan="2">非同一控制下的企业合并</th></tr>
<tr><td>合并商誉</td><td>不涉及合并商誉</td><td colspan="2">合并方支付的合并成本超过合并方在被合并方可辨认净资产公允价值中所占份额部分的差额</td></tr>
<tr><td>会计处理方法</td><td>权益结合法</td><td colspan="2">购买法</td></tr>
<tr><td rowspan="2">取得净资产或股权入账价值</td><td>净资产（吸收合并、新设合并）</td><td>按被合并方企业净资产账面价值作为取得的净资产入账价值</td><td>按被合并方净资产公允价值作为取得的净资产入账价值</td></tr>
<tr><td>控股权（控股合并）</td><td>按被合并方企业净资产账面价值中合并方享有的份额作为取得的股权入账价值</td><td>按支付的合并成本作为合并方取得的股权入账价值</td></tr>
<tr><td>股东权益调整</td><td>合并方取得的可辨认净资产账面价值份额与支付的合并对价账面价值（或发行股份面值总额）的差额确认股东权益，先调整资本公积，资本公积不足冲减的，调整留存收益</td><td colspan="2">不调整股东权益</td></tr>
<tr><td colspan="2">合并费用的处理</td><td colspan="2">合并方为企业合并而发生的审计费用、评估费用、法律服务费用，应计入“管理费用”科目。
合并方为企业合并而发行债券或其他债务的初始计量金额，即构成有关债务的入账价值的组成部分。
合并方为企业合并而发行权益性证券所发生的手续费、佣金等费用，应当冲减资本公积（股本溢价），资本公积不足冲减的，冲减盈余公积和未分配利润</td></tr>
</table>

模块三　牛刀初试

一、单选题

1. 下列关于少数股东权益的说法中，不正确的是（　　）。

A. 少数股东权益与少数股东损益无关

B. 少数股东权益的金额多少与所采取的具体合并理念无关

C. 少数股东权益就是指持有子公司非控制性权益的股东拥有的子公司权益

D. 并非任何合并理念都要求在合并财务报表中列报少数股东权益

2. 甲企业由 A 公司、B 公司和 C 公司组成，协议规定，相关活动的决策至少需要 75%的表决权通过才能实施。假定 A 公司、B 公司和 C 公司任意两方均可达成一致意见，但三方不可能同时达成一致意见。下列项目中属于共同控制的是（　　）。

A. A 公司、B 公司、C 公司在甲企业中拥有的表决权分别为 50%、35%和 15%

B. A 公司、B 公司、C 公司在甲企业中拥有的表决权分别为 50%、25%和 25%

C. A 公司、B 公司、C 公司在甲企业中拥有的表决权分别为 80%、10%和 10%

D. A 公司、B 公司、C 公司在甲企业中拥有的表决权分别为 40%、30%和 30%

3. 甲公司和乙公司合并，注册成立丙公司，甲、乙公司法人资格随合并而注销，其股东成为丙公司的股东，这种合并方式是（　　）。

A. 横向合并　　B. 新设合并

C. 吸收合并　　D. 控股合并

4. 关于实质性权利，下列说法中错误的是（　　）。

A. 实质性权利是指持有人有实际能力行使的可执行的权利

B. 实质性权利应是在对相关活动进行决策时可执行的权利

C. 实质性权利一定是当前可执行的权利

D. 某些情况下目前不可行使的权利也可能是实质性权利

5. 下列有关合并财务报表的阐述中，不正确的是（　　）。

A. 合并财务报表与个别财务报表的报告主体不同

B. 合并财务报表由母公司编制

C. 只要是企业合并，就要编制合并财务报表

D. 股权投资并不一定必须编制合并财务报表

6. 企业集团合并财务报表的编制者是（　　）。

A. 母公司　　B. 子公司

C. 企业集团　　D. 以上答案均正确

7. 合并财务报表工作底稿中需要编制有关的调整分录，下列与调整分录有关的阐述中，正确的是（　　）。

A. 调整分录的借、贷方所对应的不是会计科目，而是报表项目

B. 必须将对子公司的长期股权投资的成本法结果按权益法进行调整

C. 必须对子公司的资产、负债账面价值按资产负债表日的公允价值进行调整

D. 实务中一般情况下不会涉及为统一会计政策和统一会计期间所做的调整

8. 在连续编制合并财务报表的情况下，上年编制合并财务报表时已抵销的存货价值中包含的未实现内部销售利润，本年经抵销后对本年的年初未分配利润合并数（　　）。

A. 没有影响　　B. 还有影响

C. 不一定有影响　　D. 不再有影响

9. 根据《企业会计准则》，母公司应当将其全部子公司纳入合并财务报表的合并范围。这里的“全部子公司”（　　）。

A. 不包括小规模的子公司

B. 不包括与母公司经营性质不同的非同质子公司

C. 不包括母公司为特殊目的设立的特殊目的实体

D. 应该涵盖所有被母公司控制的被投资单位

10. 下列关于合并财务报表与企业合并方式之间的关系的表述中，不正确的是（　　）。

A. 企业合并必然要求编制合并财务报表

B. 控股合并的情况下，必须编制合并财务报表

C. 新设合并的情况下，不涉及合并财务报表的编制

D. 吸收合并的情况下，不涉及合并财务报表的编制

11. 2021 年 12 月 20 日，A 公司董事会做出购买甲公司股份的决议；2022 年 1 月 1 日，A 公司取得甲公司 30%的股份，能够对甲公司施加重大影响；2023 年 1 月 1 日，A 公司又取得甲公司 30%的股份，从而能够对甲公司实施控制；2024 年 1 月 1 日，A 公司又取得甲公司 10%的股份，持股比例达到 70%。在上述 A 公司对甲公司所进行的股权交易资

料中，购买日为（ ）。

A. 2021 年 12 月 20 日　　B. 2022 年 1 月 1 日

C. 2023 年 1 月 1 日　　D. 2024 年 1 月 1 日

12. 甲公司和乙公司都是 A 公司的子公司，甲公司于 2021 年 5 月 4 日发行 100 万股普通股作为对价，自 A 公司处取得乙公司 70%的股权，合并后乙公司仍维持独立法人资格继续经营。甲公司发行的普通股每股市价为 10 元，支付发行费用 300 万元，合并当日乙公司的所有者权益相对于 A 公司而言的账面价值为 3 000 万元，甲公司支付的发行费用 300 万元影响的会计科目是（ ）。

A. 股本　　B. 资本公积

C. 管理费用　　D. 商誉

13. 2021 年 6 月 2 日甲公司取得乙公司 60%的股权，付出一项其他权益工具投资，该资产当日的公允价值为 3 100 万元；当日乙公司可辨认净资产公允价值为 4 800 万元，账面价值为 4 500 万元。在合并前，甲公司与乙公司没有关联方关系。该业务应确认的合并商誉为（ ）。

A. 200 万元　　B. 265 万元

C. 350 万元　　D. 220 万元

14. 甲、乙公司为同属于 A 公司控制下的两家子公司。2021 年 1 月 1 日，甲公司发行 900 万股普通股取得 A 公司持有的乙公司 80%的股权，合并后甲公司能够控制乙公司的生产经营决策。甲公司作为合并对价发行的股票面值为每股 1 元，公允价值为每股 3 元。甲公司为发行股票支付给发行机构的佣金和手续费为 60 万元。合并日，乙公司所有者权益的账面价值为 1 200 万元，公允价值为 1 500 万元，相对于 A 公司而言的所有者权益的账面价值为 1 300 万元（其中股本 500 万元，其他综合收益 150 万元，资本公积 350 万元，盈余公积 100 万元，未分配利润 200 万元）。甲公司合并前的资本公积（股本溢价）余额为 500 万元。合并日，该合并影响合并财务报表中的资本公积——股本溢价的金额为（ ）。

A. 1 800 万元　　B. 740 万元

C. 60 万元　　D. −160 万元

15. 2021 年 1 月 1 日，A 公司和 B 公司分别出资 750 万元和 250 万元设立了 C 公司，A 公司、B 公司的持股比例分别为 75%和 25%。C 公司为 A 公司的子公司。2022 年 1 月 1 日，B 公司对 C 公司增资 500 万元，增资后占 C 公司全部股权的比例为 35%。交易完成后，A 公司仍然可以控制 C 公司。C 公司自成立日至增资前实现净利润 800 万元，除此以外，不存在其他影响 C 公司净资产变动的事项（不考虑所得税等影响）。A 公司 2022 年 1 月 1 日合并资产负债表中应当调整资本公积的金额为（ ）。

A. 145 万元　　B. 245 万元

C. 400 万元　　D. 150 万元

16. 甲、乙公司为 A 集团公司控制下的两家子公司，甲公司于 2021 年 12 月 29 日以 800 万元取得乙公司 30%的股权，能够对乙公司施加重大影响，投资当日乙公司可辨认净资产公允价值总额为 2 000 万元，与账面价值相等。2022 年 12 月 25 日甲公司又以一项账面价值为 1 200 万元、公允价值为 1 400 万元的固定资产为对价自乙公司的其他股东处取得乙公司 40%的股权，自甲公司第一次投资日开始乙公司实现净利润 1 500 万元，无其他所有者权益变动。追加投资日乙公司相对于最终控制方 A 集团而言的可辨认净资产账面价值为 3 500 万元。假定上述交易不属于一揽子交易，则甲公司合并报表中应确认的初始投资成本为（　　）。

A. 2 100 万元　　B. 3 000 万元

C. 2 275 万元　　D. 2 450 万元

17. A 公司采用吸收合并方式合并 B 公司，为进行该项企业合并，A 公司定向发行了 10 000 万股本公司股票（每股面值为 1 元，公允价值为 5 元）作为对价。购买日 B 公司可辨认净资产账面价值为 9 000 万元，公允价值为 10 000 万元。此外 A 公司发生评估咨询费用 20 万元，股票发行费用 80 万元，均以银行存款支付。A 公司和 B 公司不存在关联方关系，假定不考虑其他因素，A 公司购买日应确认的合并商誉为（　　）。

A. 10 000 万元　　B. 40 000 万元

C. 40 260 万元　　D. 50 020 万元

18. 甲公司 2021 年 1 月 1 日以银行存款 2 900 万元取得了乙公司 60%的股份，支付审计、咨询费等共计 200 万元，能够对乙公司实施控制。2021 年 1 月 1 日乙公司可辨认净资产公允价值为 5 000 万元，甲、乙公司在合并前无关联方关系。在个别财务报表中，甲公司因该合并对利润的影响金额为（　　）。

A. −200 万元　　B. 100 万元

C. −300 万元　　D. 200 万元

19. 甲公司和乙公司为同一集团控制的两家股份有限公司。2021 年 3 月 1 日，甲公司以银行存款 90 万元购入乙公司 5%的股权，并将其直接指定为以公允价值计量且其变动计入其他综合收益的金融资产核算，当日乙公司可辨认净资产的公允价值为 1 200 万元。2021 年 6 月 30 日，该项股权的公允价值为 120 万元。2021 年 7 月 1 日，甲公司再次以一项固定资产为对价自集团母公司取得乙公司 65%的股权，至此对乙公司能够实施控制。该项固定资产在增资当日的账面价值为 800 万元，公允价值为 880 万元。增资当日，乙公司可辨认净资产公允价值为 1 500 万元，相对于集团母公司而言的所有者权益的账面价值为 1 600 万元。假定上述交易不属于一揽子交易，下列关于合并日个别财务报表的处理说法正确的是（　　）。

A. 甲公司应确认固定资产处置利得 80 万元

B. 合并日长期股权投资的初始投资成本为 920 万元

C. 合并日应确认资本公积（股本溢价）200 万元

D. 其他权益工具投资确认的其他综合收益应在增资时转入资本公积（股本溢价）

20. 2021 年甲公司与其控股股东 P 公司以及无关联关系的第三方丙公司签订协议，从 P 公司处购买其持有的乙公司 60%的股权，以发行 900 万股股票作为对价，发行价格为 4 元每股；从丙公司处购买乙公司 40%的少数股权，以银行存款支付对价 2 500 万元，7 月 1 日办理完毕交接手续，改选董事会成员，上述业务不构成一揽子交易。当日乙公司所有者权益在最终控制方 P 公司合并财务报表中的账面价值为 4 000 万元（其中股本为 1 000 万元，资本公积为 1 600 万元，盈余公积为 800 万元，未分配利润为 600 万元）。对于甲公司下列会计处理的表述不正确的是（　　）。

A. 甲公司从 P 公司处购买其持有乙公司 60%的股权属于同一控制下的企业合并

B. 甲公司从丙公司处购买乙公司 40%的少数股权，有关股权投资成本即应按照实际支付的购买价款确定

C. 甲公司对乙公司长期股权投资的初始投资成本为 4 900 万元

D. 甲公司合并财务报表确认的商誉为 900 万元

二、多选题

1. 在同一控制下的控股合并中，对于合并方在合并日取得的净资产的账面价值与放弃的净资产的账面价值的差额，正确的处理方法是计入（　　）。

A. 营业外收入　　B. 投资收益
C. 资本公积　　D. 留存收益

2. 在非同一控制下的企业合并中，下列项目中与合并方合并成本有关的有（　　）。

A. 支付的评估费
B. 在合并当期发生的管理费用
C. 为实现合并发行股票的公允价值
D. 为实现合并放弃固定资产的公允价值

3. A 公司和 B 公司无关联方关系，下列情形中，A 公司可以成为 B 公司购买方的有（　　）。

A. A 公司拥有 B 公司 40%的股权，A 公司的子公司 C 公司拥有 B 公司 25%的股权
B. A 公司拥有 B 公司 50%的股权，同时 A 公司可以决定 B 公司的生产经营决策等政策
C. A 公司拥有 B 公司 45%的股权，同时 A 公司有权任免 B 公司的董事会的绝大多数人员
D. A 公司拥有 B 公司 40%的股权，M 公司拥有 B 公司 30%的股权，A 公司与 M 公司达成协议，M 公司在 B 公司的权力由 A 公司代表

4. 在编制合并财务报表时，母子公司之间存在的下列差异中应作为会计政策变更进行调整的有（　　）。

A. 母公司发出存货采用个别计价法核算而子公司采用先进先出法核算
B. 母公司对其所有的固定资产采用直线法计提折旧，子公司采用年数总和法计提折旧
C. 母公司对其投资性房地产采用公允价值模式计量，子公司采用成本模式计量
D. 母公司个别财务报表以每年 1 月 1 日到 12 月 31 日为一个会计年度进行报告，子公司为境外经营企业，以每年的 6 月 1 日至次年 5 月 31 日为一个会计年度进行报告

5. 下列有关长期股权投资初始计量的表述中，正确的有（　　）。

A. 除为发行债券、权益性证券作为合并对价发生的相关税费外，同一控制下的企业合并发生的直接相关费用计入管理费用
B. 同一控制下，企业以发行权益性证券作为合并对价的，为发行权益性证券发生的费用应从发行溢价中扣除，发行溢价不足扣减的，应当冲减盈余公积和未分配利润
C. 投资者投入的长期股权投资，一律按照投资合同或协议约定的价值作为初始投资成本
D. 非同一控制下的控股合并中，购买方应当按照确定的企业合并成本作为长期股权投资的初始投资成本

6. 与个别财务报表相比，合并财务报表具有的特点有（　　）。

A. 反映的对象是由母公司及其全部子公司组成的会计主体
B. 编制者是母公司，但所对应的会计主体是由母公司及其控制的所有子公司所构成的企业集团
C. 合并财务报表是站在合并财务报表主体的立场上，以纳入合并范围的企业的个别

财务报表为基础进行编制的

D. 编制合并财务报表需要抵销母公司与子公司、子公司相互之间发生的内部交易，并考虑特殊交易事项对合并财务报表的影响

7. 关于母公司在报告期内增减子公司这类业务在合并财务报表中的反映，下列说法中正确的有（　　）。

A. 因同一控制下的企业合并而增加的子公司，在编制合并现金流量表时，应当将该子公司自取得控制权日至报告期期末的现金流量纳入合并现金流量表

B. 因非同一控制下的企业合并增加的子公司，在编制合并现金流量表时，应当将该子公司自取得控制权日起至报告期期末止的现金流量纳入合并现金流量表

C. 母公司在报告期内处置子公司，应当将该子公司期初至丧失控制权之日的现金流量纳入合并现金流量表

D. 在报告期内上年已纳入合并范围的某子公司发生巨额亏损导致所有者权益为负数但仍持续经营的，该子公司仍应纳入母公司的合并范围

8. 从格式上看，合并财务报表相对于个别财务报表需要增加的项目或栏目通常包括（　　）。

A. 合并资产负债表中，在所有者权益项目下增加“归属于母公司所有者权益（或股东权益）合计”和“少数股东权益”项目

B. 合并利润表中，在“净利润”项目下，增加“归属于母公司股东的净利润”和“少数股东损益”两个项目

C. 合并利润表中，在“综合收益总额”项目下，增加“归属于母公司所有者的综合收益总额”和“归属于少数股东的综合收益总额”两个项目

D. 合并所有者权益变动表中，应增加“少数股东权益”栏目

9. F公司拥有某被投资单位半数以下表决权，下列情况中该被投资单位可以纳入F公司合并财务报表合并范围的有（　　）。

A. 通过与该被投资单位其他投资者之间的协议可以持有该被投资单位半数以上表决权

B. 根据公司章程或协议，有权控制被投资单位的财务和经营政策

C. 有权任免被投资单位的董事会等类似权力机构的多数成员

D. 在被投资单位的董事会或者类似权力机构会议上持有绝大多数投票权

10. 甲公司2021年1月1日对同一集团内的乙公司进行吸收合并，支付的合并对价为银行存款40万元以及账面价值100万元、公允价值125万元的无形资产。合并日，乙公司资产的账面价值为1 050万元，公允价值为1 100万元，二者的差额是由乙公司一项固定资产公允价值与账面价值不一致所导致的；负债的账面价值为900万元，与公允价值相等。不考虑其他因素，下列表述中不正确的有（　　）。

A. 甲公司应确认无形资产处置损益25万元

B. 甲公司吸收合并业务取得净资产的入账价值为200万元

C. 甲公司吸收合并业务影响所有者权益的金额为10万元

D. 甲公司吸收合并业务影响当期损益的金额为35万元

三、判断题

1. 作为投资性主体的某个企业，不一定要将其下属的子公司全部纳入合并范围。（　　）

2. 企业在合并财务报表工作底稿中编制调整与抵销分录时，会涉及对本期“未分配利润”的期初余额进行调整。（ ）

3. 按现行企业《会计准则》，无论是同一控制下的企业合并还是非同一控制下的企业合并，合并日的合并财务报表中都包括合并所有者权益变动表。（ ）

4. 合并财务报表中合并范围的年初数与年末数应保持一致。（ ）

5. 由母公司编制的合并财务报表与由单独的企业编制的个别财务报表相比存在某些不同之处，包括反映的对象不同、编制主体不同、编制依据不同、编制方法不同。（ ）

6. 编制合并资产负债表时，不仅母公司与子公司之间的债权债务要抵销，子公司之间的债权债务也要抵销。（ ）

7. 在合并财务报表工作底稿中编制的有关抵销分录，并不能作为记账的依据。（ ）

8. 为了编制合并财务报表的需要，母公司应当统一母、子公司所采用的会计期间，使子公司的会计期间与母公司保持一致。（ ）

9. 为了编制合并财务报表的需要，子公司除了向母公司提供本公司的财务报表以外，还应提供编制合并财务报表所需要的相关资料。（ ）

10. 虽然甲企业对乙企业的持股比例在50%以下，但也有可能控制乙企业。（ ）

四、业务题

1. 甲股份有限公司（以下简称“甲公司”）及其子公司2021年—2023年进行的有关资本运作、销售等交易或事项如下：

2021年9月，甲公司与乙公司的控股股东P公司（非关联方）签订协议，约定甲公司以发行股份为对价购买P公司持有的乙公司60%的股权。协议同时约定：评估基准日为2021年9月30日，以该基准日经评估的乙公司股权价值为基础，甲公司以每股9元的价格发行本公司股份作为对价。

乙公司全部权益于2021年9月30日的公允价值为18亿元，甲公司向P公司发行1.2亿股普通股，交易完成后，P公司持有股份占甲公司全部发行在外普通股股份的8%。上述协议分别经交易各方内部决策机构批准并于2021年12月20日经监管机构核准。甲公司于2021年12月31日向P公司发行1.2亿股普通股，当日甲公司股票的收盘价为每股9.5元（公允价值）；交易各方于当日办理了乙公司股权的过户登记手续，甲公司对乙公司董事会进行改组。改组后乙公司董事会由7名董事组成，其中甲公司派出5名，对乙公司实施控制；当日，乙公司可辨认净资产公允价值为18.5亿元（有关可辨认资产、负债的公允价值与账面价值相同）；该项交易中，甲公司以银行存款支付法律、评估等中介费用1 200万元。

要求：

（1）判断甲公司合并乙公司的类型，说明理由。

（2）如为同一控制下的企业合并，计算确定该项交易中甲公司对乙公司长期股权投资的成本；如为非同一控制下的企业合并，确定该项交易中甲公司的企业合并成本，计算应确认的商誉金额。

（3）编制甲公司取得乙公司60%股权的相关会计分录。

2. 2021年6月30日，甲公司（上市公司）向乙公司的股东定向增发1 000万股普通股（每股面值为1元，每股市价为3.5元）对乙公司进行合并，当日取得乙公司70%的股权并对乙公司实施控制。假定该项合并为非同一控制下的企业合并。购买日，乙公司所有者权益账面价值为2 200万元，其中股本为1 000万元，资本公积为500万元，其他综合收益为100万元，盈余公积为200万元，未分配利润为400万元。购买日，乙公司除存货、长期股权投资、固定资产和无形资产外，其他资产、负债的公允价值与账面价值相等。存货的账面价值为102万元，公允价值为180万元；长期股权投资的账面价值为860万元，公允价值为1 520万元（满足递延所得税确认条件）；固定资产的账面价值为1 200万元，公允价值为2 200万元；无形资产的账面价值为200万元，公允价值为600万元。甲公司和乙公司使用的所得税税率均为25%。

要求：

（1）编制甲公司个别财务报表中取得对乙公司长期股权投资的会计分录。

（2）计算购买日的商誉。

（3）编制购买日合并财务报表工作底稿中的调整和抵销分录。

3. 甲公司使用的所得税税率为25%。2021年1月1日，甲公司以银行存款200万元取得了乙公司10%的股权，甲公司将取得的乙公司10%的股权作为其他权益工具投资核算。2021年12月31日，该其他权益工具投资的公允价值为240万元。

2021年度乙公司实现净利润200万元，分配并发放现金股利20万元，因其他权益工具投资公允价值变动增加其他综合收益20万元。

2022年1月1日，甲公司以银行存款1 260万元进一步取得乙公司50%的股权，进而取得对乙公司的控制权，同日乙公司所有者权益的账面总额为2 420万元，其中股本为1 000万元，资本公积为400万元，其他综合收益为60万元，盈余公积为96万元，未分配利润为864万元。2022年1月1日，甲公司原持有乙公司10%的股权的公允价值为244万元。

2022年1月1日，乙公司除一项管理用固定资产的公允价值与其账面价值不同外，其他可辨认资产、负债的公允价值与账面价值相等。该项管理用固定资产的公允价值为60万元，账面价值为40万元，预计尚可使用年限为10年，采用年限平均法计提折旧，预计净残值为0。

甲公司和乙公司合并前后均不受同一方或相同多方最终控制。

假定不考虑内部交易及其他因素的影响。

要求：

（1）编制2021年1月1日至2021年12月31日甲公司在其个别财务报表中对乙公司投资的会计分录。

（2）编制甲公司2022年1月1日在其个别财务报表中取得乙公司50%的投资及将原10%的投资转为长期股权投资的会计分录，计算长期股权投资的账面价值。

（3）计算合并财务报表中甲公司对乙公司投资形成的商誉。

（4）在购买日合并财务报表工作底稿中编制对乙公司个别财务报表进行调整的会计分录。

（5）在购买日合并财务报表工作底稿中编制与上述投资有关的抵销分录。

模块四　习题解答

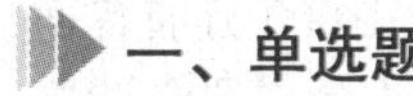

一、单选题

1. A

【解析】少数股东权益与少数股东损益有关。少数股东权益是合并资产负债表的净资产中属于少数股东的部分，少数股东损益是合并利润表中属于少数股东的部分，在数值上，少数股东权益等于历年少数股东损益之和。选项 A 不正确。

2. A

【解析】选项 A 中，A 公司和 B 公司是能够集体控制该安排的唯一组合，属于共同控制；选项 B 中，A 公司和 B 公司、A 公司和 C 公司是能够集体控制该安排的两个组合，如果存在两个或两个以上的参与方组合能够集体控制某项安排的，不构成共同控制；选项 C 中，A 公司可以对甲企业单独实施控制，不属于共同控制的范围；选项 D 中，任意两个投资者合计拥有的表决权都达不到 75%，不属于共同控制。选项 A 正确。

3. B

【解析】新设合并是指两家或两家以上的企业合并组成一个新的企业，参与合并的原各企业均不复存在的合并类型。选项 B 正确。

4. C

【解析】实质性权利通常是当前可执行的权利，但某些情况下目前不可行使的权利也可能是实质性权利。选项 C 不正确。

5. C

【解析】并不是所有企业合并都要编制合并财务报表。控股合并需要编制合并财务报表，吸收合并和新设合并不需要编制合并财务报表。选项 C 不正确。

6. A

【解析】企业集团合并财务报表是把以母公司和子公司组成的企业集团视为一个单独的会计主体，以母公司和子公司单独编制的个别会计报表为基础，由母公司编制的综合反映企业集团财务状况、经营成果和现金流量的财务报表。选项 A 正确。

7. A

【解析】调整分录调整的是合并财务报表的项目而不是具体的会计科目，调整分录不用登记账簿，不会导致当期和以后期间个别报表财务相关项目的数据发生变化。编制调整分录也并不意味着个别报表财务相关项目的账簿数据和报表数据发生变化。选项 A 正确。

8. A

【解析】上年编制合并财务报表时已抵销的存货价值中包含的未实现内部销售利润，本年经抵销后对本年的年初未分配利润合并数没有影响。选项 A 正确。

9. D

【解析】《企业会计准则第 33 号——合并财务报表》第 21 条规定，母公司应当将其全部子公司（包括母公司所控制的单独主体）纳入合并财务报表的合并范围。根据上述规定，母公司合并财务报表的合并范围应该涵盖所有被母公司控制的被投资单位。但对于已宣告被清理整顿的原子公司、已宣告破产的子公司，由于母公司不能对其实施控制，不应当纳入母公司的合并财务报表。选项 D 正确。

10. A

【解析】吸收合并和新设合并不涉及编制合并财务报表。选项 A 不正确。

11. C

【解析】购买日是指购买方实际取得对被购买方控制权的日期。选项 C 正确。

12. B

【解析】甲公司支付发行费用 300 万元的会计分录如下：

借：资本公积——股本溢价　　300

　　贷：银行存款　　300

因此，发行费用会影响资本公积科目的金额。发行权益性证券作为合并对价的，与所发行权益性证券相关的佣金、手续费等均应自所发行权益性证券的发行收入中扣减，在权益性工具发行有溢价的情况下，自溢价收入（资本公积——股本溢价）中扣除，在权益性证券发行无溢价或溢价金额不足以扣减的情况下，应当冲减盈余公积和未分配利润。选项B 正确。

13. D

【解析】本题属于非同一控制下的企业合并。企业合并商誉=企业合并成本-被合并方可辨认净资产公允价值×持股比例=3 100-4 800×60%=220（万元）。本题的相关调整抵销分录如下（金额单位为万元）：

借：评估增值相关项目　　300
　　贷：资本公积　　300
借：乙公司所有者权益项目（4 500+300=4 800）　　4 800
　　商誉　　220
　　贷：长期股权投资　　3 100
　　少数股东权益（4800×40%=1 920）　　1 920

14. D

【解析】合并日，该合并影响合并财务报表中的资本公积——股本溢价的金额=140-60-100×80%-200×80%=-160（万元）。

该合并为同一控制下的企业合并，相关会计处理如下（金额单位为万元，下同）：

个别报表：

借：长期股权投资（1 300×80%）　　1 040
　　贷：股本　　900
　　　　资本公积——股本溢价　　140
借：资本公积——股本溢价　　60
　　贷：银行存款　　60

合并报表：

对于同一控制下的企业合并，合并方在编制合并财务报表时，应将合并后形成的报告主体视为自最终控制方开始实施控制时一直是一体化存续下来的，参与合并方在合并以前期间实现的留存收益应体现为合并财务报表中的留存收益。在合并财务报表中，应以合并方的资本公积（资本溢价或股本溢价）为限，在所有者权益内部进行调整，将被合并方在合并日以前实现的留存收益中按照持股比例计算归属于合并方的部分自资本公积转入留存收益。会计分录如下：

借：资本公积——股本溢价［(100+200)×80%=240］　　240
　　贷：盈余公积　　80
　　　　未分配利润　　160

15. A

【解析】A 公司持股比例原为 75%，由于少数股东增资而变为 65%。增资前，A 公司按照 75%的持股比例享有的 C 公司净资产账面价值为 1 350（1 800×75%）万元；增资后，A 公司按照 65%的持股比例享有的净资产账面价值为 1 495（2 300×65%）万元；两者之间的差额 145 万元，在 A 公司合并资产负债表中应相应调增资本公积。选项 A 正确。

16. D

【解析】甲公司合并乙公司属于通过多次交易分步实现同一控制下的企业合并（不属

于一揽子交易），应当按照合并日享有被合并方所有者权益的份额来确认初始投资成本，追加投资日乙公司相对于最终控制方A集团而言的可辨认净资产账面价值为3 500万元，故初始投资成本=3 500×70%=2 450（万元）。选项D正确。

17. B

【解析】A公司购买日应确认的合并商誉=10 000×5-10 000=40 000（万元）。

此题是非同一控制下的吸收合并，计算份额用的是购买日被购买方可辨认净资产的公允价值而不是账面价值。吸收合并是不会涉及长期股权投资的，只有控股合并才会涉及长期股权投资，吸收合并的会计处理是直接将被投资方的资产、负债登记到投资方的账簿上。因此该合并业务的会计处理如下（金额单位为万元，下同）：

借：被投资单位资产
　　商誉　　40 000
　　贷：被投资单位负债
　　　　股本　　10 000
　　　　资本公积——股本溢价　　40 000

分录中的资产-负债=10 000（万元），所以商誉=10 000×5-10 000=40 000（万元）。

此外，A公司支付其他费用的会计分录如下：

借：资本公积——股本溢价　　80
　　管理费用　　20
　　贷：银行存款　　100

18. A

【解析】支付审计、咨询费等200万元应计入管理费用，导致利润减少200万元，所以选项A正确。本题会计分录如下（金额单位为万元）：

借：长期股权投资——投资成本　　2 900
　　贷：银行存款　　2 900
借：管理费用　　200
　　贷：银行存款　　200

19. C

【解析】选项A错误，同一控制下的企业合并以付出对价的账面价值结转，不确认资产的处置损益，因此固定资产不确认处置利得；选项B错误，增资后长期股权投资的初始投资成本=按母公司持股比例计算享有的被投资单位相对于最终控制方而言的所有者权益账面价值的份额=1 600×70%=1 120（万元）；选项C正确，合并日长期股权投资的初始投资成本，与达到合并前的长期股权投资账面价值加上合并日进一步取得股份新支付对价的账面价值之和的差额，应调整资本公积（股本溢价），因此，应确认的资本公积（股本溢价）=1 120-（120+800）=200（万元）；选项D错误，通过多次交易分步实现的同一控制下的企业合并，因采用权益法核算或按照《企业会计准则第22号——金融工具确认和计量》核算而确认的其他综合收益，在个别财务报表中暂不进行会计处理，直至处置该项投资时采用与被投资单位直接处置相关资产或负债相同的基础进行会计处理。

本题追加投资时的会计分录如下（金额单位为万元）：

借：长期股权投资　　1 120
　　贷：其他权益工具投资——成本　　90
　　　　　　　　　　　——公允价值变动　　30
　　　　固定资产清理　　800

资本公积——股本溢价　　200

20. D

【解析】该类交易中，一般认为自集团内取得的股权能够形成控制的，相关股权投资成本的确定按照同一控制下的企业合并的有关规定处理；而自外部独立第三方取得的股权则视为在取得对被投资单位的控制权形成同一控制下的企业合并后的少数股权的购买；这部分少数股权的购买不管与形成同一控制下的企业合并的交易是否同时进行，在与同一控制下的企业合并不构成一揽子交易的情况下，有关股权投资成本均应按照实际支付的购买价款确定。甲公司购买乙公司股的股权之前，其控股股东P公司持有乙公司60%的股权，能够对乙公司实施控制，因此甲公司购买乙公司属于同一控制下的企业合并，初始投资成本=4 000×60%+2 500=4 900（万元）。本题是同一控制企业合并，不产生新的商誉，不确认商誉。选项D不正确。

本题会计分录如下（金额单位为万元）：

取得60%的股权时：

借：长期股权投资　　2 400

　贷：股本　　900

　　资本公积——股本溢价　　1 500

取得40%的股权时：

借：长期股权投资　　2 500

　贷：银行存款　　2 500

二、多选题

1. CD

【解析】按照《企业会计准则第20号——企业合并》的有关规定，在同一控制下的企业合并中，合并方取得的资产和负债，应当按照合并日在被合并方账簿中记录的账面价值计量。合并方取得的净资产账面价值与支付的合并对价账面价值（或发行股份面值总额）的差额，应当调整资本公积（资本溢价或股本溢价）；资本公积（资本溢价或股本溢价）不足冲减的，则应当调整留存收益。

2. CD

【解析】在非同一控制下的企业合并中，支付的评估费、咨询费、审计费计入管理费用，与合并当期发生的管理费用一样，对合并方利润造成影响，与合并方合并成本无关。

3. ABCD

【解析】某些情况下，即使一方没有取得另一方半数以上有表决权股份，但符合下列条件时，一般也可认为其获得了对另一方的控制权，如：

（1）通过与其他投资者签订协议，实质上拥有被购买企业半数以上表决权（选项D的情况）。

（2）按照法律或协议等的规定，具有主导被购买企业财务和经营决策的权力（选项B的情况）。

（3）有权任免被购买企业董事会或类似权力机构绝大多数成员（选项C的情况）。

（4）在被购买企业董事会或类似权力机构具有绝大多数投票权选项A属于通过直接投资和间接投资获得了绝大多数投票权，综合考虑可以对B公司产生控制。

4. AC

【解析】选项B属于会计估计不一致；选项D属于会计报告期间的调整，而不是作为会计政策变更进行的调整。

总结：常见的会计政策如下：①发出存货成本的计量；②长期股权投资的后续计量；③投资性房地产的后续计量；④固定资产的初始计量；⑤生物资产的初始计量；⑥无形资产的确认；⑦非货币性资产交换的计量；⑧收入的确认方法；⑨合同收入与费用的确认；⑩借款费用的处理；⑪合并政策。

5. ABD

【解析】投资者投入的长期股权投资，应当按照投资合同或协议约定的价值作为初始投资成本，但合同或协议约定的价值不公允的除外，选项 C 错误。

6. ABCD

【解析】与个别财务报表相比，合并财务报表具有以下特点：

（1）反映的对象是由母公司及其全部子公司组成的会计主体。

（2）编制者是母公司，但所对应的会计主体是由母公司及其全部子公司所构成的企业集团。

（3）合并财务报表是站在合并财务报表主体的立场上，以纳入合并范围的企业的个别财务报表为基础，根据其他有关资料，抵销母公司与子公司，以及子公司相互之间发生的内部交易，考虑了特殊交易事项对合并财务报表的影响后编制的，旨在反映合并财务报表主体作为一个整体的财务状况、经营成果和现金流量。

7. BCD

【解析】因同一控制下的企业合并增加的子公司，在编制合并现金流量表时，应当将该子公司合并当期期初至报告期期末的现金流量纳入合并现金流量表，故选项 A 错误。

8. ABCD

【解析】根据财政部发布的合并财务报表的格式可知选项 A、B、C、D 均正确。

9. ABCD

【解析】选项 A、B、C、D 都是根据实质重于形式原则间接控制被投资单位的情况。其中，选项 D，在被投资单位的董事会或者类似权力机构会议上持有绝大多数投票权，这说明 F 公司能够主导被投资单位的经营决策，即能够形成对被投资单位的控制，所以可以将被投资单位纳入合并财务报表的合并范围。

10. ABD

【解析】同一控制的吸收合并，付出对价应按照账面价值结转，不需要确认资产处置损益，选项 A 错误；同一控制的吸收合并，合并方取得的资产、负债应当按照相关资产、负债在被合并方账簿记录中的原账面价值入账，选项 B 错误；付出对价的账面价值与乙公司净资产账面价值的差额应调整资本公积，影响所有者权益的金额 =（1 050-900）-（40+100）= 10（万元），影响损益的金额 = 0。

本题的会计分录如下（金额单位为万元）：

借：乙公司资产　　1 050

　　贷：乙公司负债　　900

　　　　银行存款　　40

　　　　无形资产　　100

　　　　资本公积——资本溢价　　10

三、判断题

1. √

2. √

3. ×

【解析】同一控制下的企业合并在合并日无须编制所有者权益变动表，原因是在企业合并中影响所有者权益的部分均已在合并方个别财务报表中体现，相对于合并方个别财务报表而言，合并财务报表在合并前后所有者权益变动仅限于少数股东权益的增加，而这些均可以在合并资产负债表中的所有者权益部分体现，故无须编制所有者权益变动表。

4. ×

【解析】母公司在报告期内增加子公司的，合并当期编制合并资产负债表时，应当分同一控制下的企业合并增加的子公司和非同一控制下的企业合并增加的子公司两种情况分别进行会计处理：

（1）因同一控制下的企业合并增加的子公司，编制合并资产负债表时，应当调整合并资产负债表的期初数。

（2）因非同一控制下的企业合并增加的子公司，不应调整合并资产负债表的期初数。

5. √

6. √

7. √

8. √

9. √

10. √

四、业务题（答案中的未标记单位的，金额单位以万元表示）

1.（1）甲公司对乙公司的合并属于非同一控制下的企业合并。理由：甲公司与乙公司、P公司在本次重组交易前不存在关联方关系。

（2）甲公司对乙公司的企业合并成本＝12 000×9.5＝114 000（万元），应确认商誉的金额＝114 000－185 000×60%＝3 000（万元）。

（3）甲公司的相关会计分录如下：

借：长期股权投资　　114 000
　　贷：股本　　12 000
　　　　资本公积　　102 000
借：管理费用　　1 200
　　贷：银行存款　　1 200

2.（1）甲公司的相关会计分录如下：

借：长期股权投资——乙公司　　3 500
　　贷：股本　　1 000
　　　　资本公积——股本溢价　　2 500

（2）合并财务报表中，存货的账面价值为180万元，计税基础为102万元，产生应纳税暂时性差异，确认递延所得税负债＝(180－102)×25%＝19.5（万元）；长期股权投资账面价值为1 520万元，计税基础为860万元，产生应纳税暂时性差异，确认递延所得税负债＝(1 520－860)×25%＝165（万元）；同理固定资产确认递延所得税负债＝(2 200－1 200)×25%＝250（万元）；无形资产确认递延所得税负债＝(600－200)×25%＝100（万元）；考虑递延所得税后的乙公司可辨认净资产公允价值＝2 200+(180－102)+(1 520－860)+(2 200－1 200)+(600－200)－19.5－165－250－100＝3 803.5（万元），合并商誉＝35 00－3 803.5×70%＝

837.55（万元）。

（3）调整和抵销分录如下：

借：存货　78
　　长期股权投资　660
　　固定资产　1 000
　　无形资产　400
　　贷：资本公积　2 138

借：资本公积　534.5
　　贷：递延所得税负债　534.5

借：股本　1 000
　　资本公积　2 103.5
　　其他综合收益　100
　　盈余公积　200
　　未分配利润　400
　　商誉　837.55
　　贷：长期股权投资　3 500
　　　　少数股东权益　1 141.05

3.（1）甲公司的相关会计分录如下：

① 2021年1月1日

借：其他权益工具投资——成本　200
　　贷：银行存款　200

② 2021年确认及收到现金股利

借：应收股利　2
　　贷：投资收益　2

借：银行存款　2
　　贷：应收股利　2

③ 2021年12月31日确认其他权益工具投资公允价值变动

借：其他权益工具投资——公允价值变动　40
　　贷：其他综合收益　40

借：其他综合收益　10
　　贷：递延所得税负债　10

（2）2022年1月1日

借：长期股权投资　1 260
　　贷：银行存款　1 260

借：长期股权投资　244
　　贷：其他权益工具投资——成本　200
　　　　　　　　　　　　——公允价值变动　40
　　　　投资收益　4

借：递延所得税负债　10
　　贷：其他综合收益　10

借：其他综合收益　40
　　贷：投资收益　40

长期股权投资账面价值=1 260+244=1 504（万元）。

（3）合并财务报表中的合并成本=1 260+244=1 504（万元），考虑递延所得税后乙公司可辨认净资产公允价值=2 420+(60-40)×(1-25%)=2 435（万元），甲公司对乙公司投资形成的商誉=1 504-2 435×60%=43（万元）。

（4）相关调整分录如下：

借：固定资产　　20

　　贷：资本公积　　20

借：资本公积　　5

　　贷：递延所得税负债　　5

（5）相关抵销分录如下：

借：股本　　1 000

　　资本公积　　415

　　其他综合收益　　60

　　盈余公积　　96

　　未分配利润　　864

　　商誉　　43

　　贷：长期股权投资　　1 504

　　　　少数股东权益　　974

模块五　案例分析

中国南车与中国北车的合并

2000年9月，中国铁路机车车辆工业总公司分立为中国南方机车车辆工业集团公司（以下简称“中国南车”）和中国北方机车车辆工业集团公司（以下简称“中国北车”），开始了自负盈亏的运作方式。

南北“两车”拆分后分别拥有了原总公司各五成的资产，从而使得“两车”在实力上势均力敌，为随后的十余年“两车相争”的局面埋下了伏笔，我国的铁路装备制造行业从此也就踏上了两强竞争的道路，目的是更好地促进我国的铁路装备制造行业的发展。自从南北“两车”分立之后，两大集团通过十余年的发展取得了丰硕的成果，根据2013年年末中国南车与中国北车披露的财务数据来看，中国南车当年实现营业收入共计979亿元，而中国北车也取得了972亿元的营业收入。到了2014年，“两车”的营业额更进一步分别达到了1 198亿元与1 043亿元。南北“两车”在轨道交通装备市场的占有率已经排在了全球前两名，随后是加拿大公司庞巴迪、法国的阿尔斯通公司与德国的西门子公司，这五大轨道装备巨头几乎瓜分了行业市场的五成用户，而且其市场占有率还在进一步上升。南北“两车”除了国内装备市场外，还将目光投放到了全球装备市场。根据其2014年年报，中国南车2014年新签海外订单37.6亿美元，中国北车2014年全年出口签约额为29.94亿美元，“两车”的产品已经销往全球80余个国家与地区，成为我国名副其实的轨道“双雄”。

2014年，为了避免在海外市场互相竞争，寻求共同发展，南北“两车”进行了合并。合并进程如下：

2014年10月27日，中国南车、中国北车在公告拟筹划重大资产重组事项后双双停牌。

2014 年 12 月 30 日，南北车宣布合并，并公布了详细的合并方案。

2015 年 3 月 17 日，证监会开始受理南北车合并。20 个工作日后，南北车开始停牌。

2015 年 6 月 8 日，中国中车股份有限公司（以下简称“中国中车”）诞生。

合并方式如下：

技术上采取中国南车吸收合并中国北车的方式进行合并，即中国南车向中国北车全体 A 股换股股东发行中国南车 A 股股票、向中国北车全体 H 股换股股东发行中国南车 H 股股票，并且拟发行的 A 股股票将申请在上交所上市流通，拟发行的 H 股股票将申请在香港联交所上市流通，中国北车的 A 股股票和 H 股股票相应予以注销。中国南车和中国北车的 A 股和 H 股拟采用同一换股比例进行换股，本次合并的具体换股比例为 1∶1.1，中国南车 A 股和 H 股换股价格分别确定为 5.63 元/股和 7.32 港元/股，中国北车 A 股和 H 股换股价格分别为 6.19 元/股和 8.05 元/股。

合并前，南车集团直接持有中国中车 28.57%的股份，并通过其下属的中国南车集团投资管理公司间接持有中国中车 0.34%的股份，为中国中车第一大股东；北车集团直接持有中国中车 25.61%的股份，并通过其下属的北京北车投资有限责任公司间接持有中国中车 1.39%的股份，为中国中车第二大股东。合并前中国中车的产权控制关系如图 7-2 所示。

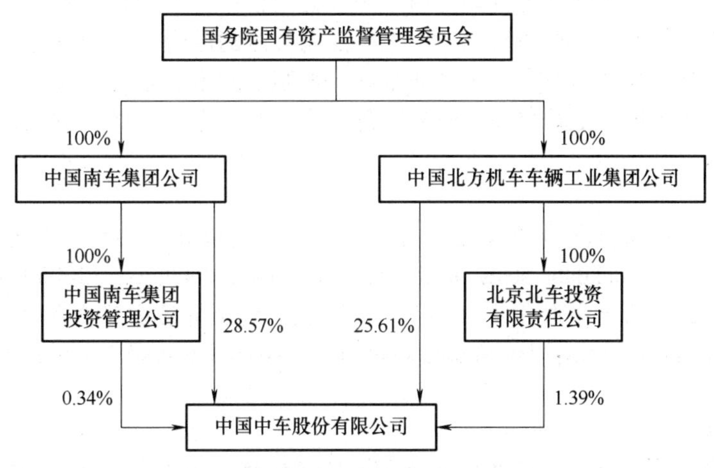

图 7-2　合并前中国中车的产权控制关系

合并后，中国中车集团公司直接持有中国中车 54.18%的股份，通过中国南车集团投资管理公司间接持有中国中车 0.34%的股份，通过北京北车投资有限责任公司间接持有中国中车 1.39%的股份。合并后中国中车的产权控制关系如图 7-3 所示。

南北车合并的会计处理方法：

财政部颁布的《企业会计准则第 2 号——长期股权投资》和《企业会计准则第 20 号——企业合并》首先提出了同一控制下的企业合并和非同一控制下的划分标准，即“参与合并的企业在合并前后均受同一方或相同的多方最终控制且该控制并非暂时性的，为同一控制下的企业合并”，除此之外则为非同一控制下的企业合并。《企业会计准则第 2 号——长期股权投资》规定：“同一控制下的企业合并，合并方以支付现金、转让非现金资产或承担债务方式作为合并对价的，应当在合并日按照取得被合并方所有者权益账面价值的份额作为长期投资的初始投资成本。”还规定：“非同一控制下的企业合并，购买方在

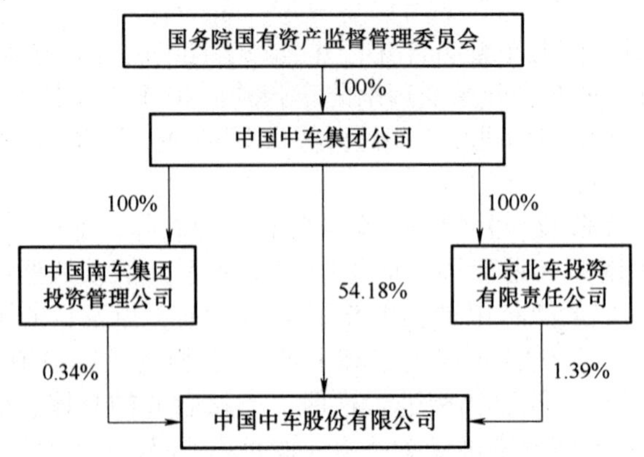

图 7-3 合并后中国中车的产权控制关系

购买日应当按照《企业会计准则第 20 号——企业合并》确定的合并成本作为长期股权投资的初始成本。”

由上可知，《企业会计准则》对购买法和权益结合法的运用前提做出了明确规定，即只有在同一控制下的企业合并中才能使用权益结合法，而非同一控制下的企业合并中使用的是购买法。同时，对于母公司或集团内一个子公司自另一个子公司的少数股东手中购买其拥有的全部或部分少数股权的情况，要求按照购买法的原则进行处理。

南车、北车合并为中国中车的案例即是同一控制下的企业合并。合并中采用的权益结合法的延续的会计处理方法对合并企业的财务报表具有一定的正面影响，但同时也存在一些自身的缺点。

（资料来源：

1. 中国南车. 中国南车股份有限公司、中国北车股份有限公司合并预案［EB. OL］.［2021-12-24］. http://stockdata. stock. hexun. com/txt/stock_detail_txt_1200508768. shtml.

2. 中国南车. 中国南车股份有限公司. 中国北车股份有限公司合并报告书（修订稿）［EB. OL］.［2021-12-24］. http://stockdata. stock. hexun. com/txt/stock _ detail _ txt _ 1200923665. shtml.）

【引发的思考】

1. 权益结合法的延续是否还适用于我国的经济环境，企业应该选择怎样的合并方式?

2. 权益结合法的延续能为合并企业和社会带来哪些好处?

3. 权益结合法存在哪些缺陷?

【分析提示】

1. 权益结合法的延续是否还适用于我国的经济环境，企业应该选择怎样的合并方式?

在我国的企业合并会计处理方法上，非同一控制下的企业合并与购买法相对应，而同一控制下的企业合并与权益结合法相对应。2014 年修订的《企业会计准则第 2 号——长期股权投资》延续了之前的规定，只有参与合并的企业在合并前都是由国家管理，而且这些企业不仅存在控制以及共同控制，还具有准则中规定的关联影响，才属于同一控制的范畴。同时上述准则也说明了例外情况，即尽管参与合并的双方是受国资委控制，但如果是相对独立的，就不应该被判定为同一控制下的企业合并。同时，该准则还提供了“实质重于形式”这一项原则，为对参与合并各方的关联关系做出判定提供了依据。但是，准则没有明确对该类合并是否应被判定为同一控制做出具体说明，这为国有企业合并业务在选择会计处理方法上提供了研究空间。

权益结合法在我国是否仍然适用，需要看合并以后对于企业效绩和对社会产生的影响。基于对“清华同方换股吸收合并鲁颖电子”案例的研究，知名教授陈新元认为：由于我国企业合并的相关经验比较少，评估市场也存在一定的缺陷，这就造成了我国企业在进行合并时对于目标企业的资金情况了解很不准确，这方面和欧美发达国家的差距还是比较大的，所以我国不能像他们一样完全地撤销权益结合法。

其他学者对于权益结合法的适用性也有不同的看法。有学者认为，由于我国经济发展过于迅速，导致很多公司的规模都比较小，当这些小规模的公司进行合并时，采用权益结合法是最为合理的，因为这种方法可以使这些公司的规模迅速扩大，加速合并的进程，为它们带来更多的经济效益，因此我国政府应该积极地对权益结合法进行推广，促进这种方法的快速发展完善，进一步缩小与购买法之间的距离。

也有学者指出，虽然权益结合法存在一定的局限，但是和购买法相比，权益结合法操作起来更加容易，提供的会计信息也是比较真实可靠的，对现阶段我国企业合并业务的核算有非常重要的作用，所以政府应该积极引导我国的企业合并业务使用权益结合法来进行会计处理。

因此，权益结合法虽然已经被大部分欧美国家弃用，但其在现阶段的延续仍然适合我国国情。由于企业合并的会计处理方法仍然发展得不够成熟，需要在权益结合法的延续下帮助企业实现合并，扩大规模，为未来全面适用购买法做铺垫。

2. 权益结合法的延续能为合并企业和社会带来哪些好处？

一方面，权益结合法可以使合并方通过合并目标企业的留存收益或出售资产获得即期收益，再加上无须摊销商誉，能够产生更多的合并盈利；而且使用权益结合法避免了购买法下企业净利润和每股净收益的大幅度下降，为合并后的企业留下了较大的利润增值空间。另一方面，权益结合法是企业合并的“催化剂”。目前，在国际竞争日趋激烈的情况下，我国企业若想迅速扩大规模以增强竞争力，进行企业合并就是一个快捷的方法。股权联合以其不受现金支付能力约束、扩张迅速的特点，显示出巨大的发展空间和潜力，对于“行业巨人”的产生起到了良好的推动作用。如果不允许这些企业采用权益结合法，很多并购活动就有可能无法顺利进行，而且会使得并购交易对股东失去吸引力。这显然不利于新技术、新经济的发展，而且对跨国并购会造成阻碍，不符合现代化建设的需要。

另外，权益结合法下会计信息比较可靠，操作简便。权益结合法下，合并方以被合并方各项资产、负债的账面价值入账，避免了对被合并方净资产公允价值的调整，降低了会计核算的难度，简化了会计工作，节约了成本。我国目前的资产评估市场并不发达，有时被合并方资产的账面价值会计信息相对于评估的资产公允价值的可靠性更强，因此企业合并时采用权益结合法，以资产的账面价值入账，一定程度上保证了资产价值等会计信息的可靠性。另外，我国现行的工商行政管理制度以及相关税收政策并没有规定取消权益结合法。如果会计准则要取消权益结合法就必须全面涉及工商行政管理制度等的改变，这显然是非常浩大费时的工程，难以在短时间内完成。因此，权益结合法仍有其存在的客观性。

就本例而言，此次南车、北车在合并前仅仅同受国资委控股，并没有其他关联方关系，实际属于非同一控制下的企业合并，但却采用了权益结合法，站在准则的角度上，一定程度上难以解释，但站在国家的立场上，此次合并是想让南北车不再恶意竞争，提升国际竞争力，合并前后国家掌握的资源也没有产生改变，所以不能按照非同一控制下的企业合并所适用的购买法进行处理。透过近年来企业合并的案例可发现，我国企业合并中，采用权益结合法的企业合并案例数量较多。就上市公司而言，这类企业的源头很多是国有企业性质，通过分离、改制等举措逐渐成为上市公司，随后为达到增强整体竞争实力的要求，往往会采用内部合并的方式，南车、北车合并就是个典型的例子。在这类企业合并业务中，只允许采用以公允价值为基础的购买法是不切合实际的。同时，权益结合法也能够提供更为可靠的企业会计信息，因为就被合并企业来说，它立足于历史成本的原则，可以准确地评估各项资产、负债情况，其商誉也能够保持稳定，采用账面价值的摊销额通常也要远远低于采用公允价值。由于我国经济发展迅速，很多新上市公司的规模都不大，当这些小规模的上市公司进行合并时，采用权益结合法是最为合理的，因为这种方法可以使公司的规模迅速扩大，加速合并的进程，为公司带来更多的经济效益。而且一般情况下，购买法产生的相关税费也高于权益结合法的换股合并模式，因为权益结合法的股票转换时，其税费仅仅是股权交换的手续费用。

3. 权益结合法存在哪些缺陷?

现行《企业会计准则》关于“同一控制”的适用范围定义有待进一步规范。在参与合并的各方同受一方直接控制时，合并为同一控制下的企业合并是毋庸置疑的。而对于同受一方间接控制、同受国家或政府（包括各部委、地方政府，下同）控制的有关各方的合并，例如本案例中南车、北车合并的例子，进行规范时则需要考虑间接控制方对合并各方的管理是否采用实质（而非形式）上的高集权管理体制。具体而言，合并各方是否在合并中无主动权，仅是被动地参与合并，而间接控制方即国家或政府在合并中起决定作用，合并后公司的管理层由间接控制方实质决定。因此，企业合并不因同受一方间接控制、同受国家或政府控制而直接认定为同一控制下的企业合并，是否为同一控制下的企业合并，需视具体情况而定。

在不能明确界定企业合并是否为同一控制下的合并时，可能会造成企业对于权益结合法的偏好。企业合并的案例显示，自从 1998 年清华同方宣告以股权交换方式合并鲁颖电子起，我国已有不下于数十家上市公司采用换股的方式合并了其他公司，其会计处理无一例外地采用了权益结合法，这显示出我国上市公司对于权益结合法的普遍偏好。因此可见，在未来会计准则没有明确规定必须采用购买法时，可能依然会有越来越多的企业采用权益结合法进行合并会计处理，而这将不利于我国《企业会计准则》与国际准则的趋同或等效。

第八章

合并财务报表

模块一　本章要点回顾

本章思维导图如图 8-1 所示。

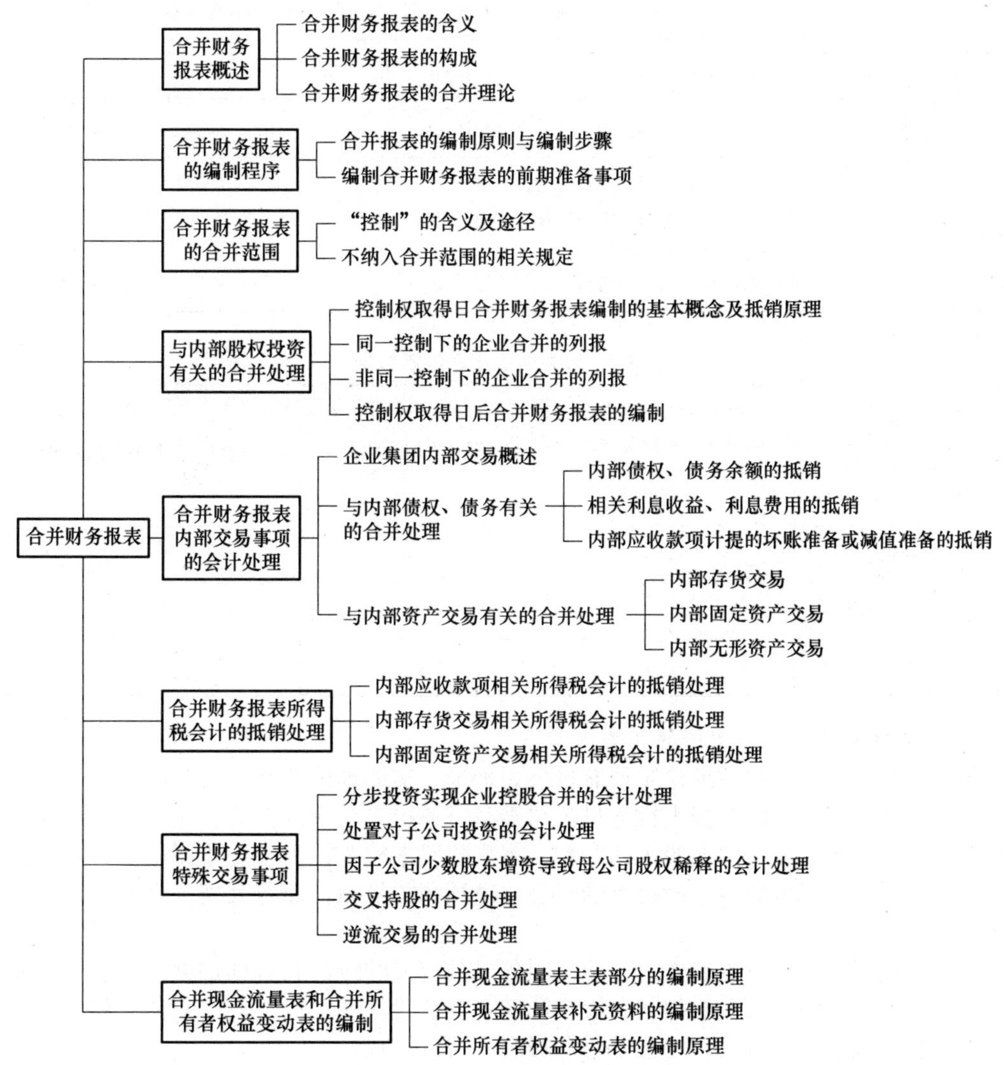

图 8-1　本章思维导图

模块二　重点与难点精析

1. 合并财务报表概述及编制情况

合并财务报表概述见表 8-1，合并财务报表编制情况见表 8-2。

表 8-1　合并财务报表概述

要点	内容
定义	合并财务报表是指反映母公司和其全部子公司形成的企业集团整体财务状况、经营成果和现金流量的财务报表
种类	合并资产负债表、合并利润表、合并现金流量表、合并所有者权益变动表、附注
编制者	企业集团的母公司
会计主体	母公司及其全部子公司形成的企业集团
编制前提条件	统一母子公司采用的会计政策； 统一母子公司的财务报表决算日和会计期间； 统一母子公司的编报货币； 子公司应提供的相关资料

表 8-2　合并财务报表编制情况

合并财务报表的种类	合并日后各期末需要编制的合并财务报表	合并日需要编制的合并财务报表	
		同一控制下的企业合并	非同一控制下的企业合并
合并资产负债表	√	√	√
合并利润表	√	√	×
合并现金流量表	√	√	×
合并所有者权益变动表	√	×	×

2. 合并财务报表合并理论的相关内容

与合并财务报表有关的理论主要有母公司理论、实体理论和所有权理论。

母公司理论将合并财务报表视为母公司本身财务报表范围的扩大，主要为母公司股东和债权人服务，而忽视了少数股东的利益，将少数股东权益视为企业集团的负债；合并净利润中不包括子公司少数股东所持有的子公司净利润的份额，而将其视为企业集团的一项费用。

实体理论将合并财务报表作为企业集团各成员构成的经济联合体的财务报表，为整个经济实体服务，对拥有多数股权的大股东和拥有少数股权的小股东同等对待，将少数股东权益视为股东权益的一部分，在合并财务报表中得以体现。

所有权理论中，在编制合并财务报表时，对于子公司的资产、负债，只按照母公司所持有的股权份额计入合并资产负债表；对于子公司的收入、费用和利润，也只按照母公司所持有的股权份额计入利润表。合并财务报表理论的要点比较见表 8-3。

表 8-3 合并财务报表理论的要点比较

项目	母公司理论	实体理论	所有权理论
子公司净资产的计量	母公司股权部分按公允价值计量，少数股权按账面价值计量	全部按公允价值计量	母公司股权部分按公允价值计量，少数股权不予列示
合并商誉的计量	按母公司持股比例计算，与少数股东权益无关	按子公司净资产全部公允价值确定，属于全体股东	按母公司持股比例计算，与少数股东权益无关
子公司各会计要素的反映	全部合并	全部合并	按持股比例合并
未实现内部交易损益的抵销	顺流交易百分之百抵销，逆流交易按持股比例抵销	全部抵销	按持股比例抵销
少数股东权益的列报	在负债部分单项列示	在股东权益部分单项列示	不予列示
少数股东损益的列报	在合并净收益前列示为减项	列示为合并净收益的组成部分	不予列示

3. 合并范围的确定

（1）合并范围的概念。合并财务报表的合并范围是指可纳入合并财务报表的企业范围。《企业会计准则》规定，只要是由母公司控制的子公司，不论其规模大小、向母公司转移资金能力是否受到严格限制，也不论业务性质与母公司或企业集团内其他子公司是否有显著差别，都应纳入合并财务报表的合并范围。

（2）合并范围的确定原则。合并财务报表的合并范围应当以控制为基础予以确定。

（3）控制的含义。控制是指投资方拥有对被投资方的权力，通过参与被投资方的相关活动而享有可变回报，并且有能力运用对被投资方的权力影响其回报金额。对控制的理解如图 8-2 所示。

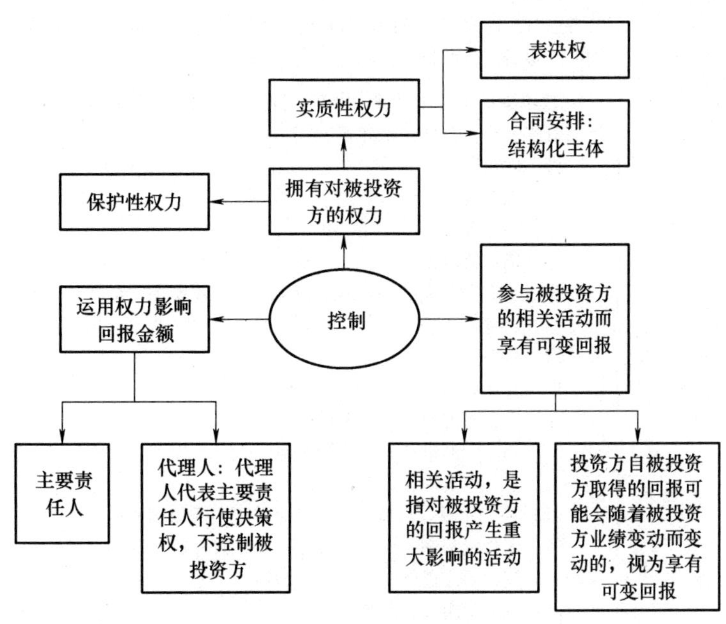

图 8-2 对控制的理解

4. 合并财务报表的编制步骤

合并财务报表的编制步骤如图 8-3 所示。

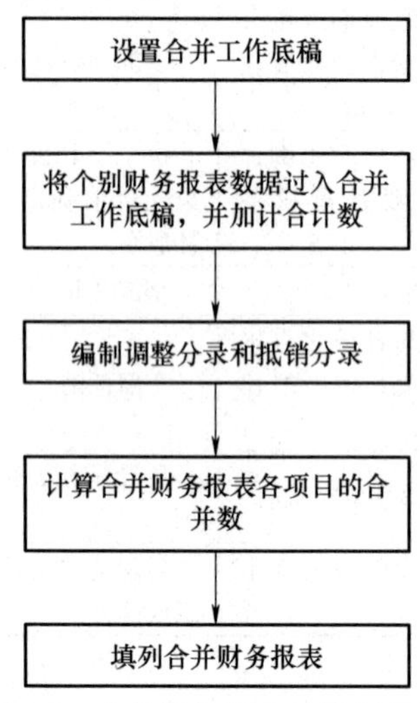

图 8-3 合并财务报表的编制步骤

5. 调整项目的处理

合并财务报表的编制过程实质上是对母子公司个别财务报表项目进行调整和抵销的过程。控制权取得日后合并财务报表可分为控制权取得当年的合并财务报表和控制权取得以后各年的合并财务报表，后者需要抵销以前各期内部交易对本期的影响。常见的调整分录见表 8-4。

表 8-4 常见的调整分录

调整项目	调整内容
对子公司的个别财务报表的基本调整	子公司采用的会计政策、会计期间、记账本位币与母公司不一致的情况下，则需要考虑重要性原则，按照母公司的会计政策、会计期间和记账本位币，对子公司个别财务报表进行调整
将子公司可辨认净资产由账面价值调整为公允价值	1. 按购买日子公司可辨认资产、负债账面价值与公允价值的差额进行调整，增值计入资本公积，会计分录如下： 借：固定资产 无形资产 存货等 贷：资本公积 2. 对公允价值增值进行摊销，计入相应成本费用，会计分录如下： （1）当年： 借：管理费用 营业成本 贷：固定资产——累计折旧 无形资产——累计摊销 存货等 （2）第二年及以后各年对期初未分配利润的调整： 借：未分配利润——年初（以前各年累计数） 贷：固定资产——累计折旧等 借：管理费用（当年数） 贷：固定资产——累计折旧等

（续）

调整项目	调整内容
按权益法调整对子公司的长期股权投资	1. 调整应享有子公司以前年度累计实现净利润的份额，会计分录如下： 借：长期股权投资（子公司以前年度调整后的累计净利润×母公司持股比例） 贷：未分配利润——年初（应承担子公司当期发生的亏损份额时做相反会计分录） 2. 调整应享有子公司当期实现净利润的份额，会计分录如下： 借：长期股权投资（子公司当期调整后的净利润×母公司持股比例） 贷：投资收益 3. 调整当期收到子公司分派的现金股利或利润，会计分录如下： 借：投资收益 贷：长期股权投资 4. 子公司除净损益以外所有者权益的其他变动，按母公司应享有或应承担的份额进行调整，会计分录如下： 借或贷：长期股权投资 贷或借：资本公积 其他综合收益

6. 抵销项目的处理

合并财务报表应当以母公司和子公司的财务报表为基础，在抵销母公司与子公司、子公司相互之间发生的内部交易对合并财务报表的影响后，由母公司合并编制。在合并财务报表的编制过程中，抵销分录的种类和具体内容取决于纳入合并范围的成员企业之间的内部交易种类及具体内容。常见的抵销分录项目见表 8-5。

表 8-5 常见的抵销分录项目

抵销分录项目	抵销处理的内容
与内部股权投资有关的抵销	抵销投资方对被投资方的长期股权投资与被投资方的股东权益，并确认少数股东权益
	抵销投资方的股权投资收益与被投资方的利润分配，并确认少数股东享有的损益
	抵销与内部股权投资有关的减值准备
与内部债权、债务有关的抵销	抵销内部债权、债务
	调整与抵销内部应收款项已计提的坏账准备或减值准备
	调整相关递延所得税
与内部资产交易有关的抵销	抵销相关资产价值中包含的未实现损益
	抵销按未实现内部交易损益计提的折旧或摊销
	调整与抵销内部交易资产已计提的跌价准备或减值准备
	调整相关递延所得税
与外币财务报表折算差额有关的调整与抵销	确认归属于少数股东权益的外币财务报表折算差额

7. 与内部长期股权投资有关的抵销处理

内部长期股权投资的有关抵销一般是在权益法基础上进行的，即在合并财务报表工作底稿中，先将母公司对子公司长期股权投资的成本法结果调整到权益法结果，然后再编制抵销分录。

内部长期股权投资的抵销处理中，要注意区分同一控制下的企业合并与非同一控制下的企业合并。与内部长期股权投资有关的抵销处理见表 8-6。

表 8-6　与内部长期股权投资有关的抵销处理

同一控制下的企业合并的抵销处理	1. 母公司长期股权投资与子公司所有者权益总额中属于母公司所拥有的份额相抵销，会计分录如下： 借：实收资本（子公司期末数） 资本公积（子公司期末数） 盈余公积（子公司期末数） 未分配利润——年末（子公司期末数） 贷：长期股权投资（期末数） 少数股东权益 2. 母公司与子公司、子公司相互之间持有对方长期股权投资的投资收益的抵销，会计分录如下： 借：投资收益（子公司净利润×母公司持股比例） 少数股东损益（子公司净利润×少数股东持股比例） 未分配利润——年初 贷：提取盈余公积 向股东分配利润 未分配利润——年末
非同一控制下的企业合并的抵销处理	1. 母公司长期股权投资与子公司股东权益中母公司所拥有份额的抵销，会计分录如下： 借：实收资本（子公司期末数） 资本公积（调整后子公司期末数） 盈余公积（子公司期末数） 未分配利润——年末（调整后子公司的期末数） 商誉（合并成本大于所占“份额”的差额） 贷：长期股权投资（按权益法调整后的期末数） 少数股东权益（子公司所有者权益总额×少数股权比例） 2. 母公司与子公司、子公司相互之间持有对方长期股权投资的投资收益的抵销，会计分录如下： 借：投资收益（子公司调整后的净利润×母公司持股比例） 少数股东损益（子公司调整后的净利润×少数股东持股比例） 未分配利润——年初（子公司调整后年初未分配利润） 贷：提取盈余公积（子公司本期提取的盈余公积） 向股东分配利润（子公司当期利润分配数） 未分配利润——年末（子公司调整后年末未分配利润）

8. 不同类型企业合并抵销处理的区别

同一控制下的企业合并与非同一控制下的企业合并形成的控股合并，在抵销处理上的不同点如下：

同一控制下的企业合并与非同一控制下的企业合并形成的控股合并，在母公司对有关内部债务的抵销、内部资产交易的抵销、外币财务报表折算差额的调整与抵销以及内部现金流动的抵销这四类抵销处理方面的基本原理并无差异。

关于母公司对子公司的股权投资有关的抵销处理，同一控制下的企业合并与非同一控制下的企业合并形成的控股合并的抵销处理是有所不同的。具体差异主要为以下几个方面：

第一，编制合并财务报表时，非同一控制下的企业合并抵销的子公司所有者权益金额，不是现时的账面价值，而是按照子公司在合并日可辨认净资产公允价值为基础确定的现时价值。

第二，非同一控制下的企业合并抵销的对子公司长期股权投资余额，与同一控制下的企业合并该项投资的余额不同。

第三，非同一控制下的企业合并确定的少数股东权益金额，也与同一控制下的企业合并该项目的金额不同，其中包含了合并日子公司可辨认净资产公允价值对现时少数股东权益价值的影响。

第四，有可能涉及合并商誉的确认、将负商誉计入当期损益或计入期初未分配利润。

9. 合并资产负债表和合并利润表的编制

合并资产负债表应当以母公司和子公司的资产负债表为基础，在抵销母公司与子公司、子公司相互之间发生的内部交易对合并资产负债表的影响后，由母公司合并编制。子公司所有者权益中不属于母公司的份额，应当作为少数股东权益，在合并资产负债表中"所有者权益"项目下以"少数股东权益"项目列示。

母公司在报告期内因同一控制下的企业合并而增加的子公司以及业务，编制合并资产负债表时，应当调整合并资产负债表的期初数，同时应当对比较财务报表的相关项目进行调整，将合并后的报告主体视为自最终控制方开始控制时点便一直存在。因非同一控制下的企业合并或其他方式增加的子公司以及业务，编制合并资产负债表时，不应当调整合并资产负债表的期初数。母公司在报告期内处置子公司以及业务，编制合并资产负债表时，不应当调整合并资产负债表的期初数。

合并利润表应当以母公司和子公司的个别利润表为基础，在抵销母公司与子公司、子公司相互之间发生的内部交易对合并利润的影响后，由母公司合并编制。

母公司在报告期内因同一控制下的企业合并增加的子公司以及业务，应当将该子公司以及业务合并当期期初至报告期末的收入、费用、利润纳入合并利润表，同时应当对比较财务报表的相关项目进行调整，视同合并后的报告主体自最终控制方开始控制时起一直存在。因非同一控制下的企业合并或其他方式增加的子公司以及业务，应当将该子公司以及业务购买日至报告期末的收入、费用、利润纳入合并利润表。母公司在报告期内处置子公司以及业务的，应当将该子公司以及业务期初至处置日的收入、费用、利润纳入合并利润表。

10. 少数股东权益与少数股东损益

企业集团少数股东权益是指子公司股东权益中不归属于母公司所拥有的那部分股权，是相对于多数股权——母公司股权份额而言的。少数股东权益显然产生于子公司不是由母公司全资投资的场合，而少数股东权益的报告也只与合并财务报表有关。少数股东损益是指子公司当年实现净损益中少数股东应享有的份额，在金额上相当于子公司当年净损益与少数股东持股比例的乘积。

少数股东损益是子公司当年净利润（或净亏损）中不属于母公司的部分，是按少数股东持股比例和子公司当年净利润（或净亏损）计算而来的，也是在编制合并利润表中予以确认的；少数股东权益是在编制合并资产负债表中确认的，报告期内子公司股东权益的任何变化都会引起少数股东权益的变动。同净收益将增加公司股东权益一样，少数股东损益无疑将增加（或减少）企业集团的少数股东权益。

11. 报告期内增加或减少子公司对合并财务报表的影响

报告期内增减子公司对合并财务报表的影响要点梳理见表 8-7。

表 8-7　报告期内增减子公司对合并财务报表的影响要点梳理

项目	报告期内增加的子公司	报告期内减少的子公司
是否纳入合并范围	自合并日起纳入合并范围	不再纳入合并范围
关于合并资产负债表	不需要对合并资产负债表期初数进行调整	不需要对该被出售或处置股份的原子公司的资产负债表进行合并
关于合并利润表	自合并日至报告期末的收入、费用、利润纳入合并利润表	将该子公司期初至丧失控制权日的利润表要素纳入合并利润表
关于合并现金流量表	自合并日至报告期末的现金流量纳入合并现金流量表	将该子公司期初至丧失控制权日的现金流量信息纳入合并现金流量表

12. 与内部债权、债务有关的抵销处理

首先，内部债权、债务的抵销涉及三张合并财务报表：合并资产负债表、合并利润表以及合并所有者权益变动表，具体内容见表 8-8。与内部债权、债务有关的抵销处理见表 8-9。

表 8-8　与内部债权、债务有关的抵销处理所涉及的报表及项目

涉及报表	抵销项目
合并资产负债表	有关债权、债务的余额进行抵销
合并利润表	内部债权债务本期利息收益、利息费用发生额的抵销，以及对与抵销内部债权已计提减值准备相关的信用减值损失的抵销
合并所有者权益变动表	相关利息收益、利息费用、信用减值损失本期发生额的抵销，以及对期初未分配利润中，包含的以前期间的内部债权债务的相关利息收益、利息费用和信用减值损失的抵销

表 8-9　与内部债权、债务有关的抵销处理

抵销内容	抵销处理
内部债权、债务余额的抵销	借：应付账款等债务项目（期末数） 　　贷：应收账款等债权项目（期末数）
相关利息收益、利息费用的抵销	借：投资收益等（本期） 　　贷：财务费用等（本期）
内部应收款项计提的坏账准备或减值准备的抵销	1. 初次编制合并财务报表时，抵销分录如下： 借：应收账款——坏账准备（本期提取数） 　　贷：信用减值损失 2. 连续编制合并财务报表时的会计处理： ① 抵销内部应收账款以前计提的坏账准备，会计分录如下： 借：应收账款——坏账准备（期初内部应收账款×坏账准备计提比例） 　　贷：未分配利润——年初 ② 抵销本期内部应收账款补提的坏账准备，会计分录如下： 借：应收账款——坏账准备（本期补提数） 　　贷：信用减值损失

（续）

抵销内容	抵销处理
抵销坏账准备对所得税的影响	1. 初次编制合并财务报表时，抵销分录如下： 借：所得税费用（抵销本期的坏账准备金额×所得税税率） 贷：递延所得税资产 2. 连续编制合并财务报表时的会计处理： 借：所得税费用（抵销本期的坏账准备金额×所得税税率） 未分配利润——年初（抵销以前年度坏账准备金额×所得税税率） 贷：递延所得税资产（抵销的坏账准备金额×所得税税率）

13. 内部存货交易的抵销处理

内部存货交易的抵销处理，既包括对当期内部交易存货的相关抵销，也包括对以前期间内部交易存货的未实现利润的抵销，此外，还包括与内部交易存货相关的存货跌价准备的抵销、递延所得税等内容，具体处理见表8-10。

表8-10　内部存货交易的抵销处理

抵销内容	抵销分录
抵销以前年度内部存货交易未实现利润对期初未分配利润的影响	借：未分配利润（期初存货中未实现内部销售利润） 贷：营业成本
抵销当年发生的内部存货交易	借：营业收入（本期） 贷：营业成本（本期）
抵销期末存货价值中包含的未实现内部交易利润	借：营业成本 贷：存货（期末存货价值中包含的未实现利润）
内部交易存货计提的跌价准备的抵销	1. 抵销存货跌价准备期初数： 借：存货——存货跌价准备 贷：未分配利润——年初 2. 抵销因本期销售存货结转的存货跌价准备： 借：营业成本 贷：存货——存货跌价准备 3. 抵销存货跌价准备期末数与上述余额的差额（存货跌价准备的抵销额以存货中未实现内部销售利润为限） 借：存货——存货跌价准备（抵销个别财务报表中计提减值的处理） 贷：资产减值损失（或做相反分录）
抵销存货跌价准备对所得税的影响	借：递延所得税资产（抵销的内部存货交易未实现利润×所得税税率） 所得税费用（本期应调整递延所得税，也可能在贷方） 贷：未分配利润（前期已调整递延所得税）

14. 内部固定资产交易的抵销处理

内部固定资产交易的抵销处理，既包括对该资产交易当期的相关抵销，也包括对该资产的使用期间内期末固定资产价值中包含的未实现损益对本期期初未分配利润的影响的抵销；既包括对该资产的未实现损益的抵销，也包括与该资产相关的折旧费用的抵销、与该资产相关的资产减值准备的抵销，以及对该资产相关的递延所得税的调整，具体处理见表8-11。

表 8-11 内部固定资产交易的抵销处理

抵销内容		抵销分录
交易当年	抵销内部交易形成的固定资产原价中包含的未实现内部销售利润或亏损	借：资产处置收益 贷：固定资产（或做相反会计分录）
	抵销内部交易形成的固定资产当期多计提的折旧或少计提的折旧	借：固定资产——累计折旧（内部交易形成的固定资产当期多计提折旧的数额） 贷：管理费用等（或做相反会计分录）
以后各年	抵销内部交易形成的固定资产原价中包含的未实现内部销售利润	借：未分配利润——年初 贷：固定资产
	抵销以前期间根据包含的未实现内部销售利润的固定资产多计提的折旧	借：固定资产——累计折旧 贷：未分配利润——年初
抵销本期根据包含的未实现内部销售利润的固定资产原价又多计提的折旧		借：固定资产——累计折旧 贷：管理费用
调整因抵销未实现内部销售损益产生的递延所得税资产		借：递延所得税资产［(抵销原价中的毛利-抵销的折旧)×税率］ 所得税费用［(抵销本期多计提折旧)×所得税税率］ 贷：未分配利润——年初［(抵销原价中的毛利-抵销以前年度折旧)×所得税税率］
固定资产减值准备的抵销		1. 抵销以前期间多计提的减值准备： 借：固定资产——减值准备 贷：未分配利润——年初 2. 抵销当期多计提的减值准备： 借：固定资产——减值准备 贷：资产减值损失

15. 外币财务报表折算差额的理解

当母公司存在境外经营时，或者母公司有以不同于母公司记账本位币的货币作为记账本位币的子公司的情况下，在编制合并财务报表时，首先要对该子公司的外币财务报表按照规定的折算方法进行折算，使子公司的报告货币与母公司的报告货币相一致。在折算过程中，由于资产负债表中的资产、负债项目按照资产负债表日的即期汇率折算，而所有者权益中，除“未分配利润”项目以外的其他项目均按照业务发生时的即期汇率计算（“未分配利润”项目根据折算后的利润表项目以及所有者权益变动表中有关项目的内在联系计算确定），因此，折算后的资产负债表可能会出现外币财务报表折算差额。外币财务报表折算差额需要在折算后的资产负债表中以单独的项目列示于所有者权益部分的“未分配利润”项目之后。

16. 合并现金流量表编制的注意事项

合并现金流量表以母公司与子公司的现金流量表为基础，在抵销母子公司、子公司相互之间发生的内部交易对合并现金流量表的影响后，由母公司编制。

需要注意的是，某些现金流量表中反映的业务在进行抵销处理后，需要站在企业集团的角度，重新对其进行分类。例如，用现金购买子公司少数股权，在母公司个别现金流量表中属于投资活动现金流出，但从合并现金流量表的角度，该业务减少少数股东权益，属于筹资活动现金流出。

模块三　牛刀初试

一、单选题

1. 下列子公司中，应纳入母公司合并财务报表范围之内的是（　　）。
A. 持续经营的所有者权益为负数的子公司
B. 已宣告被清理整顿的原子公司
C. 母公司不能控制的其他单位
D. 宣告破产的原子公司

2. 企业集团合并财务报表的编制者是（　　）。
A. 母公司　　B. 子公司
C. 企业集团　　D. 以上答案均正确

3. 下列说法中，正确的是（　　）。
A. 控股合并时，必须编制合并财务报表
B. 吸收合并时，必须编制合并财务报表
C. 新设合并时，必须编制合并财务报表
D. 企业合并一定要编制合并财务报表

4. 非同一控制下的企业合并，控股合并的母公司在合并日应当编制的合并财务报表是（　　）。
A. 合并利润表　　B. 合并资产负债表
C. 合并现金流量表　　D. 合并所有者权益变动表

5. 对A公司来说，下列哪一种情形不属于控制（　　）。
A. A公司拥有B公司50%的权益性资本，且B公司拥有C公司100%的权益性资本时，A公司和C公司的关系
B. A公司拥有D公司51%的权益性资本时，A公司和D公司的关系
C. A公司在E公司董事会会议上有半数以上投票权时，A公司和E公司的关系
D. A公司拥有F公司60%的股份，同时拥有G公司10%的股份，此外F公司拥有G公司41%的股份。此时，A公司和G公司的关系

6. 关于合并财务报表合并范围的确定叙述不正确的是（　　）。
A. 合并财务报表的合并范围应当以控制为基础予以确定
B. 在确定能否控制被投资单位时应当考虑潜在表决权因素
C. 小规模的子公司应纳入合并财务报表的合并范围
D. 经营业务性质特殊的子公司不纳入合并财务报表的合并范围

7. 在合并财务报表中，下列关于抵销分录表述正确的是（　　）。
A. 抵销分录有时也用于编制个别财务报表
B. 抵销分录可以计入账簿
C. 编制抵销分录是为了将母公司个别财务报表各项目汇总
D. 编制抵销分录是用来抵销集团内部经济业务对个别财务报表的影响

8. A公司和B公司为非关联方。2021年5月1日，A公司按每股5元的价格增发每股面值为1元的普通股股票2 000万股，并以此作为对价取得B公司70%的股权，能够对B公司实施控制。A公司另以银行存款支付审计费、评估费等共计20万元。B公司2021年5月1日可辨认净资产公允价值为12 000万元。不考虑其他因素，则A公司取得B公司70%股权时的初始投资成本为（　　）万元。

A. 8 400　　B. 10 000　　C. 9 980　　D. 8 380

9. 非同一控制下的控股合并，购买日的合并资产负债表反映购买方自购买日起能够控制的经济资源，合并成本大于合并中取得的各项可辨认资产、负债公允价值份额的差额，确认为（　　）。

A. 商誉　　B. 当期损益　　C. 资本公积　　D. 无形资产

10. A公司2021年7月1日自母公司（P公司）取得B公司60%的股权，当日，B公司个别财务报表中净资产账面价值为3 200万元。该股权系P公司于2020年6月自公开市场购入，P公司在购入B公司60%的股权时确认了800万元的商誉。2021年7月1日，按P公司取得该股权时B公司可辨认净资产公允价值为基础，持续计算的B公司可辨认净资产价值为4 800万元。为进行该项交易，A公司支付有关审计等中介机构费用120万元。不考虑其他因素，A公司应确认对B公司股权投资的初始投资成本是（　　）。

A. 1 920万元　　B. 2 040万元

C. 2 880万元　　D. 3 680万元

11. 非同一控制下的控股合并中，购买方在购买日编制合并财务报表时，调整被购买方资产、负债公允价值与账面价值的差额应（　　）。

A. 调整公允价值变动收益　　B. 不做处理

C. 调整营业外收入　　D. 调整资本公积

12. 在合并财务报表工作底稿中，“合并数”一栏提供的数字将构成合并财务报表所填列的数字。在计算以下项目的“合并数”时，须用工作底稿中相关项目的“合计数”栏数字加上“抵销分录”栏的借方数字（减去贷方数字）的项目是（　　）。

A. “营业收入”

B. “应付账款”

C. “固定资产”

D. “未分配利润——年初”

13. 乙公司是甲公司的全资子公司，年末甲公司长期股权投资账面余额为420万元；乙公司实收资本账面价值为120万元，没有盈余公积和未分配利润。则甲、乙公司合并财务报表上“长期股权投资”项目的金额为（　　）。

A. 300万元　　B. 400万元　　C. 320万元　　D. 420万元

14. 以下关于母公司投资收益和子公司利润分配的抵销分录表述不正确的是（　　）。

A. 抵销母公司投资收益和少数股东损益均按照调整后的净利润份额计算

B. 抵销子公司利润分配有关项目按照子公司实际提取和分配数计算

C. 抵销期末未分配利润按照期初和调整后的本期净利润减去实际分配后的余额计算

D. 抵销母公司投资收益按照调整后的净利润份额计算，计算少数股东损益的净利润不需调整

15. 2021 年 2 月 1 日 A 公司向 B 公司股东定向增发 1 000 万股普通股，对 B 公司进行合并，所发行股票每股面值 1 元，市价 4 元，并于当日取得 B 公司 70%的股权。B 公司购买日可辨认净资产的公允价值为 4 500 万元，假定此合并为非同一控制下的企业合并，则 A 公司应确认的合并商誉为（　　）。

A. 1 000 万元　　B. 960 万元

C. 850 万元　　D. 750 万元

16. 甲公司与乙公司在合并前不存在关联方关系，甲公司 2×21 年 1 月 1 日投资 2 500 万元购入乙公司 80%的股权，合并当日乙公司可辨认净资产公允价值（等于其账面价值）为 3 000 万元。2021 年 5 月 8 日乙公司分配现金股利 300 万元，2021 年乙公司实现净利润 500 万元，2021 年乙公司实现净利润 700 万元。乙公司 2021 年购入的其他权益工具投资公允价值上升导致其他综合收益增加 100 万元。不考虑其他因素，则在 2021 年年末甲公司编制合并财务报表时，长期股权投资按权益法调整后的余额为（　　）万元。

A. 2 500　　B. 3 500　　C. 3 300　　D. 3 220

17. 在非同一控制下的企业合并中，合并成本小于所获可辨认净资产公允价值份额的差额，应计入（　　）。

A. 管理费用——购置成本

B. 无形资产——商誉

C. 营业外收入

D. 营业外支出

18. 甲公司拥有乙和丙两家子公司。2021 年 6 月 15 日，乙公司将其产品以市场价格销售给丙公司，售价为 100 万元，销售成本为 76 万元。丙公司购入后作为管理用固定资产并于当月投入使用，预计使用年限为 4 年，采用年限平均法计提折旧，预计净残值为零。假定不考虑增值税和所得税的影响，甲公司在编制 2022 年 12 月 31 日合并资产负债表时，应调减“累计折旧”项目的金额为（　　）万元。

A. 15　　B. 6　　C. 9　　D. 24

19. 甲公司拥有乙公司 80%的有表决权股份，能够控制乙公司的财务和经营决策。2021 年 6 月 1 日，甲公司将本公司生产的一批产品出售给乙公司，售价为 800 万元（不含增值税），成本为 500 万元，未计提存货跌价准备。至 2021 年 12 月 31 日，乙公司已对外出售该批存货的 70%，剩余部分存货未发生减值。则 2021 年 12 月 31 日合并资产负债表中应列示的存货为（　　）万元。

A. 420　　B. 280　　C. 180　　D. 150

20. 子公司上期从母公司购入的 100 万元存货全部在本期实现销售，取得 140 万元的销售收入，该项存货母公司的销售成本为 80 万元，本期母子公司之间无新交易，在母公司编制本期合并财务报表时所做的抵销分录应包括（　　）（单位：万元）。

A. 借：未分配利润——年初　　60

　　贷：营业成本　　60

B. 借：未分配利润——年初　　20

　　贷：存货　　20

C. 借：未分配利润——年初　　20

贷：营业成本　　20

D. 借：营业收入　　100

贷：营业成本　　100

21. 2021 年 3 月子公司从母公司购入的 150 万元存货，本年全部没有实现销售，期末该批存货的可变现净值为 105 万元，子公司计提了 45 万元的存货跌价准备，母公司销售的该批存货的成本为 120 万元，2021 年末在母公司编制合并财务报表时针对该准备项目所做的抵销处理为（　　）（单位：万元）。

A. 借：存货——存货跌价准备　　30

贷：资产减值损失　　30

B. 借：资产减值损失　　15

贷：存货——存货跌价准备　　15

C. 借：存货——存货跌价准备　　45

贷：资产减值损失　　45

D. 借：未分配利润——年初　　30

贷：存货——存货跌价准备　　30

22. 甲公司是乙公司的母公司，2021 年甲公司销售一批产品给乙公司，售价为 5 000 元（不含增值税），甲公司的销售毛利率为 20%。截至 2021 年年末，乙公司已将该批产品对外销售 50%，取得收入 6 000 元。不考虑所得税和其他因素，编制 2021 年合并财务报表时应抵销的未实现内部销售利润为（　　）元。

A. 0　　B. 1 000　　C. 500　　D. 3 500

23. 2021 年 3 月，母公司以 1 000 万元的价格（不含增值税额），将其生产的设备销售给其全资子公司作为管理用固定资产。该设备的生产成本为 800 万元。子公司采用年限平均法对该设备计提折旧，该设备预计使用年限为 10 年，预计净残值为 0。编制 2021 年合并财务报表时，因该设备相关的未实现内部销售利润的抵销而影响合并净利润的金额为（　　）万元。

A. 180　　B. 185　　C. 200　　D. 215

24. 母公司在编制合并现金流量表时，下列各项中会引起筹资活动产生的现金流量发生增减变动的是（　　）。

A. 子公司依法减资支付给少数股东的现金

B. 子公司购买少数股东的固定资产支付的现金

C. 子公司向少数股东出售无形资产收到的现金

D. 子公司购买少数股东发行的债券支付的现金

25. 甲公司只有乙公司一个子公司，2021 年度甲公司和乙公司个别现金流量表中“销售商品、提供劳务收到的现金”项目的金额分别为 2 000 万元和 1 000 万元，“购买商品、接受劳务支付的现金”项目的金额分别为 1 800 万元和 800 万元。2021 年甲公司向乙公司销售商品收到现金 100 万元，不考虑其他事项，合并现金流量表中“销售商品、提供劳务收到的现金”项目的金额应为（　　）万元。

A. 3 000　　B. 2 600　　C. 2 500　　D. 2 900

26. 甲公司是乙公司的母公司，甲公司向乙公司销售商品收取价款 300 万元，增值税税额为 39 万元，实际收到乙公司支付的银行存款 339 万元，假设乙公司将购入的商品作为存货入账。下列抵销分录中正确的是（　　）（单位：万元）。

A. 借：购买商品、接受劳务支付的现金　300
　　贷：销售商品、提供劳务收到的现金　300

B. 借：销售商品、接受劳务支付的现金　300
　　贷：购买商品、接受劳务支付的现金　300

C. 借：购买商品、接受劳务支付的现金　339
　　贷：销售商品、提供劳务收到的现金　339

D. 借：销售商品、提供劳务支付的现金　339
　　贷：购买商品、接受劳务支付的现金　339

27. 在编制合并财务报表时，关于企业集团内部存货交易的下列说法中，正确的是（　　）。

A. 内部存货销售不必抵销
B. 内部存货销售产生的未实现利润应抵销
C. 该交易在合并利润表中没有相应的抵销分录
D. 该交易在合并现金流量表中没有相应的抵销分录

28. 企业集团内部交易的固定资产，在报废清理的会计期末，不编制与该固定资产有关的任何抵销分录。这种情况发生在（　　）。

A. 期满报废　　B. 超期报废
C. 提前报废　　D. A、B、C 三种情形下

二、多选题

1. 鑫达公司拥有 A 公司 65%的有表决权股份；A 公司拥有 B 公司 75%的有表决权股份，还拥有 C 公司 35%的有表决权股份；鑫达公司拥有 C 公司 20%的有表决权股份；鑫达公司拥有 D 公司 50%的有表决权股份，与另一公司共同控制 D 公司。根据上述说明，应纳入鑫达公司合并财务报表合并范围的有（　　）。

A. A 公司　　B. B 公司　　C. C 公司　　D. D 公司

2. 下列有关合并财务报表的合并范围的阐述中，不正确的有（　　）。

A. 确定合并范围的关键是“控制”关系存在与否
B. 合并范围是指可纳入合并财务报表的企业范围
C. 母公司作为投资方投资的所有被投资方都要纳入合并范围
D. 合并范围的年初数与年末数应保持一致

3. 在合并财务报表的编制中，调整分录的功能是（　　）。

A. 消除因母子公司会计政策、会计期间、编报货币等不同而导致的差异
B. 便于抵销
C. 消除母子公司之间因个别财务报表项目未调整而导致的期初未分配利润差异
D. 将非同一控制下的企业合并中子公司净资产由账面价调为公允价，以反映其真实价值

4. 与个别财务报表相比，合并财务报表有其独特编制方法，其独特性主要有（　　）。

A. 根据参与合并的各单位财务报表各相关项目数字抵销填列

B. 编制抵销分录

C. 运用合并工作底稿

D. 根据参与合并的各单位明细分类账户汇总填列

E. 根据参与合并的各单位总分类账户直接填列

5. 合并财务报表与个别财务报表相比，不同之处主要有（　　）。

A. 反映的对象不同

B. 编制主体不同

C. 编制基础不同

D. 编制方法不同

E. 编制时间不同

6. 甲公司于 2021 年 7 月 1 日以本公司的办公楼出资，取得之前无任何关联关系的乙公司 80%的股份。该办公楼原值为 1 500 万元，已计提折旧额为 300 万元，已计提减值准备为 50 万元，7 月 1 日的公允价值为 1 250 万元，甲公司取得该项投资时另发生相关手续费 20 万元。2021 年 7 月 1 日，乙公司可辨认净资产公允价值为 2 000 万元（等于账面价值）。2021 年 7 月 1 日至 2021 年 12 月 31 日乙公司实现净利润 200 万元。下列有关甲公司对乙公司投资的会计处理中，正确的有（　　）。

A. 甲公司取得乙公司 80%股权的交易为非同一控制下的企业合并

B. 2020 年 12 月 31 日甲公司个别财务报表中对乙公司的长期股权投资为 1 250 万元

C. 2020 年 12 月 31 日甲公司个别财务报表中对乙公司的长期股权投资为 1 410 万元

D. 2020 年 12 月 31 日甲公司合并财务报表中对乙公司的长期股权投资为 0

7. 以下母公司的合并财务报表处理正确的有（　　）。

A. 在报告期内因同一控制下的企业合并增加的子公司应当调整合并资产负债表的期初数

B. 母公司在报告期内因同一控制下的企业合并增加的子公司不应当调整合并资产负债表的期初数

C. 因非同一控制下的企业合并增加的子公司不应当调整合并资产负债表的期初数

D. 因非同一控制下企业合并增加的子公司应当调整合并资产负债表的期初数

E. 报告期内处置子公司均不调整合并资产负债表的期初数

8. 关于母公司在报告期内增减子公司的业务在合并利润表中的反映，下列说法中正确的有（　　）。

A. 因同一控制下的企业合并增加的子公司，在编制合并利润表时，应当将该子公司合并当期期初至报告期期末的收入、费用、利润纳入合并利润表

B. 因非同一控制下的企业合并增加的子公司，在编制合并利润表时，应当将该子公司合并当期期初至报告期期末的收入、费用、利润纳入合并利润表

C. 因非同一控制下的企业合并增加的子公司，在编制合并利润表时，应当将该子公司购买日至报告期期末的收入、费用、利润纳入合并利润表

D. 母公司在报告期内处置子公司，应当将该子公司期初至处置日的收入、费用、利润纳入合并利润表

E. 因同一控制下的企业合并增加的子公司，在编制合并利润表时，应当将该子公司购买日至报告期期末的收入、费用、利润纳入合并利润表

9. 甲公司2021年1月1日购入乙公司80%的股权，能够对乙公司的财务和经营政策实施控制。除乙公司外，甲公司无其他子公司。2021年度，乙公司按照购买日可辨认净资产公允价值为基础计算实现的净利润为2 000万元，无其他所有者权益变动。2021年年末，甲公司合并财务报表中少数股东权益为825万元。2022年度，乙公司按购买日可辨认净资产公允价值为基础计算的净亏损为5 000万元，无其他所有者权益变动。2022年年末，甲公司个别财务报表中所有者权益总额为8 500万元。下列各项关于甲公司2021年度和2022年度合并财务报表列报的表述中，正确的有（　　）。

A. 2022年度少数股东损益为0

B. 2021年度少数股东损益为400万元

C. 2022年12月31日少数股东权益为0

D. 2022年12月31日股东权益总额为5 925万元

E. 2022年12月31日归属于母公司的股东权益为6 100万元

10. 某企业集团母子公司坏账准备计提比例均为应收账款余额的3%，母子公司适用的所得税税率均为25%。2021年年末母公司对其子公司的内部应收账款的余额为4 000万元（假定在此之前母公司对其子公司的应收款项余额为0），2022年年末该应收账款的余额增至5 000万元。下列母公司2022年编制合并财务报表时的分录中（单位：万元），正确的有（　　）。

A. 借：应付账款　　5 000

　　贷：应收账款　　5 000

B. 借：应付账款　　1 000

　　贷：应收账款　　1 000

C. 借：应收账款——坏账准备　　150

　　贷：未分配利润——年初　　120

　　　　信用减值损失　　30

D. 借：未分配利润——年初　　30

　　所得税费用　　7.5

　　贷：递延所得税资产　　37.5

11. 母公司本期将其成本为80万元的一批产品销售给其子公司，销售价格为100万元，子公司本期购入的该产品都形成存货，并为该项存货计提了5万元的存货跌价准备，期末编制合并财务报表时，母公司应抵销的项目和金额有（　　）。

A. “存货——存货跌价准备”-5万元

B. “存货”-20万元

C. “营业收入”-100万元

D. “营业成本”-80万元

E. “资产减值损失”-5万元

12. 在连续编制合并财务报表时，有些业务要通过“未分配利润——年初”项目予以抵销。下述经济业务中，需要通过该项目抵销的有（　　）。

A. 上期固定资产交易的未实现内部交易损益的抵销

B. 本期存货交易中期末存货未实现内部交易损益的抵销

C. 上期存货交易中期初存货未实现内部交易损益的抵销

D. 上期内部管理用固定资产交易多计提折旧的抵销

E. 上期内部债权多计提坏账准备的抵销

13. 在内部交易的固定资产提前报废或期满报废清理的会计期间，合并财务报表工作底稿中（　　）。

A. 不一定编制抵销分录

B. 必须编制调整期初未分配利润的分录

C. 必须编制抵销当年多计提折旧的分录

D. 必须编制抵销以前年度累计多计提折旧的分录

E. 不必编制抵销固定资产原价中包含的未实现利润的有关分录

14. 如果母公司应收账款年末余额中有对子公司的应收账款，在年末编制合并财务报表时，应（　　）。

A. 将母公司的应收账款抵销

B. 抵销母公司计提的坏账准备

C. 抵销该子公司的全部应付账款

D. 抵销该子公司对母公司的应付账款

E. 将母公司应收账款中该子公司应付母公司的部分予以抵销

15. 以下事项均发生在母子公司之间，其中属于编制合并现金流量表应抵销的项目的有（　　）。

A. 以现金投资或收购股权方式增加的投资所产生的现金流量

B. 当期取得投资收益收到的现金与分配股利、利润或偿付利息支付的现金

C. 以现金结算债权与债务产生的现金流量

D. 当期销售商品所产生的现金流量

E. 处置固定资产、无形资产和其他长期资产收回的现金净额

16. 子公司与少数股东之间发生的影响现金流量的业务有（　　）。

A. 子公司向少数股东支付现金股利

B. 少数股东对子公司增加现金投资

C. 少数股东依法从子公司抽回权益性资本投资

D. 少数股东对子公司增加实物投资

E. 子公司向少数股东支付股票股利

17. 下列各项中，在合并现金流量表中应予以反映的现金流量是（　　）。

A. 子公司依法减资向少数股东支付的现金

B. 子公司向其少数股东支付的现金股利

C. 子公司吸收母公司投资收到的现金

D. 子公司吸收少数股东投资收到的现金

三、判断题

1. 作为投资性主体的某个企业，不一定要将其下属的子公司全部纳入合并范围。（　　）

2. 在合并财务报表工作底稿中编制的有关抵销分录，并不能作为记账的依据。（　　）

3. 按现行会计准则，无论是同一控制下的企业合并还是非同一控制下的企业合并，合并日的合并财务报表中都不包括合并所有者权益变动表。 （ ）

4. 潜在表决权是指可能赋予企业对另一企业在财务和经营决策上的表决权的认股权证、股票买入期权、可转换债券和可转换股票等工具。由于这些表决权尚未成为实际表决权，因此，企业在确定合并范围时，不需要考虑潜在表决权因素。 （ ）

5. 企业在开设合并财务报表工作底稿时，关于合并现金流量表的工作底稿，可以与合并资产负债表、合并利润表以及合并所有者权益变动表的工作底稿合并在一起共同设置，也可单独设置。 （ ）

6. 虽然甲企业对乙企业的持股比例在50%以下，但也有可能控制乙企业。 （ ）

7. 编制合并财务报表时，要遵循以个别财务报表为基础的原则，就是指合并财务报表仅以母公司和其子公司的财务报表为编制依据。 （ ）

8. 非同一控制下的控股合并中，合并方应当按所确定的合并成本和支付的直接合并费用之和对取得的被合并方的长期股权投资进行初始计量。 （ ）

9. 母公司对子公司的长期股权投资在合并财务报表工作底稿中是否由成本法调整到权益法，对进行与内部股权投资有关的抵销处理中编制的抵销分录没有影响。 （ ）

10. 合并财务报表中“长期股权投资”“投资收益”等项目的报告价值是多少，取决于合并财务报表工作底稿中是否将母公司对子公司的长期股权投资由成本法调整到权益法。 （ ）

11. 就企业集团而言，无论是母公司对子公司的股权投资还是子公司互相之间持有股份，甚至是子公司持有母公司的股权，在编制合并报表时，抵销处理的思路是一致的。 （ ）

12. 编制合并资产负债表时，不仅母公司与子公司之间的债权债务要抵销，子公司之间的债权债务也要抵销。 （ ）

13. 合并所有者权益变动表中的利润分配项目反映母公司对子公司但不反映子公司对母公司股东进行的股利分配情况。 （ ）

14. 企业集团成员企业之间发生内部存货交易的当期，在合并财务报表编制过程中，要对该内部交易的损益进行抵销，因为该损益属于未实现的损益。 （ ）

15. 由于一方的债务一定是另一方的债权，因此，编制合并财务报表时，有关内部债权、债务的抵销分录中，借记的有关债务项目与贷记的有关债权项目，两者金额一定相等。 （ ）

16. 企业集团母公司将存货出售给子公司的情况下，如果后者将该存货销售出企业集团，则年末编制合并财务报表时不需要编制抵销分录。 （ ）

17. 少数股东增加对于公司的权益性资本投资时，在合并现金流量表中应在“筹资活动产生的现金流量”部分报告。 （ ）

18. 企业集团子公司将存货按成本价出售给母公司，后者将该存货作为固定资产使用，则年末编制合并财务报表时不需要编制抵销分录。 （ ）

四、业务题

1. 2021年1月1日，甲公司以20 000万元银行存款取得乙公司80%的股权，取得了对乙公司的控制权，假定该项控股合并为同一控制下的企业合并。2020 年 12 月 31 日甲公司与乙公司的资产负债表（简表）见表 8-12。

表 8-12　甲公司与乙公司 2020 年资产负债表（简表）

2020 年 12 月 31 日　　　　单位：万元

项目	甲公司		乙公司	
	借方	贷方	借方	贷方
货币资金	23 800		4 900	
应收账款及应收票据	33 000		11 100	
存货	16 000		10 000	
固定资产	66 000		13 000	
应付账款及应付票据		20 800		2 000
长期借款		14 000		16 000
股本		20 000		5 000
资本公积		60 000		4 000
盈余公积		23 500		10 700
未分配利润		500		1 300
合计	138 800	138 800	39 000	39 000

乙公司 2021 年实现净利润 2 100 万元，提取盈余公积 210 万元，当年没有分配股利。乙公司 2022 年实现净利润 5 400 万元，提取盈余公积 540 万元，于 2022 年 2 月 28 日发放现金股利 600 万元。2021 年与 2022 年甲公司和乙公司之间未发生其他内部交易。

甲公司和乙公司 2021 年与 2022 年的利润表（简表）见表 8-13，2021 年年末与 2022 年年末的资产负债表（简表）见表 8-14。

表 8-13　甲公司与乙公司利润表（简表）

2020 年 12 月 31 日　　　　单位：万元

项目	2021 年度		2022 年度	
	甲公司	乙公司	甲公司	乙公司
营业收入	50 000	24 000	60 000	32 000
营业成本	30 000	16 360	39 000	18 000
税金及附加	3 000	1 440	3 600	1 920
销售费用	2 200	1 750	1 030	1 170
管理费用	3 500	1 320	2 100	2 300
财务费用	700	110	460	620
资产减值损失	140	200	240	770

（续）

项目	2021 年度		2022 年度	
	甲公司	乙公司	甲公司	乙公司
投资收益		30	480	20
营业利润	10 460	2 850	14 050	7 240
营业外支出	60	50	50	40
利润总额	10 400	2 800	14 000	7 200
所得税费用	2 600	700	3 500	1 800
净利润	7 800	2 100	10 500	5 400

表 8-14　甲公司与乙公司 2021 年、2022 年资产负债表（简表）

2020 年 12 月 31 日　　单位：万元

项目	2021 年 12 月 31 日		2022 年 12 月 31 日	
	甲公司	乙公司	甲公司	乙公司
货币资金	10 600	6 900	9 080	4 060
应收账款及应收票据	29 100	9 800	25 000	7 840
存货	9 200	14 500	16 400	8 600
固定资产	16 800		16 800	
应付账款及应付票据	70 400	10 800	81 120	24 400
长期借款	136 100	42 000	148 400	44 900
股本	21 400	2 900	19 400	1 000
资本公积	8 600	16 000	18 600	16 000
盈余公积	20 000	5 000	20 000	5 000
未分配利润	56 800	4 000	56 800	4 000
合计	24 280	10 910	25 330	11 450

要求：根据以上资料，按照我国现行会计准则的规定：

（1）编制 2021 年 1 月 1 日有关甲公司对乙公司长期股权投资的会计分录。

（2）假定 2021 年 1 月 1 日甲公司取得对乙公司的控制权的当日，只编制合并资产负债表。请编制 2021 年 1 月 1 日甲公司合并财务报表工作底稿上的相关调整与抵销分录，并填列合并工作底稿。

（3）编制 2021 年度甲公司合并财务报表工作底稿上的相关调整与抵销分录，并填列合并工作底稿。

（4）编制 2022 年度甲公司合并财务报表工作底稿上的相关调整与抵销分录，并填列合并工作底稿。

2. 2022 年 1 月 1 日，A 公司以银行存款 4 375 万元取得了 B 公司 70%的股权，能够实际控制 B 公司。该项控股合并为非同一控制下的企业合并。A 公司在合并前没有持有 B 公司的股份，A 公司和 B 公司采用的会计政策一致，并且不考虑所得税的影响。2021 年 12 月 31 日，A 公司和 B 公司的资产负债表（简表）见表 8-15。

表 8-15　A 公司与 B 公司的资产负债表（简表）

2021 年 12 月 31 日　　单位：万元

项目	A 公司账面价值	B 公司账面价值	B 公司公允价值
货币资金	5 235	225	225
存货	1 240	130	225
应收账款	600	1 000	1 000
长期股权投资	625		
固定资产	3 900	2 575	4 650
无形资产	900	250	750
资产总计	12 500	4 180	6 850
短期借款	500	1 125	1 125
应付账款	750	150	150
其他负债	75	150	150
负债合计	1 325	1 425	1 425
股本	5 500	1 250	
资本公积	3 500	750	
盈余公积	1 000	250	
未分配利润	1 175	505	
所有者权益合计	11 175	2 755	
负债和所有者权益总计	12 500	4 180	

2022 年发生的与合并财务报表相关的交易或事项如下：

（1）4 月 1 日 B 公司宣告发放现金股利 150 万元。

（2）6 月 2 日 B 公司用银行存款支付现金股利 150 万元。

（3）2022 年 B 公司实现净利润 800 万元，提取盈余公积 80 万元。

（4）B 公司 2022 年的年初存货全部在 2022 年内售出。

（5）B 公司 2022 年的年初固定资产按直线法计提折旧，剩余折旧年限为 10 年。

（6）B 公司 2022 年的年初无形资产按直线法摊销，剩余摊销年限为 10 年。

（7）A 公司于 2022 年年末为编制合并财务报表对购买 B 公司所记录的商誉进行了减值测试，经测试相关商誉没有发生减值。

（8）A 公司和 B 公司 2022 年没有发生集团内部交易。

要求：根据上述资料，按照我国现行会计准则的规定：

（1）编制 2022 年 A 公司对 B 公司长期股权投资的相关会计分录。

（2）编制 2022 年 1 月 1 日 A 公司合并工作底稿中的调整与抵销分录，并填列合并工作底稿。

（3）编制 2022 年度 A 公司合并工作底稿中的调整与抵销分录。

3. 甲股份有限公司（以下简称“甲公司”）2021 年及 2022 年发生了以下交易事项：

（1）2021 年 4 月 1 日，甲公司以定向发行的本公司普通股 4 000 万股为对价，自乙公司取得 A 公司 30%的股权，并于当日向 A 公司派出董事，参与 A 公司的生产经营决策。当日，甲公司发行股份的市场价格为 5 元/股，另支付中介机构佣金 2 000 万元；A 公司可辨认净资产公允价值为 60 000 万元，除一项固定资产公允价值为 4 000 万元、账面价值为 1 600 万元外，其他资产、负债的公允价值与账面价值相同。A 公司增值的固定资产原取得成本为 3 200 万元，原预计使用年限为 20 年，自甲公司取得 A 公司股权时起仍可使用 10 年，采用年限平均法计提折旧，预计净残值为零。A 公司 2020 年实现净利润 4 800 万元，假定 A 公司有关损益在年度中均衡实现；2021 年 4 月至 12 月产生其他综合收益 1 200 万元。甲公司与乙公司及 A 公司在发生该项交易前不存在关联方关系。

（2）2022 年 1 月 2 日，甲公司追加购入 A 公司 30%的股权并自当日起控制 A 公司。购买日，甲公司用作合并对价的是本公司一项土地使用权及一项专利技术。土地使用权和专利技术的原价合计 12 000 万元，已累计摊销 2 000 万元，公允价值合计 25 200 万元。购买日，A 公司可辨认净资产公允价值为 72 000 万元；A 公司所有者权益账面价值为 52 000 万元，具体构成为：股本 13 334 万元、资本公积（资本溢价）8 000 万元、其他综合收益 4 800 万元、盈余公积 12 000 万元、未分配利润 13 866 万元。甲公司原持有的 A 公司 30%的股权于购买日的公允价值为 25 200 万元。

（3）2022 年 6 月 20 日，甲公司将其生产的某产品出售给 A 公司。该产品在甲公司的成本为 1 600 万元，销售给 A 公司的售价为 2 400 万元（不含增值税的市场价格）。A 公司将取得的该产品作为管理用固定资产，预计可使用 10 年，预计净残值为零，采用年限平均法计提折旧。

截至 2022 年 12 月 31 日，甲公司应收 A 公司上述货款尚未收到。甲公司对 1 年以内应收账款（含应收关联方款项）的预期信用损失率为 2%，按预期信用损失法计提坏账准备。甲公司应收 A 公司货款于 2023 年 3 月收到，A 公司从甲公司购入的产品处于正常使用中。

本题不考虑所得税等相关税费的影响。

要求：

（1）确定甲公司 2021 年 4 月 1 日对 A 公司 30%的股权的投资成本，说明甲公司对该项投资应采用的核算方法及理由，编制与确认该项投资相关的会计分录。

（2）计算甲公司 2021 年因持有 A 公司 30%的股权应确认的投资收益，并编制 2021 年与调整该项股权投资账面价值相关的会计分录。

（3）确定甲公司合并 A 公司的购买日、企业合并成本及应确认的商誉金额，分别计算甲公司个别财务报表中因持有 A 公司 60%的股权投资应计入损益的金额，编制购买日甲公司合并 A 公司的抵销分录。

（4）编制甲公司 2022 年编报合并财务报表时，与 A 公司内部交易相关的抵销分录。

（5）编制甲公司 2023 年编报合并财务报表时，与 A 公司内部交易相关的抵销分录。

模块四 习题解答

一、单选题

1. A

【解析】持续经营的子公司，无论其所有者权益是否为负数都要纳入母公司的合并财务报表范围。选项 A 正确。

2. A

【解析】合并财务报表的编制者是母公司。选项 A 正确。

3. A

【解析】只有控股合并才需要编制合并财务报表。选项 A 正确。

4. B

【解析】非同一控制下的企业合并，控股合并的母公司在合并日应当编制的合并财务报表是合并资产负债表；同一控制下的企业合并，控股合并的母公司在合并日应当编制的合并财务报表是合并资产负债表、合并利润表和合并现金流量表。在合并日后，不管是同一控制下的企业合并还是非同一控制下的企业合并都需要编制合并资产负债表、合并现金流量表、合并利润表和合并所有者权益变动表。选项 B 正确。

5. A

【解析】拥有 50%的权益性资本属于共同控制，不属于控制。选项 A 正确。

6. D

【解析】母公司应当将其控制的所有子公司（含特殊目的主体等），无论是小规模的子公司还是经营业务性质特殊的子公司，均纳入合并财务报表的合并范围。选项 D 不正确。

7. D

【解析】在编制合并财务报表时才需要编制抵销分录，编制抵销分录是为了将内部交易对合并财务报表有关项目的影响进行抵销处理。抵销分录只在工作底稿中编制，不必记入会计账簿。选项 D 正确。

8. B

【解析】A 公司和 B 公司为非关联方，则合并属于非同一控制下的企业合并，合并成本为 2 000×5＝10 000（万元）。选项 B 正确。

9. A

10. D

11. D

12. C

【解析】资产类、费用类、利润分配类各项目加借减贷；负债类、收益类和所有者权益类项目加贷减借。选项 C 正确。

13. A

【解析】甲、乙公司合并财务报表上“长期股权投资”项目的金额为 420－100＝320（万元）。选项 A 正确。

14. D

【解析】抵销母公司投资收益和少数股东损益均按照调整后的净利润份额计算。选项 D 不正确。

15. C

16. C

17. C

18. C

【解析】固定资产中包含的未实现利润＝100－76＝24（万元），2021 年由于内部交易中包含未实现利润而多计提的折旧＝24÷4×6÷12＝3（万元）。

在 2021 年年末的合并财务报表中的抵销分录如下：

借：未分配利润——年初　　24

　　贷：固定资产　　24

借：固定资产——累计折旧　　3

　　贷：未分配利润——年初　　3

2022 年由于内部交易中包含未实现利润而多计提的折旧＝24÷4＝6（万元）。

在 2022 年合并财务报表中的抵销分录如下：

借：固定资产——累计折旧　　6

　　贷：管理费用　　6

甲公司在编制 2022 年年末合并资产负债表时，应调减累计折旧项目 3+6＝9（万元）。选项 C 正确。

19. D

【解析】2021 年 12 月 31 日合并资产负债表存货成本＝500×(1－70%)＝150（万元），且未发生减值，则 2021 年 12 月 31 日合并资产负债表中应列示的存货金额为 150 万元。选项 D 正确。

20. C

21. A

22. C

23. B

24. A

25. D

26. C

【解析】现金流出在借方，现金流入在贷方。选项 C 正确。

27. B

28. B

二、多选题

1. ABC

2. CD

【解析】合并范围是一个专有名词，特指可纳入合并财务报表的企业范围。根据《企业会计准则第 33 号——合并财务报表》，合并财务报表的合并范围应当以控制为基础加以确定，所以，投资方对被投资方的“控制”关系存在与否，是确定合并范围的关键。可见，选项 A、选项 B 是正确的。由于子公司是指被母公司控制的企业，因此，只有子公司才能被纳入合并范围，除此之外的被投资方，比如投资方对其具有重大影响的联营企业，能够与其他投资方共同控制的合并企业，以及对其不具有重大影响的被投资方等，都不能纳入投资方的合并范围。随着能够控制的被投资方的增减变动，投资方的合并范围在报告期内可能会发生变动。选项 C、选项 D 不正确。

3. ABCD

4. ABC

5. ABCD

6. ABD

7. ACE

8. ACD

9. BDE

10. ACD

11. ABCDE

12. ACDE

13. BCD

14. DE

15. ABCDE

16. ABC

17. ABD

三、判断题

1. √

【解析】如果母公司是投资性主体，则母公司应将不能为其投资活动提供相关服务的子公司排除在合并范围之外。

2. √

【解析】编制合并财务报表的调整和抵销分录属于非正式分录，只在工作底稿中编制，不必在会计账簿中登记。

3. √

4. ×

【解析】投资单位持有的被投资单位的潜在表决权一旦执行或转换，将增加投资单位的表决权比例；相反，其他单位持有的被投资单位的潜在表决权一旦执行或转换，将减少本投资单位的表决权比例。所以，投资单位在评估本企业是否有统驭被投资单位的财务和经营政策的权利从而确定合并范围时，需要考虑本企业和其他企业持有的被投资单位的当期可转换公司债券以及当期可执行的认股权证。

5. √
6. √
7. ×
8. ×
9. ×

【解析】母公司对子公司的长期股权投资在合并财务报表工作底稿中是否由成本法调整到权益法，形成的抵销处理前的基础数据是不同的，而合并数据只能有一种结果。因此，母公司对子公司的长期股权投资在合并财务报表工作底稿中是否由成本法调整到权益法，对进行与内部股权投资有关的抵销处理中编制的抵销分录会有影响。

10. ×

【解析】一方面，合并财务报表中"长期股权投资""投资收益"等项目的报告价值是多少，取决于企业集团成员对集团外部被投资方的股权投资情况，与内部成员企业之间的股权投资情况无关，因为后者已被抵销。另一方面，合并财务报表工作底稿中是否将母公司对子公司的长期股权投资由成本法调整到权益法，只会影响到随后具体的抵销分录如何编制；而无论相关抵销处理如何进行，其结果都是一样的：内部成员企业之间的股权投资及其影响已被抵销。

11. ×

【解析】子公司持有的对母公司的股权投资，在编制合并财务报表时，不能采用与母公司对子公司股权投资的抵销处理相同的思路，而是要将其确认为集团的库存股。

12. √
13. √
14. ×
15. ×
16. ×
17. √
18. ×

四、业务题

1. 注意：本题会计分录中的金额单位为万元。

（1）编制 2021 年 1 月 1 日有关甲公司对乙公司长期股权投资的会计分录。

按照我国现行会计准则的规定，对于形成控股合并的长期股权投资，在确定其入账金额时，需要区分是形成同一控制下的控股合并，还是形成非同一控制下的控股合并，据以采用不同的处理方法：如果一项长期股权投资形成同一控制下的控股合并，则应当以投资企业占被投资企业净资产账面价值的份额作为该投资的入账金额。实际投资成本小于该份额的差额增加资本公积；实际成本大于该份额的差额则冲减资本公积，资本公积不够足减的，冲减留存收益。

本题中，甲公司对乙公司的长期股权投资形成同一控制下的控股合并，甲公司为合并方，乙公司为被合并方，合并日为 2021 年 1 月 1 日。

甲公司的投资成本 = 20 000（万元）。

甲公司占合并日乙公司净资产账面价值的份额＝21 000×80%＝16 800（万元）。

甲公司投资的实际成本大于所占乙公司净资产账面价值的份额，且甲公司有足够多的资本公积可以冲减。因此，2021 年 1 月 1 日，为记录对乙公司的投资，甲公司应编制如下会计分录：

借：长期股权投资　　16 800
　　资本公积　　3 200
　　贷：银行存款　　20 000

（2）编制 2021 年 1 月 1 日甲公司合并工作底稿上的相关调整和抵销分录，并填列合并工作底稿。

将甲公司的长期股权投资与乙公司的股东权益抵销，并将乙公司股东权益账面价值的 20%确认为少数股东权益。

借：股本　　5 000
　　资本公积　　4 000
　　盈余公积　　10 700
　　未分配利润　　1 300
　　贷：长期股权投资　　16 800
　　　　少数股东权益　　4 200

2021 年 1 月 1 日（购买日）甲公司的合并工作底稿见表 8-16。

表 8-16　2021 年 1 月 1 日甲公司的合并工作底稿　　单位：万元

项目	甲公司	乙公司	调整与抵销分录		合并金额
			借方	贷方	
货币资金	3 800	4 900			8 700
应收账款	33 000	11 100			44 100
存货	16 000	10 000			26 000
长期股权投资	16 800			①16 800	
固定资产	66 000	13 000			79 000
资产总计	135 600	39 000		16 800	157 800
应付账款	20 800	2 000			22 800
长期借款	14 000	16 000			30 000
股本	20 000	5 000	①5 000		20 000
资本公积	56 800	4 000	①4 000		56 800
盈余公积	23 500	10 700	①10 700		23 500
未分配利润	500	1 300	①1 300		500
少数股东权益				①4 200	4 200
负债与股东权益总计	135 600	39 000	21 000	4 200	157 800
调整与抵销金额合计			21 000	21 000	

（3）编制 2021 年度甲公司合并工作底稿上的相关调整和抵销分录，并填列合并工作

底稿。

① 将成本法下甲公司对乙公司长期股权投资的年末余额调整为权益法下的年末余额。

权益法下应确认的投资收益 = 2 100×80% = 1 680（万元）。会计分录如下：

借：长期股权投资　　1 680

　　贷：投资收益　　1 680

② 将甲公司对乙公司长期股权投资的年末余额与乙公司调整后股东权益年末余额的80%的份额相抵销，将乙公司调整后股东权益年末余额的 20%确认为少数股东权益。

乙公司 2021 年盈余公积的年末余额 = 10 700+210 = 10 910（万元）。

乙公司 2021 年的年末未分配利润 = 1 300+2 100−210 = 3 190（万元）。

按权益法调整后的长期股权投资的年末余额 = 16 800+1 680 = 18 480（万元）。

2021 年年末的少数股东权益 = 4 200+2 100×20% = 4 620（万元）。会计分录如下：

借：股本　　5 000

　　资本公积　　4 000

　　盈余公积　　10 910

　　未分配利润——年末　　3 190

　　贷：长期股权投资　　18 480

　　　　少数股东权益　　4 620

③ 抵销集团内部的投资收益与乙公司的利润分配，确认少数股东损益。会计分录如下：

借：投资收益　　1 680

　　少数股东损益　　420

　　未分配利润——年初　　1 300

　　贷：提取盈余公积　　210

　　　　未分配利润——年末　　3 190

2021 年 12 月 31 日甲公司的合并工作底稿见表 8-17。

表 8-17　2021 年 12 月 31 日甲公司的合并工作底稿　　单位：万元

项目	甲公司	乙公司	调整与抵销分录		合并金额
			借方	贷方	
（利润表部分）					
营业收入	50 000	24 000			74 000
营业成本	30 000	16 360			46 360
税金及附加	3 000	1 440			4 440
销售费用	2 200	1 750			3 950
管理费用	3 500	1 320			4 820
财务费用	700	110			810
资产减值损失	140	200			340

（续）

项目	甲公司	乙公司	调整与抵销分录		合并金额
			借方	贷方	
投资收益		30	1 680	1 680	30
营业利润	10 460	2 850	1 680	1 680	13 310
营业外支出	60	50			110
利润总额	10 400	2 800	1 680	1 680	13 200
所得税费用	2 600	700			3 300
净利润	7 800	2 100	1 680	1 680	9 900
少数股东损益			420		420
归属于母公司股东的净利润	7 800	2 100	2 100	1 680	9 480
（股东权益变动表的未分配利润变动部分）					
年初未分配利润	500	1 300	1 300		500
净利润	7 800	2 100	2 100	1 680	9 480
提取盈余公积	780	210		210	780
对股东的分配	2 500				2 500
年末未分配利润	5 020	3 190	9 780	8 270	6 700
（资产负债表部分）					
货币资金	10 600	6 900			17 500
应收账款	29 100	9 800			38 900
存货	9 200	14 500			23 700
长期股权投资	16 800		1 680	18 480	
固定资产	70 400	10 800			81 200
资产总计	136 100	42 000	1 680	18 480	161 300
应付账款	21 400	2 900			24 300
长期借款	8 600	16 000			24 600
股本	20 000	5 000	5 000		20 000
资本公积	56 800	4 000	4 000		56 800
盈余公积	24 280	10 910	10 910		24 280
未分配利润	5 020	3 190	6 590	5 080	6 700

（续）

项目	甲公司	乙公司	调整与抵销分录		合并金额
			借方	贷方	
少数股东权益				4 620	4 620
负债与股东权益总计	136 100	42 000	26 500	9 700	161 300
调整与抵销金额合计			28 180	28 180	

（4）编制2022年度甲公司合并工作底稿上的相关调整与抵销分录，并填列合并工作底稿。

① 将成本法下甲公司对乙公司长期股权投资的年末余额调整为权益法下的年末余额。

调整2021年权益法与成本法下投资收益的差额的影响＝1 680（万元）。

2022年甲公司在权益法下应确认的投资收益＝5 400×80%＝4 320（万元）。

2022年甲公司在成本法下已确认的投资收益＝600×80%＝ 480（万元）。

2022年甲公司在权益法下应追加确认的投资收益＝4 320－480＝3 840（万元）。会计分录如下：

借：长期股权投资　　5 520

　贷：未分配利润——年初　　1 680

　　投资收益　　3 840

② 将甲公司对乙公司长期股权投资的年末余额与乙公司调整后股东权益年末余额的80%的份额相抵销，将乙公司调整后股东权益年末余额的20%确认为少数股东权益。

乙公司2022年盈余公积的年末余额＝10 910+540＝11 450（万元）。

乙公司2022年的年末未分配利润＝3 190+5 400－540－600＝7 450（万元）。

按权益法调整后的长期股权投资的年末余额＝16 800+5 520＝22 320（万元）。

2022年年末少数股东权益＝4 620+5 400×20%－600×20%＝5 580（万元）。会计分录如下：

借：股本　　5 000

　资本公积　　4 000

　盈余公积　　11 450

　未分配利润——年末　　7 450

　贷：长期股权投资　　22 320

　　少数股东权益　　5 580

③ 抵销甲公司对乙公司长期股权投资的投资收益与乙公司的利润分配，确认少数股东损益。会计分录如下：

借：投资收益　　4 320

　少数股东损益　　1 080

　未分配利润——年初　　3 190

　贷：提取盈余公积　　540

　　对股东的分配　　600

　　未分配利润——年末　　7 450

2022年12月31日甲公司的合并工作底稿见表8-18。

表8-18　2022年12月31日甲公司的合并工作底稿　　单位：万元

项目	甲公司	乙公司	调整与抵销分录		合并金额
			借方	贷方	
（利润表部分）					
营业收入	60 000	32 000			92 000
营业成本	39 000	18 000			57 000
税金及附加	3 600	1 920			5 520
销售费用	1 030	1 170			2 200
管理费用	2 100	2 300			4 400
财务费用	460	620			1 080
资产减值损失	240	770			1 010
投资收益	480	20	4 320	3 840	20
营业利润	14 050	7 240	4 320	3 840	20 810
营业外支出	50	40			90
利润总额	14 000	7 200	4 320	3 840	20 720
所得税费用	3 500	1 800			5 300
净利润	10 500	5 400	4 320	3 840	15 420
少数股东损益			1 080		1 080
归属于母公司股东的净利润	10 500	5 400	5 400	3 840	14 340
（股东权益变动表的未分配利润变动部分）					
年初未分配利润	5 020	3 190	3 190	1 680	6 700
净利润	10 500	5 400	5 400	3 840	14 340
提取盈余公积	1 050	540		540	1 050
对股东的分配	6 200	600		600	6 200
年末未分配利润	8 270	7 450	23 490	21 560	13 790
（资产负债表部分）					
货币资金	9 080	4 060			13 140
应收账款	25 000	7 840			32 840
存货	16 400	8 600			25 000
长期股权投资	16 800		5 520	22 320	
固定资产	81 120	24 400			85 520

（续）

项目	甲公司	乙公司	调整与抵销分录		合并金额
			借方	贷方	
资产总计	148 400	44 900	5 520	22 320	176 500
应付账款	19 400	1 000			20 400
长期借款	18 600	16 000			34 600
股本	20 000	5 000	5 000		20 000
资本公积	56 800	4 000	4 000		47 200
盈余公积	25 330	11 450	11 450		34 490
未分配利润	8 270	7 450	16 040	14 110	13 790
少数股东权益				5 580	5 580
负债与股东权益总计	148 400	44 900	36 490	19 690	176 500
调整与抵销金额合计			42 010	42 010	

2. 注意：本题会计分录中的金额单位为万元。

（1）编制 2022 年 A 公司对 B 公司长期股权投资的会计分录。

① 2022 年 1 月 1 日，取得投资时，A 公司对 B 公司的长期股权投资为控股合并所形成，应当采用成本法进行会计处理。该项控股合并为非同一控制下的控股合并，因而应当以实际发生的投资成本 4 375 万元作为成本法下长期股权投资的入账金额。

2022 年 1 月 1 日，为记录对 B 公司的投资，A 公司应当编制如下会计分录：

借：长期股权投资　　4 375

　　贷：银行存款　　4 375

② 2022 年 4 月 1 日，B 公司宣告发放现金股利时，会计分录如下：

应收股利 = 150×70% = 105（万元）。

借：应收股利　　105

　　贷：投资收益　　105

③ 2022 年 6 月 2 日，实际收到 B 公司发放的现金股利时，会计分录如下：

借：银行存款　　105

　　贷：应收股利　　105

（2）该项控股合并为非同一控制下的控股合并，因而应当采用购买法编制合并财务报表。

购买日 B 公司可辨认净资产的公允价值 = 6 850−1 425 = 5 425（万元）。

购买日 A 公司应在合并资产负债表上确认的商誉 = 4 375−5 425×70% = 577.5（万元）。

购买日 A 公司应在合并资产负债表上确认的少数股东权益 = 5 425×30% = 1627.5（万元）。

A 公司应当在合并工作底稿上编制如下调整与抵销分录：

① 将 B 公司各资产和负债的账面价值调整为公允价值，会计分录如下：

借：存货　　95

　　固定资产　　2 075

无形资产　　500

贷：资本公积　　2 670

② 将 A 公司的长期股权投资与 B 公司的净资产抵销，将 B 公司可辨认净资产公允价值的 30%确认为少数股东权益，差额确认为商誉。

调整后的资本公积 = 750+2 670 = 3 420（万元）。

借：股本　　1 250

资本公积　　3 420

盈余公积　　250

未分配利润　　505

商誉　　577.5

贷：长期股权投资　　4 375

少数股东权益　　1 627.5

2022 年 1 月 1 日（购买日）A 公司的合并工作底稿见表 8-19。

表 8-19　2022 年 1 月 1 日 A 公司的合并工作底稿　　单位：万元

项目	A 公司	B 公司	调整与抵销分录		合并金额
			借方	贷方	
货币资金	860	225			1 085
存货	1 240	130	①95		1 465
应收账款	600	1 000			1 600
长期股权投资	5 000			②4 375	625
固定资产	3 900	2 575	①2 075		8 550
无形资产	900	250	①500		1 650
资产总计			②577.5		577.5
短期借款	12 500	4 180	3 247.5	4 375	15 552.5
应付账款	500	1 125			1 625
其他负债	750	150			900
负债合计	75	150			225
股本	5 500	1 250	②1 250		5 500
资本公积	3 500	750	②3 420	①2 670	3 500
盈余公积	1 000	250	250		1 000
未分配利润	1 175	505	②505		1 175
所有者权益合计				②1 627.5	1 627.5
调整与抵销金额合计	12 500	4 180	5 425	4 297.5	15 552.5

（3）编制 2022 年度 A 公司合并工作底稿中的调整与抵销分录。

① 将成本法下长期股权投资的余额调整为权益法下的余额。

为了方便编制合并工作底稿，可以在合并工作底稿上首先将成本法下长期股权投资的余额调整为权益法下的余额，然后在此基础上编制其他调整与抵销分录。同时为了确定少数股东净利润，需要对B公司的净利润进行调整，确定调整后的B公司净利润。

B公司存货低估金额=95（万元）。

B公司固定资产折旧费用少计金额=2 075÷10=207.5（万元）。

B公司无形资产摊销少计金额=500÷10=50（万元）。

B公司调整后的净利润=800-95-207.5-50=447.5（万元）。

A公司占B公司调整后净利润的份额=447.5×70%=313.25（万元）。

归属于少数股东的净利润=447.5×30%=134.25（万元）。

2022年年末A公司如果采用权益法，应记录来自B公司的投资收益313.25万元，同时增加长期股权投资的账面价值，另外从B公司分得现金股利105万元，应冲减长期股权投资的余额。

权益法下长期股权投资的余额=4 375-105+313.25=4 583.25（万元）。

成本法下长期股权投资的余额=4 375（万元）。

应调整增加长期股权投资余额=4 583.25-4 375=208.25（万元）。

因此，在合并工作底稿上应编制如下调整与抵销分录：

借：长期股权投资　　208.25

　　贷：投资收益　　208.25

② 基于购买日的公允价值对B公司各资产和负债的账面价值进行调整，会计分录如下：

借：营业成本　　95

　　固定资产　　2 075

　　无形资产　　500

　　贷：资本公积　　2 670

③ 调整资产和负债高估数和低估数对2022年度的影响，会计分录如下：

借：管理费用　　207.5

　　贷：固定资产　　207.5

借：管理费用　　50

　　贷：无形资产　　50

④ 将母公司A公司对子公司B公司的长期股权投资的年末余额同子公司所有者权益的年末余额抵销，确认少数股东权益和商誉。

调整后的资本公积=750+2 670=3 420（万元）。

盈余公积=250+800×10%=330（万元）。

调整后的年末未分配利润=505+800-80-150=1 075（万元）。

长期股权投资=4 375+208.25=4 583.25（万元）。

少数股东权益=1 627.5+134.25-150×30%=1 716.75（万元）。会计分录如下：

借：股本　　1 250

　　资本公积　　3 420

　　盈余公积　　330

未分配利润——年末　　1 075

商誉　　225

贷：长期股权投资　　4 583.25

少数股东权益　　1 716.75

⑤ 抵销 A 公司对 B 公司的投资收益与 B 公司的利润分配，确认少数股东损益。会计分录如下：

借：投资收益　　313.25

少数股东损益　　134.25

未分配利润——年初　　505

贷：提取盈余公积　　80

对股东的分配　　150

未分配利润——年末　　722.5

3.（1）甲公司对 A 公司的初始投资成本为 20 000 万元，该项投资应采用权益法核算，理由是甲公司向 A 公司董事会派出成员，参与其生产经营决策，能够对 A 公司施加重大影响。会计分录如下：

借：长期股权投资　　20 000

贷：股本　　4 000

资本公积——股本溢价　　16 000

借：资本公积——股本溢价　　2 000

贷：银行存款　　2 000

（2）甲公司因持有 A 公司股权投资应确认的投资收益 = [4 800−(4 000÷10−1 600÷10)]×9÷12×30% = 1 026（万元）。

借：长期股权投资——损益调整　　1 026

——其他综合收益　　360

贷：投资收益　　1 026

其他综合收益　　360

（3）购买日为 2022 年 1 月 2 日。

企业合并成本 = 25 200+25 200 = 50 400（万元）。

商誉 = 50 400−72 000×60% = 7 200（万元）。

个别财务报表应确认的损益为 15 200 万元。会计分录如下：

借：长期股权投资　　25 200

累计摊销　　2 000

贷：无形资产　　12 000

营业外收入　　15 200

购买日合并抵销分录如下：

借：股本　　13 334

资本公积　　28 000

其他综合收益　　4 800

盈余公积　　12 000

未分配利润 13 866
商誉 7 200
贷：长期股权投资 50 400
少数股东权益 28 800

（4）抵销分录如下：

借：营业收入 2 400
贷：营业成本 600
固定资产 800

借：固定资产（累计折旧） 40
贷：管理费用 40

借：应付账款 400
贷：应收账款 400

借：应收账款（坏账准备） 48
贷：信用减值损失 48

（5）抵销分录如下：

借：未分配利润——年初 800
贷：固定资产 800

借：固定资产（累计折旧） 40
贷：未分配利润——年初 40

借：固定资产（累计折旧） 80
贷：管理费用 80

借：资产减值损失 48
贷：未分配利润——年初 48

模块五 案例分析

案例一

东莞港务集团合并范围案

东莞港务集团有限公司（以下简称“东莞港务集团）是东莞市大型市属国有企业，主要从事集装箱码头和配套物流仓库的开发运营业务，2017 年集装箱吞吐量超过 300 万标准箱，在国内集装箱码头中排名第 11 位，世界排名第 40 位。东莞港务集团业务划分为集装箱码头、仓储物流、供应链和公用事业配套四大板块，有近 30 家下属子公司，其中纳入合并财务报表合并范围的子公司超过 20 家，下文将对几个典型的子公司是否纳入合并范围进行分析。

A 集装箱码头有限公司（以下简称“A 公司”）为东莞港务集团与新加坡港务集团共同投资设立的合资企业，主要经营 2 个 5 万 t 级集装箱码头，总投资额为 15 亿元。东莞港务集团在合资企业中占股 51%，新加坡港务集团占股 49%。A 公司董事会由 5 名董事组成，其中 3 人由东莞港务集团委派，2 人由新加坡港务集团委派；总经理由新加坡港务集团推荐，董事会任命。A 公司实行总经理负责制，日常经营事项由总经理负责，但金额超过 500 万元的销售、采购、投资、融资事项需报公司董事会批准。总经理任期为 3 年，总经理及新加坡港务集团保证 3 年任期内公司年平均净资产收益率不低于 8%，3 年后如达到此目标，经董事会批准后总经理可以连任，如达不到目标，则改由东莞港务集团推荐总经理，主导企业经营。

B 集装箱码头有限公司（以下简称“B 公司”）为东莞港务集团与中国外运集团共同投资设立的合资企业，主要经营 2 个 7 万 t 级集装箱码头，总投资额为 18 亿元。东莞港务集团在合资企业中占股 51%，中国外运集团占股 49%。B 公司董事会由 5 名董事组成，其中 3 人由东莞港务集团委派，2 人由中国外运集团委派。B 公司实行总经理负责制，除公司分立、合并、改制等涉及双方股权变动的事项需报董事会批准外，日常经营由总经理负责。B 公司总经理由中国外运集团任命，总经理及中国外运集团保证码头投产 3 年后公司营业收入不低于 2 亿元，净利润不低于 2 000 万元，以后每年的增长率不低于 5%。总经理任期 3 年，达到上述经营目标后，总经理可以连任，中外运集团有权更换总经理人选，但上述经营目标不变。在公司总经理由中外运集团派出的前提下，公司财务总监由东莞港务集团委派，公司的重要投融资决策、项目安排、人事变动、大额合同和资金往来需总经理和财务总监联签后方能实施。

C 仓储物流公司（以下简称“C 公司”）为东莞港务集团与普洛斯集团共同投资设立的合资企业，主要负责港区约 1 000 亩（1 亩 = 666.67m^2）仓储物流用地的开发和运营，拟建设约 10 万 m^2 的标准物流仓库，总投资额为 5 亿元。双方在合资企业中均占股 50%。D 公司董事会由 5 名董事组成，其中 3 人由东莞港务集团委派，2 人由普洛斯集团委派。公司总经理由普洛斯集团推荐，董事会任命，双方的合资协议约定：鉴于普洛斯集团在全球物流市场的招商和运营能力，除项目建设期外，公司的运营、管理全部由普洛斯集团派出的总经理负责。

D 供应链公司（以下简称“D 公司”）为东莞港务集团与一家民营企业甲公司合资设立的供应链服务公司，主要业务是为入住港区的仓储物流企业提供配套服务。公司注册资本为 1 000 万元，其中东莞港务集团占股 80%，甲公司占股 20%，公司不设董事会，执行董事和总经理均由甲公司委派。甲公司承诺：东莞港务集团每年的投资回报率不低于 15%，且每年 6 月份前完成现金分红，如公司的净利润达不到分红条件，由甲公司以现金捐赠形式补足，如合资企业的净资产收益率超过 15%，超过部分归甲公司享有。

（资料来源：肖冰. 关于企业合并会计报表的合并范围问题及相关案例探讨［J］. 中国商论，2019（6）：179-180.）

【引发的思考】

A、B、C、D 4 个子公司是否应该纳入东莞港务集团的合并范围？

【分析提示】

本案例中东莞港务集团对 A 公司的持股比例超过半数，在董事会中所占的席位也已超过半数，虽然 A 公司的总经理由合作方委派，但总经理仅对日常经营事项负责，重要的决策事项由董事会行使权力。显然东莞港务集团已达到了对 A 公司实际控制的效果，因此东莞港务集团的合并财务报表应将 A 公司纳入合并范围。

本案例中东莞港务集团对 B 公司的持股比例虽然超过半数，在董事会中所占的席位也超过半数，但 B 公司的总经理由合作方委派，且总经理有决定公司经营和财务政策的权利，实际上行使了大部分的董事会决策权。是否将 B 公司纳入东莞港务集团的合并财务报表合并范围有较大争议。本书编者认为：B 公司经营的主要业务为东莞港务集团最核心的集装箱码头业务，东莞港务集团投资 B 公司显然是为了通过参与被投资方的相关活动而享有可变回报，虽然合资公司的总经理由合作方委派，且总经理对公司活动有较大的决策权，但东莞港务集团仍然能通过合资协议的约定和派出的董事、财务总监对公司相关活动的决策产生重要影响，甚至有否决的权利。因此东莞港务集团应该将 B 公司纳入合并财务报表的合并范围。

本案例中东莞港务集团对 C 公司的持股比例没有超过半数，虽然在董事会中所占的席位超过了半数，但 C 公司的经营管理由总经理负责，董事会并未深度参与公司的相关活动，对公司的回报影响力不大。因此东莞港务集团不应将 C 公司纳入合并范围。

本案例中虽然东莞港务集团对 D 公司的持股比例已经远超半数，对合资公司有控制权。但根据双方的合资协议来看，东莞港务集团的投资目的主要是为了获取稳定收益，而非“可变回报”，因此东莞港务集团应基于合同安排的实质而非回报的法律形式进行会计处理，不将 D 公司纳入合并财务报表的合并范围。

案例二

丽鹏股份收购华宇园林

将小瓶盖做成大事业的山东丽鹏股份有限公司（以下简称“丽鹏股份”，证券简称已于 2021 年 2 月 22 日变更为“中锐股份”）在 2014 年 7 月 31 日发出公告，将以不低于 7.57 元/股定增不超 1.01 亿股股份+现金 2.3 亿元，共计 9.94 亿元收购华宇园林 100%的股权，同时公司向 9 名特定投资者以不低于 7.57 元/股发行不超过 3 669 万股股份，募集配套资金不超过 2.77 亿元用于前述现金对价及补充华宇园林营运资金。消息公布后公司股价在二级市场上连续上涨。

丽鹏股份创建于 1995 年，主要涉足包装和园林两大行业。包装行业主导产品为防伪瓶盖和复合型防伪印刷铝板，是生产销售复合型防伪印刷铝板、各种铝防伪瓶盖、组合式防伪瓶盖及制作各种防伪瓶盖的高速生产线，同时经营电脑创意雕刻等关联多元化服务的专业厂家，产品销往全国及世界市场，是规模化的防伪瓶盖生产基地、铝防伪瓶盖板集散地、铝板复合型防伪印刷基地。公司拥有自营进出口权，通过了 ISO 9001 国际质量体系认证、ISO 14001 环境体系认证等多项标准认证。

华宇园林主要从事园林工程施工、园林景观规划设计、园林养护和苗木种植销售等业务。经过多年的积累，华宇园林已经在园林绿化行业内形成了一定的品牌优势，在国内园林绿化大中型项目的市场竞争中占据了一定的优势。同时，华宇园林是少数已经开始在全国范围内开拓业务的园林公司之一，目前在全国范围内共开设有 13 家分公司、1 家子公司。根据 2012 年及 2013 年的合并财务报表，最近两年华宇园林实现的净利润分别为 6 059.72 万元和 8 927.87 万元。此次并购成功后丽鹏股份将形成双主业并行的业务经营模式。

由于相关的税收优惠政策，华宇园林的企业所得税税率为 15%，而其母公司丽鹏股份有限公司的企业所得税税率为25%。在涉及两家公司的内部交易的递延所得税的处理上，税率的选择在目前的会计准则中并没有明确的规定。

以下摘自2017年丽鹏股份有限公司的年报：

（一）企业所得税

（1）子公司重庆华宇园林有限公司、重庆东飞凯格建筑景观设计咨询有限公司适用15%的所得税税率。

（2）公司及其他子公司适用25%的所得税税率。

（二）税收优惠

（1）根据《增值税暂行条例实施细则》的相关规定，子公司重庆华宇园林有限公司苗木销售为免税农产品免征增值税。

（2）根据《中华人民共和国企业所得税法》及《中华人民共和国企业所得税法实施条例》的规定，子公司重庆华宇园林有限公司苗木销售所得免征企业所得税。

（3）根据《财政部、海关总署、国家税务总局关于深入实施西部大开发战略有关税收政策问题的通知》（财税〔2011〕58号），子公司重庆华宇园林有限公司的业务符合《产业结构调整指导目录（2011年本）》鼓励类产业中第二十二款“城市基础设施”第13项“城镇园林绿化及生态小区建设”的列举范围，且鼓励类收入占总收入的70%以上。根据国家税务总局《关于深入实施西部大开发战略有关企业所得税问题的公告》（国家税务总局公告〔2012〕12号）规定，在《西部地区鼓励类产业目录》公布前，企业符合《产业结构调整指导目录》范围的，经税务机关确认后，企业所得税可按照15%税率缴纳。子公司重庆华宇园林有限公司、重庆东飞凯格建筑景观设计咨询有限公司按15%计缴企业所得税。

（资料来源：景观中国. 丽鹏股份：10亿元并购华宇园林进入园林行业［EB/OL］. http://www.landscape.cn/news/26085.html.）

【引发的思考】

1. 简述母子公司税率不同所涉及的递延所得税问题。

2. 分析采购方的税率比销售方低时的会计处理：假设丽鹏股份与华宇园林进行了一笔内部交易（购买方是华宇园林，销售方为丽鹏股份），已知购买方购买的存货并未对外销售，交易中不存在相关税费，且以前期间两家公司不存在任何内部交易。假设该存货的成本为40 000元，售价为50 000元。

3. 分析采购方的税率比销售方高时的会计处理：假设丽鹏股份与华宇园林进行了一笔内部交易（购买方是丽鹏股份，销售方为华宇园林），已知购买方购买的存货并未对外销售，交易中不存在相关税费，且以前期间两家公司不存在任何内部交易。假设该存货的成本为40 000元，售价为50 000元。

【分析提示】

1. 母子公司之间进行内部交易购买存货（存货并没有全部销售出去），除了在个别财务报表中反映以外，还需要在合并财务报表中进行抵销。因为交易的资产在个别财务报表中的计税基础是其内部交易的价格，但就整个企业集团来说，这是一项内部交易，其销售损益并未实现，于是该项存货在合并财务报表中的账面价值与计税基础之间产生了暂时性差异，应确认递延所得税费用。

在计算合并财务报表中的递延所得税时，母子公司的企业所得税税率也各不相同，如何选择所得税税率进行计算就是我们所想要探讨的问题。

2. 丽鹏股份个别财务报表确认的所得税费用为 2 500 元。从合并财务报表的角度出发，存货的账面价值是 40 000 元，计税基础是 50 000 元，产生的可抵扣暂时性差异 10 000元。

丽鹏股份的相关会计分录如下：

借：银行存款　　50 000

　　贷：主营业务收入　　50 000

借：主营业务成本　　40 000

　　贷：库存商品　　40 000

借：所得税费用　　2 500

　　贷：应交税费——应交所得税　　2 500

递延所得税的处理：

以采购方的税率为基础计量递延所得税，则合并层面应确认递延所得税资产 1 500 元，所得税费用 1 000 元。

以销售方的税率为基础计量递延所得税，则合并层面应确认递延所得税资产 2 500 元，所得税费用为 0。

根据上述两种假设所带来的结果，本书认为应该选择销售方使用的税率计算递延所得税，因为从上述分析可知，以采购方的税率计算递延所得税，其所得税费用会存在余额，该数字会影响到财务报表使用者对经营状况的判断。而使用销售方的税率，其所得税费用的余额为 0，这也与真实性及实质重于形式这两项会计信息质量要求相符合。

合并财务报表层面的会计处理如下：

借：递延所得税资产　　2 500

　　贷：所得税费用　　2 500

3. 华宇园林个别财务报表确认的所得税费用为 1 500 元。从合并财务报表的角度出发，存货的账面价值是 40 000 元，计税基础是 50 000 元，产生的可抵扣暂时性差异为 10 000元。

华宇园林的相关会计分录如下：

借：银行存款　　50 000

　　贷：主营业务收入　　50 000

借：主营业务成本　　40 000

　　贷：库存商品　　40 000

借：所得税费用　　1 500

　　贷：应交税费——应交所得税　　1 500

递延所得税的处理：

以采购方的税率为基础计量递延所得税，则合并层面应确认递延所得税资产 2 500 元，所得税费用-1 000 元。

以销售方的税率为基础计量递延所得税，则合并层面应确认递延所得税资产 1 500 元，所得税费用为0。

根据上述两种假设所带来的结果，本书认为应该选择以销售方的税率为基础计算递延所得税。从上面的分析可以看出，若以采购方税率为基础计量会导致合并财务报表层面的所得税费用产生负值。所得税费用为负值通常代表企业在该会计期间发生了亏损，而事实上此次内部交易并未导致亏损，该数据会影响财务报表使用者对该集团财务信息的误解，有悖于真实性与实质重于形式的原则。而选择以销售方的税率为基础来确定递延所得税，其金额与销售方当期个别财务报表的所得税费用金额一致，也就是说，该集团未来期间可以抵扣的税款也就是当期发生的所得税费用，这种方式是符合真实性原则的。相关会计分录如下：

借：递延所得税资产　　1 500

　　贷：所得税费用　　1 500

综上所述，当采购方的企业所得税税率比销售方低的时候，可以采用销售方的高税率计算递延所得税。因为这样不会使所得税费用出现余额，避免影响财务报表使用者对公司整体运营情况的判断。

当采购方的企业所得税税率比销售方高时，应采用销售方的低税率计算递延所得税。如上述案例所展示的，若以采购方的税率计算，所得税费用会出现负值，会让财务报表使用者所读取的公司运营情况与实际情况有所出入，故选择销售方的低税率进行计算。

以上处理方式仅代表本书编者的个人学术观点，对于这类问题，最重要的措施应该是制定统一具体的会计政策，对合并财务报表中的递延所得税税率问题划分统一的标准，减少利用该领域标准不清而进行的违法活动，避免造成对广大财务报表使用者的误导，禁止企业的逃税漏税等行为。

案例三

合力泰借壳联合化工

2013年10月，山东联合化工股份有限公司（以下简称“联合化工”）披露重大资产重组预案，公司拟以发行股份的方式收购江西合力泰科技股份有限公司100%的股权，同时募集配套资金。发行完成后，合力泰现实际控制人将持有公司约28.26%的股份，成为公司新的实际控制人。据《山东联合化工股份有限公司发行股份购买资产并募集配套资金暨关联交易报告书（修订稿）》，本次交易标的预估值约为不超过28亿元，较交易标的同期账面净资产（未经审计）增值约24.60亿元，评估增值率为723.53%。2014年年初，联合化工证券简称变更为“合力泰（股票代码002217）”。此举缓解了联合化工因近年来受到化工行业不景气的影响，主营产品价格下降明显，公司业绩出现大幅下滑的压力。借壳上市作为IPO之外另一种重要的上市途径，近几年来一直是非上市公司进入A股市场的一种重要手段。

非同一控制下的企业合并以发行权益性证券交换股权的方式进行的，通常发行权益性证券的一方为收购方。但某些企业合并中，发行权益性证券的一方因其生产经营决策在合并后被参与合并的另一方所控制，发行权益性证券的一方虽然为法律上的母公司，但其为会计上的被收购方，该类企业合并通常称为“反向收购”。《企业会计准则——基本准则》尤其强调实质重于形式原则，即企业应当按照交易或者事项的经济实质进行会计确认、计量和报告，而不仅仅是以交易或者事项的法律形式为依据。

2020年修订的《上市公司重大资产重组管理办法》对反向收购的具体规定做出了细致说明，凡是构成重大资产重组的，均应按照相关规定报请批准。此外，对于壳公司的选择，应符合2020年修订的《首次公开发行股票并上市管理办法》的规定。

此次交易中，联合化工发行66 895.2万股每股价格4.14元的股票购买合力泰股东拥有的100%的股权（联合化工还将通过非公开发行的方式募集配套资金，由于本案例关注的是借壳上市交易本身，因此不对募集配套资金的会计处理进行分析）。此次交易完成后，合力泰原股东将拥有联合化工66.67%股权（联合化工此次发行股份数量66 895.2万股，发行后的总股数为100 342.8万股），其中合力泰原控股股东及其一致行动人将拥有联合化工52%的股权，公司的控股股东和实际控制人都将发生改变。重组完成后联合化工在现有化工业务的基础上将增加触摸屏和中小尺寸液晶显示屏及模组主营业务，进而实现多元化发展。

通过本次交易，一方面提升了联合化工整体资产质量，联合化工在保留化工业务的同时，注入了盈利能力较强的触摸屏和中小尺寸液晶显示屏及模组业务及资产，实现主营业务的多元化转型，从根本上改善了经营状况，增强了资产规模、盈利能力、核心竞争力，解决了可持续发展问题，切实保障了广大股东特别是中小股东利益；另一方面，合力泰亦可借此实现间接上市，通过资本市场获得快速发展急需的资金。随着触摸屏和液晶显示屏市场的不断增长，合力泰的业务已进入高速增长的跨越式发展时期，合力泰可充分发挥其在触摸屏和中小尺寸液晶显示屏及模组业务方面的竞争优势，借力资本市场加快业务发展，为公司股东带来丰厚回报。

（资料来源：赵淑娟，胡乃忠. 反向购买的会计处理——合力泰借壳联合化工案例分析［J］. 齐鲁珠坛，2014（5）：12-15.）

【引发的思考】

1. 吸收合并和反向收购有何区别？如何判断本案例的合并属于反向收购？

2. 反向收购合并业务发生后上市公司2014年的利润表和现金流量表应该如何编制？

3. 通过本案例，对合力泰的可持续发展提出可行性建议。

【分析提示】

1. 吸收合并，是指合并方通过企业合并取得被合并方的全部净资产，合并后注销被合并方的法人资格，被合并方原持有的资产、负债，在合并后成为合并方的资产、负债。反向收购指的是非上市公司购买一家上市公司一定比例的股权来取得上市的资格，然后注入自己有关业务及资产，实现间接上市的目的。在实务操作中，二者都是一方的业务并入另一方，但二者的关键性差别就在于交易完成之后，公司的实际控制人是法律上的母公司还是子公司。若法律上的母公司为实际控制人，那么该项业务为吸收合并；若是交易完成后，其生产经营决策被法律上的子公司所控制，那么该项业务按反向收购进行会计处理。

在本案例中，合力泰与联合化工交易完成后，合力泰原股东持有联合化工66.67%的股份，成为公司的实际控制人，所以判断本案例的合并属于反向收购。

2. 由于确定的购买日是2014年3月31日，编制上市公司2014年第一季度利润表时，反向购买形成的合并财务报表不应包含联合化工的利润表相关项目，而仅为合力泰 2014 年 1 月—3 月的利润数据。同理，假如上市公司编制 2014 年 1~6 月的合并财务报表时，合并利润表要包含联合化工 2014 年 4 月—6 月以公允价值为基础计算的利润表数据，以此类推。2014 年度及中期合并利润表比较财务报表数据，应该为合力泰 2013 年度的报表数据。反向购买合并现金流量表的处理原则同利润表。但需要注意的是，联合化工 2014 年 1 月—3 月现金流量表中“期末现金及现金等价物余额”数据需在合并现金流量表相关项目中调增，由于其肯定是正数，将其放在“收到其他与投资活动有关的现金”项目中即可。这样，在上市公司编制的 2014 年 1 月—3 月的合并现金流量表中，相关数据跟合力泰单体报表的数据差异就仅为该项的影响，而“期初现金及现金等价物余额”不会发生变化。同理，在编制 2014 年 1 月—6 月合并现金流量表时，处理原则同利润表。

3. 对合力泰可持续发展建议的提出，可以重点从以下几个角度思考：合力泰与联合化工合并以后，如何平稳度过磨合期？合力泰当前业务的定位以及如何使合力泰的当前业务得到较好的发展？从合力泰财务报表中能发现什么问题及如何解决？

由此给出以下三个方面的建议以供参考：

（1）定位与发展方面。合力泰的主要产品为触摸屏和中小尺寸液晶显示屏及模组，下游应用广泛，主要包括手机、平板电脑等消费电子产品。近几年来，在全球智能手机和平板电脑等产品的带动下，触摸屏和中小尺寸液晶显示屏行业发展极为迅速，下游应用领域不断拓宽，市场需求保持持续高速增长的态势，但是下游电子产品行业具有更新升级快、成熟产品价格下降快的双重特点。随着下游产品的价格下降，客户会要求供应商降低价格，并将降价要求逐级向产业链上游传递。因此，合力泰需要具有较强的成本管理能力，并且能与上游供应商建立良好合作关系。在产品价格调整过程中，一方面通过与供应商协商使主要原材料价格与产品销售价格同步，同时不断改进工艺、提高产品质量，并通过生产垂直一体化、自给部分盖板玻璃和 FPC 等多重方式保持较强的持续盈利能力。

（2）技术与创新方面。创新是公司保持活力和竞争力的基本驱动力，而技术创新是公司的核心任务。受智能手机、平板电脑等新兴消费类电子产品需求爆发式增长和触摸屏原有的较高利润率水平的吸引，触摸屏行业新进入厂商数量持续增加，产能扩充迅速，市场竞争环境日益复杂化，且竞争日趋激烈。除此之外，随着信息技术的发展，消费电子行业新的应用不断涌现，用户对产品个性化及性能的需求不断提高，新产品和新技术更新速度亦不断加快。合力泰应该不断完善产业链，进行严格的成本控制，并依托在液晶显示技术和触摸屏技术方面的长期积累，优化产品结构，向如 VR 眼镜等高附加值的新产品、新领域拓展，快速实现新产品业务版块的产业化和规模化发展。

（3）管理与治理方面。在产品过剩、资本过剩的市场环境中，对大多数公司来说，制约公司发展主要因素已经不是资金和生产能力，而是公司的管理能力，即公司管理工作对收益的贡献大小。合力泰从事的触摸屏和液晶显示屏业务属于精密加工行业，生产车间为无尘净化车间，加工产品为精密电子元器件，各道工序相对复杂，需要由大量训练有素的工人协作完成，所以首先应该尽量避免核心人员的流失，并增强人才的培养与核心技术的开发力度。随着合力泰合并后生产规模的快速扩张，其对生产管理、供应链管理和销售管理提出更高的要求，既要合理安排生产、保证交付、减少库存，又要保证产品质量。因此，合力泰应该在质量提升、生产管理、产能适配等诸多环节优化资源配置，采用 ERP 系统进行物料调配，实施精细化管理，从而确保多个管理目标的实现。此外，本次交易完成后，合力泰将成为联合化工的全资子公司。联合化工在现有化工业务基础上，将新增触摸屏和中小尺寸液晶显示屏产品等的设计、生产和销售业务。上述两类业务分属不同行业，需在企业经营管理制度及企业文化等方面进行有效整合。

第九章

租赁会计

模块一　本章要点回顾

本章思维导图如图 9-1 所示。

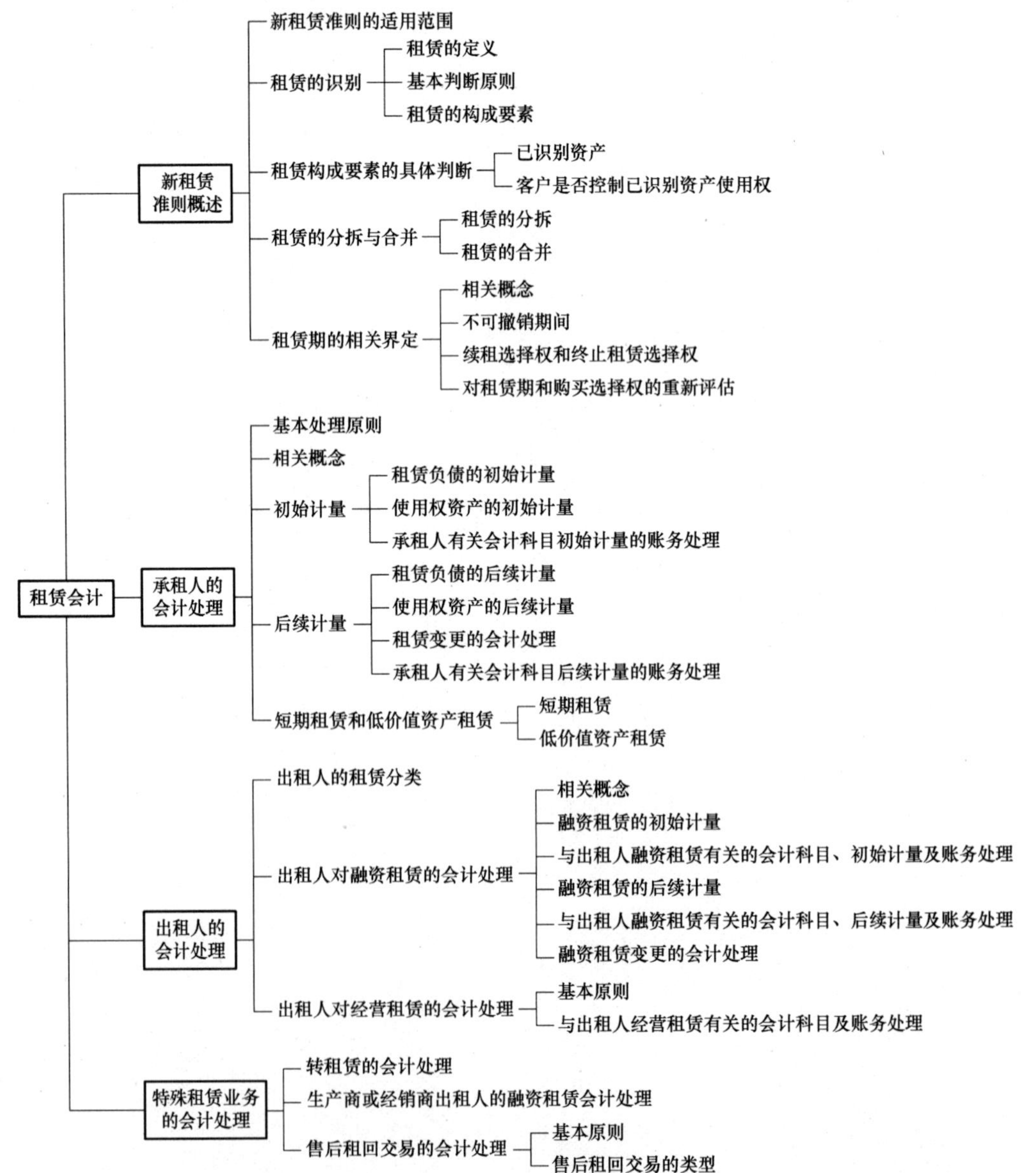

图 9-1　本章思维导图

模块二　重点与难点精析

1. 与租赁业务相关的概念

（1）租赁开始日：租赁合同签署日与租赁各方就主要租赁条款做出承诺日中的较早者。

（2）租赁期开始日：承租人有权行使其使用租赁资产权利的开始日。租赁期开始日出租人、承租人双方都要开始进行账务处理。

（3）租赁期：承租人所签的承租资产合同中的不可撤销租约的日期。

2. 与租赁价值计量有关的概念

（1）租赁付款额：承租人向出租人支付的与在租赁期内使用租赁资产的权利相关的款项。

1）租赁合同没有规定优惠购买选择权的：

租赁付款额=承租方支付的租金之和+可变租赁付款额+承租方及与其有关的第三方担保的资产余值

2）租赁合同规定有优惠购买选择权的：

租赁付款额=承租方支付的租金之和+可变租赁付款额+优惠留购价

租赁付款额的构成内容见表9-1。

表9-1　租赁付款额的构成内容

固定付款额及实质固定付款额，存在租赁激励的，扣除租赁激励相关金额	固定付款额	租赁期内承租人每期支付的租金
	实质固定付款额	在形式上可能包含变量但实质上无法避免的付款额
	租赁激励	出租人为达成租赁向承租人提供的优惠
可变租赁付款额	取决于指数或比率的可变租赁付款额，该款项在初始计量时根据租赁期开始日的指数或比率确定	
优惠购买选择权行权价格	承租人行使优惠购买选择权而支付的款项	
终止租赁选择权支付款项	承租人终止租赁选择权支付的款项	
承租人担保余值	由承租人或与其有关的第三方提供担保的资产余值	

（2）公允价值：在公平交易中，熟悉情况的交易双方自愿进行资产交换或债务清偿的金额。

（3）资产余值：在租赁开始日估计的租赁期届满时租赁资产的公允价值。

（4）担保余值：由承租人或与其有关的第三方提供担保的资产余值，或与承租人和出租人均无关，但在财务上有能力担保的第三方对出租人担保的资产余值。

出租人担保余值=承租人担保余值+与双方无关的第三方担保的资产余值

（5）未担保余值：租赁资产余值中扣除就出租人而言的担保余值以后的资产余值。

3. 融资租赁的判断依据

（1）在租赁期届满时，租赁资产的所有权转移给承租人。

（2）在租赁期届满时，承租人有廉价购买租赁资产的选择权。

（3）租赁期占租赁资产使用寿命的大部分。

（4）在租赁开始日的最低租赁付款额和最低租赁收款额的现值几乎相当于租赁开始日租赁资产的公允价值。

（5）租赁资产性质特殊，如果不进行较大调整，只有承租人才能使用。

（6）可能分类为融资租赁的其他情况。

若承租人撤销租赁，撤销租赁对出租人造成的损失由承租人承担；资产余值的公允价值波动所产生的利得或损失归属于承租人；承租人有能力以远低于市场水平的租金继续租赁相关资产至下一期间。

4. 租赁的识别特征

如果合同中一方让渡了在一定期间内控制一项或多项已识别资产使用的权利以换取对价，则该合同为租赁合同或者包含租赁的合同。除非合同条款和条件发生变化，企业无须重新评估合同是否为租赁合同或者包含租赁的合同。租赁包含如下要素：

1）已识别资产。

通常由合同明确指定，也可以在资产可供客户使用时隐性指定。但是，即使合同已对资产进行指定，如果资产的供应方在整个使用期间内拥有对该资产的实质性替换权，则该资产不属于已识别资产。

同时符合下列条件时，表明供应方拥有对资产的实质性替换权：

a. 资产供应方拥有在整个使用期间替换资产的实际能力。

b. 资产供应方通过行使替换资产的权利将获得经济利益。

企业难以确定供应方是否拥有对该资产的实质性替换权的，应当将供应方视为没有对该资产的实质性替换权。

如果资产的某部分产能或其他部分在物理上不可区分，则该部分不属于已识别资产，除非其实质上代表该资产的全部产能，从而使客户获得因使用该资产所产生的几乎全部经济利益。

2）获取因使用已识别资产所产生的几乎全部经济利益。

在评估企业是否有权从资产的使用中获取利益时，仅应考虑资产的使用所产生的经济利益（如从资产的使用中获取的可再生能源税款抵免或资产的使用所产生的副产品），而不应考虑该项资产的所有权所产生的经济利益（如因拥有资产而产生的税收优惠）。这是因为，租赁仅转移的是标的资产的使用权，而非标的资产的所有权。

3）主导已识别资产的使用。

存在下列情况之一的，可视为客户有权主导对已识别资产在整个使用期间内的使用：

a. 客户有权在整个使用期间内主导已识别资产的使用目的和使用方式。

b. 已识别资产的使用目的和使用方式在使用期开始前已预先确定，并且客户有权在整个使用期间自行或主导他人按照其确定的方式运营该资产，或者客户设计了已识别资产并在设计时已预先确定了该资产在整个使用期间的使用目的和使用方式。

5. 承租人的会计处理

（1）使用权资产应按照成本进行初始计量。使用权资产反映了承租人可在租赁期内使用租赁资产的权利，其成本包括：

1）租赁负债的初始计量金额。

2）在租赁期开始日或之前支付的租赁付款额，存在租赁激励的，扣除已享受的租赁激励相关金额。

3）承租人发生的初始直接费用。

4）承租人为拆卸及移除租赁资产、复原租赁资产所在场地或将租赁资产恢复至租赁条款约定状态预计将发生的成本。

使用权资产=租赁负债+租赁预付款-租赁激励+初始直接费用+预计拆卸/移除/复原/恢复成本

（2）租赁负债的确认和计量。租赁负债应当按照租赁期开始日尚未支付的租赁付款额的现值进行初始计量。在计算租赁付款额的现值时，承租人应当采用租赁内含利率作为折现率；无法确定租赁内含利率的，应当采用承租人增量借款利率作为折现率。

租赁内含利率是指使出租人的租赁收款额的现值与未担保余值的现值之和等于租赁资产公允价值与出租人的初始直接费用之和的利率。

承租人增量借款利率是指承租人在类似经济环境下为获得与使用权资产价值接近的资产，在类似期间以类似抵押条件借入资金须支付的利率。租赁负债的构成内容见表 9-2。

表 9-2 租赁负债的构成内容

租金	固定及实质固定付款额
	取决于指数或比率的可变租赁付款额
租期结束时预计支付款项	优惠购买选择权预计行权价格
	终止租赁选择权预计支付款项
	承租人担保余值预计应支付款项

（3）租赁付款额的确认计量。租赁付款额是指承租人向出租人支付的与在租赁期内使用租赁资产的权利相关的款项，包括：

1）固定付款额及实质固定付款额，存在租赁激励的，扣除租赁激励相关金额。

2）取决于指数或比率的可变租赁付款额，该款项在初始计量时根据租赁期开始日的指数或比率确定。

3）购买选择权的行权价格，前提是承租人合理确定将行使该选择权。

4）行使终止租赁选择权需支付的款项，前提是租赁期反映出承租人将行使终止租赁选择权。

5）根据承租人提供的担保余值预计应支付的款项。

实质固定付款额，是指在形式上可能包含变量但实质上无法避免的付款额。

租赁付款额=固定及实质固定付款额-租赁激励+取决于指数或比率的可变租赁付款额+合理确定将行使的购买选择权的行权价格+将行使的就终止租赁选择权的支付+承租人担保余值预计支付款项

（4）资产余值、担保余值、未担保余值的关系。资产余值、担保余值、未担保余值的关系见表 9-3。

表 9-3　资产余值、担保余值、未担保余值的关系

<table>
<tr><td rowspan="3">资产余值</td><td rowspan="2">担保余值</td><td>承租人或与第三方担保的资产余值＝就承租人而言的担保余值</td><td rowspan="2">就出租人而言的担保余值</td></tr>
<tr><td>独立于租赁双方的第三方担保的资产余值</td></tr>
<tr><td>未担保余值</td><td colspan="2">扣除就出租人而言的担保余值以后的资产余值</td></tr>
</table>

6. 短期租赁和低价值资产租赁

短期租赁：在租赁期开始日计算的租赁期不超过 12 个月的租赁。包含购买选择权的租赁不属于短期租赁。

低价值资产租赁：单项租赁资产为全新资产时价值较低的租赁。

低价值资产租赁的判定仅与资产的绝对价值有关，不受承租人规模、性质或其他情况的影响。承租人转租或预期转租租赁资产的，原租赁不属于低价值资产租赁。

短期租赁和低价值资产租赁可以简化处理，不确认使用权资产和租赁负债。

7. 出租人的会计处理

（1）融资租赁的确认和计量相关要点见表 9-4。

表 9-4　融资租赁的确认和计量相关要点

<table>
<tr><th>项目</th><th colspan="2">账务处理</th></tr>
<tr><td>初始确认</td><td colspan="2">借：应收融资租赁款（租赁收款额现值+未担保余值现值）
　贷：融资租赁资产（租赁收款额+未担保余值）
　　未折现租赁收款额（差额）</td></tr>
<tr><td>初始直接费用</td><td colspan="2">借：未实现融资收益
　贷：银行存款等</td></tr>
<tr><td rowspan="4">未担保余值</td><td>租赁开始日</td><td>借：未担保余值
　贷：未实现融资收益</td></tr>
<tr><td>发生减值</td><td>确认减值，重新计算租赁内含利率，并确认其对租赁投资净额的影响</td></tr>
<tr><td>价值恢复</td><td>如未担保余值减值损失得以恢复，允许转回</td></tr>
<tr><td>租赁期届满时</td><td>借：融资租赁资产
　租赁收入
　贷：未担保收入</td></tr>
<tr><td>未折现租赁收款额</td><td>在每期收取租金的同时，按固定的周期性利率，分期摊销计入租金收入</td><td>借：银行存款
　贷：应收融资租赁款
　　未折现租赁收款额
借：未折现租赁收款额
　贷：租赁收入</td></tr>
<tr><td>与承租方销售收入相关租赁收款款额</td><td>在实际发生时确认为租赁收入</td><td>借：应收融资租赁款
　银行存款
　贷：租赁收入</td></tr>
</table>

（续）

项目	账务处理	
租赁期届满时租赁资产	资产余值全部担保	借：融资租赁资产 贷：长期应收款
	资产余值部分担保	借：融资租赁资产 贷：长期应收款 未担保余值
	资产余值全部未担保	借：融资租赁资产 贷：未担保余值
	担保余值和未担保余值均不存在时，无须编制会计分录	

（2）经营租赁的会计核算要点如下：

1）在租赁期内各个期间，出租人应当采用直线法或其他系统合理的方法，将经营租赁的租赁收款额确认为租金收入。

2）初始直接费用应当资本化，在租赁期内按照与租金收入确认相同的基础进行分摊，分期计入当期损益。

3）出租人取得的与经营租赁有关的未计入租赁收款额的可变租赁付款额，应当在实际发生时计入当期损益。

8. 售后租回

承租人和出租人应当按照《企业会计准则第 14 号——收入》的规定，评估确定售后租回交易中的资产转让是否属于销售。

售后租回交易中的资产转让不属于销售的，承租人应当继续确认被转让资产，同时确认一项与转让收入等额的金融负债；出租人不确认被转让资产，但应当确认一项与转让收入等额的金融资产，并对该金融资产进行会计处理。

售后租回交易中的资产转让属于销售的，承租人应当按原资产账面价值中与所保留使用权有关的部分，计量售后租回所形成的使用权资产，并仅就转让至出租人的权利确认相关利得或损失；出租人应当根据其他适用的具体准则对资产购买进行会计处理，并根据新租赁准则对资产出租进行会计处理。

模块三 牛刀初试

一、单选题

1. 某项融资租赁合同规定，标的设备租赁期为 8 年，每年年末支付租金 100 万元，承租人提供的租赁资产担保余值为 50 万元，与承租人相关的第三方提供的租赁担保余值为 20 万元。租赁期间取决于指数的可变租金为 40 万元。对承租人而言，租赁付款额为（　　）万元。

A. 870　　B. 910　　C. 850　　D. 800

2. 甲公司将一台公允价值为 200 万元的机器以融资租赁方式给乙公司。双方签订合同规定：乙公司租赁该设备 3 年，每年年末支付租金 60 万元，乙公司担保资产余值为 20 万元，乙公司还支付了设备运输和安装费用 10 万元，那么，乙公司该项租赁业务的租赁付款额是（　　）万元。

A. 225　　B. 215　　C. 210　　D. 200

3. A 租赁公司将一台大型设备以融资租赁方式出租给 B 公司。双方签订合同，该设备租赁期为 4 年，租赁期届满 B 公司归还设备。租金为每 6 个月 787.5 万元，于月末支付，B 公司担保的资产余值为 450 万元，B 公司的母公司担保的资产余值为 675 万元，另有担保公司进行担保担保金额为 675 万元，未担保余值为 225 万元，则租赁付款额为（　　）万元。

A. 6 300　　B. 8 325　　C. 8 100　　D. 7 425

4. 担保余值就承租人而言是指（　　）。

A. 由承租人或与其有关的第三方担保的资产余值

B. 在租赁开始日估计的租赁期届满时租赁资产的公允价值

C. 就出租人而言的担保余值加上独立于承租人和出租人、但在财务上有能力担保的第三方担保的资产余值

D. 承租人担保的资产余值加上独立于承租人和出租人、但在财务上有能力担保的第三方担保的资产余值

5. 下列项目在租赁付款额中不包括的是（　　）。

A. 期满行使终止租赁选择权需要支付的款项

B. 期满承租人担保的资产余值预计付款额

C. 取决于指数或比率的可变租赁付款额

D. 初始直接费用

6. 承租人在融资租赁谈判和签订租赁合同过程中发生的、可直接归属于租赁项目的初始直接费用，如印花税、佣金、律师费、差旅费等，应当（　　）。

A. 确认为当期费用

B. 计入使用权资产的价值

C. 部分计入当期费用，部分计入租赁成本

D. 确认为其他应收款

7. 承租人对租入的资产采用的折现率是（　　）。

A. 银行同期贷款利率

B. 租赁合同中规定的利率

C. 出租人出租资产的内含报酬率

D. 承租人增量借款利率

8. 出租人发生的可归属于经营租赁项目的手续费、律师费、差旅费等初始直接费用，应当计入（　　）。

A. 履约成本　　B. 或有租金　　C. 当期损益　　D. 租赁资产价值

9. 出租人对未确认融资收益的确认，应采用的方法是（　　）。

A. 年数总和法　　B. 实际利率法

C. 年限平均法　　D. 按该融资租入资产的折旧进度进行分摊

10. 下列项目中，出租人应认定为经营租赁的是（　　）。

A. 租赁资产性质特殊，如果不进行较大改造，只有承租人才能使用

B. 在租赁开始日，租赁收款额的现值几乎相当于租赁资产的公允价值

C. 租赁资产的风险和报酬没有转移

D. 在租赁期届满时，租赁资产的所有权转移给承租人

11. 下列表述中不正确的是（　　）。

A. 租赁期是指承租人有权使用租赁资产且不可撤销的期间

B. 初始直接费用是指为达成租赁所发生的增量成本

C. 租赁的不可撤销期限越短，承租人不行使终止租赁选择权的可能性就越小

D. 与出租人无关的一方向出租人提供担保，保证在租赁结束时租赁资产的价值至少为某指定的金额，则该金额即为担保余值

12. 关于承租人对使用权资产的后续计量，下列项目中不正确的是（　　）。

A. 采用成本模式对使用权资产进行后续计量

B. 应当参照《企业会计准则第 4 号——固定资产》中有关折旧的规定，自租赁期开始日起对使用权资产计提折旧

C. 应当按照《企业会计准则第 8 号——资产减值》的规定，确定使用权资产是否发生减值，并对已识别的减值损失进行会计处理

D. 采用公允价值模式对使用权资产进行后续计量

13. 承租人甲公司 2021 年 1 月 1 日与乙公司签订了一份为期 10 年的机器租赁合同。租金于每年年末支付，并按以下方式确定：第 1 年，租金是可变的，根据该机器在第 1 年下半年的实际产能确定；第 2 年至第 10 年，每年的租金根据该机器在第 1 年下半年的实际产能确定，即租金将在第 1 年年末转变为固定付款额。在租赁期开始日，甲公司无法确定租赁内含利率，其增量借款年利率为 5%。假设在第 1 年年末，根据该机器在第 1 年下半年的实际产能所确定的租赁付款额为每年 4 万元。在第 1 年年末，租金的潜在可变性消除，成为实质固定付款额。已知（P/A，5%，9）= 7.107 8。不考虑其他因素。甲公司下列会计处理中不正确的是（　　）。

A. 2021 年 1 月 1 日租赁负债的入账价值为 0

B. 2021 年支付的款项冲减租赁负债的账面价值

C. 2021 年 12 月 31 日租赁付款额为 36 万元

D. 2021 年 12 月 31 日租赁负债为 28.43 万元

二、判断题

1. 经营租赁情况下，与资产有关的主要风险和报酬并没有转移，仍然在出租人一方。（　　）

2. 租赁内含利率是指使最低租赁收款额现值与未担保余值的现值之和等于租赁资产公允价值与出租人初始直接费用之和的折现率。（　　）

3. 有确凿证据表明应收融资租赁款将无法收回时，应按应收融资租赁款余额的全额计提坏账准备。（　　）

4. 最低租赁付款额折现使用的折现率首选出租人租赁内含利率，无法取得时按照合

同载明的利率作为折现率。 （ ）

5. 在确定租赁期开始日融资租入固定资产的入账价值时，承租人发生的初始直接费用应当计入管理费用。 （ ）

6. 一项租赁合同，如果出租人将其界定为融资租赁，承租人也将其界定为融资租赁。 （ ）

7. 出租人应当对应收融资租赁款、未担保余值和未折现租赁收款额进行初始确认。 （ ）

8. 融资租入固定资产后，相关固定资产的折旧年限等于该资产的租赁期。 （ ）

9. 融资租入固定资产的承租人在租赁期届满时应将租入固定资产予以转销。 （ ）

10. 租赁收款额等于最低租赁付款额加上独立于承租人和出租人的第三方对出租人担保的资产余值。 （ ）

三、业务题

1. 甲公司与乙公司签订了一项融资租赁合同，租赁期为 8 年，每年年末支付租金 80 万元，承租人担保的资产余值为 50 万元，与承租人有关的 A 公司担保的资产余值为 20 万元，独立于承租人和出租人的第三方对出租人担保的资产余值为 10 万元。租赁期间，共发生履约成本 50 万元，或有租金 20 万元。该项租赁的最低租赁收款额为多少万元?

2. 某租赁公司将一台大型设备以融资租赁方式租赁给 B 公司。租赁开始日估计的租赁期届满时租赁资产的公允价值，即资产余值为 2 250 万元，双方合同中规定，B 公司担保的资产余值为 450 万元，B 公司的子公司担保的资产余值为 675 万元，其他担保公司担保的资产余值为 675 万元。租赁期开始日该租赁公司记录的未担保余值是多少?

3. 承租人签订一项以 10 年租期租用某建筑物一个楼面的合同，到期时可续租 5 年。初始租赁期每年的租赁付款额为 50 000 元，续租的租赁付款额为 55 000 元，均在每年年初支付。为进行此项租赁，承租人发生初始直接成本 20 000 元（其中，15 000 元支付给原租用该层楼面的租户，5 000 元支付给承办本次租赁的房产中介机构作为中介费）。

为激励承租人租赁，出租人同意返还 5 000 元的房产中介费。

在租赁期开始日，承租人认为不能合理确定是否行使租赁续租权，因而租赁期限为 10 年。该租赁的内含利率不能确定，承租人使用 5% 的年增量借款利率。该增量借款利率反映了承租人借入相同币种、10 年期且担保条款相同、与使用权资产价值相当金额的借款的固定利率。

要求：（1）简述对租赁内含利率、承租人增量借款利率的理解。

（2）请计算租赁资产的入账价值并写出相关会计分录。

模块四 习题解答

一、单选题

1. B

【解析】租赁付款额＝固定及实质固定付款额－租赁激励＋取决于指数或比率的可变租

赁付款额+合理确定将行使的购买选择权的行权价格+将行使的就终止租赁选择权的支付+承租人担保余值预计支付款项=8×100+50+20+40=910（万元）。选项B正确。

2. D

【解析】租赁付款额=3×60+20=200（万元）。选项D正确。

3. D

【解析】租赁付款额中，承租人担保余值是指由承租人或与其有关的第三方提供担保的资产余值，与承租人无关的担保余值不包括在内，因此本题中的租赁付款额=787. 5×2×4+450+675=7 425（万元）。选项D正确。

4. A

【解析】担保余值就承租人而言是指由承租人或与其有关的第三方担保的资产余值。选项A正确。

5. D

【解析】租赁付款额不包括初始直接费用。选项D正确。

6. B

【解析】承租人在融资租赁谈判和签订租赁合同过程中发生的、可直接归属于租赁项目的初始直接费用应计入使用权资产的价值。选项B正确。

7. C

【解析】在计算租赁付款额的现值时，承租人应当采用租赁内含报酬率作为折现率；无法确定租赁内含报酬率的，应当采用租赁合同规定的利率作为折现率；合同没有规定利率的，则采用承租人增量借款利率作为折现率。选项C正确。

8. C

【解析】在融资租赁情况下，出租人发生的初始直接费用计入未实现融资收益；在经营租赁情况下，出租人发生的初始直接费用应当资本化，在租赁期内按照与租金收入确认相同的基础进行分摊，分期计入当期损益。选项C正确。

9. B

【解析】出租人应采用实际利率法确认未确认融资收益。选项B正确。

10. C

【解析】如果一项租赁实质上转移了与租赁资产所有权有关的几乎全部风险和报酬，出租人应当将该项租赁分类为融资租赁，否则分类为经营租赁。选项C正确。

11. C

【解析】租赁的不可撤销期限越短，承租人不行使终止租赁选择权的可能性就越大，因为不可撤销期限越短，获取替代资产的相关成本就相应地越高。选项C错误。

12. D

【解析】在租赁期开始日之后，承租人应按成本减去累计折旧和累计减值损失后的金额计量使用权资产，采用成本模式进行后续计量，不采用公允价值模式进行后续计量。选项D错误。

13. B

【解析】在租赁期开始时，由于未来的租金尚不确定，因此甲公司的租赁负债为0，选项A正确；第1年支付的款项应计入制造费用等，选项B错误；在第1年年末，租金的潜在可变性消除，成为实质固定付款额（即每年 4 万元），因此甲公司应基于变动后的租赁付款额重新计量租赁负债，并采用不变的折现率（即 5%）进行折现。在支付第 1 年的租金之后，甲公司后续年度需支付的租赁付款额为 36 万元（4×9），选项 C 正确；租赁付款额在第 1 年年末的现值 = 4×7. 107 8 = 28. 43（万元），即租赁负债为 28. 43 万元。选项 D 正确。

二、判断题

1. √

2. √

3. ×

【解析】有确凿证据表明应收融资租赁款将无法收回时，按应减记的金额，借记“信用减值损失”，贷记“应收融资租赁款减值准备”。

4. √

5. ×

【解析】在确定租赁期开始日融资租入固定资产的入账价值时，承租人发生的初始直接费用应当计入使用权资产价值。

6. ×

【解析】新《租赁准则》规定，承租人会计处理不再区分经营租赁和融资租赁，而是采用单一的会计处理模型。除采用简化处理的短期租赁和低价值资产租赁外，对所有租赁均确认使用权资产和租赁负债。

7. √

8. ×

【解析】承租人在确定使用权资产的折旧年限时，应遵循以下原则：承租人能够合理确定租赁期届满时取得租赁资产所有权的，应当在租赁资产剩余使用寿命内计提折旧；承租人无法合理确定租赁期届满时能够取得租赁资产所有权的，应当在租赁期与租赁资产剩余使用寿命两者孰短的期间内计提折旧。如果使用权资产的剩余使用寿命短于前两者，则应在使用权资产的剩余使用寿命内计提折旧。

9. ×

【解析】如果租赁期届满时优惠续租租赁资产，则不需要转销。

10. √

三、业务题（分录中的金额未标记单位的，单位为元）

1. 最低租赁收款额，是指最低租赁付款额加上独立于承租人和出租人的第三方对出租人担保的资产余值，本例中，最低租赁付款额 = 80×8+50+20 = 710（万元），所以最低租赁收款额 = 710+10 = 720（万元）。

2. 全部的资产余值为 2 250，未担保余值为全部的余值减去已经担保的余值。因此，未担保余值 = 2 250−450−675−675 = 450（万元）。

3. 租赁内含利率，是指使出租人的租赁收款额的现值与未担保余值的现值之和等于租赁资产公允价值与出租人的初始直接费用之和的利率。

承租人增量借款利率，是指承租人在类似经济环境下为获得与使用权资产价值接近的资产，在类似期间以类似抵押条件借入资金须支付的利率。

租赁付款额＝50 000×10＝500 000（元）。

租赁付款额现值＝50 000+50 000×$(P/A, 5\%, 9)$＝50 000+355 391＝405 391（元）。

租赁负债＝355 391（元）。

使用权资产＝405 391+20 000−5 000＝420 391（元）。

按租赁期 10 年以直线法计提折旧：

年折旧额＝420 391÷10＝42 039.1（元）

会计分录如下：

借：使用权资产　420 391

　贷：租赁负债——面值　355 391

　　银行存款　65 000

① 年初支付租赁款

借：租赁负债　50 000

　贷：银行存款　50 000

② 年末计提折旧

借：管理费用　42 039.1

　贷：累计折旧　42 039.1

③ 年末计息

借：财务费用（355 391×5%＝17 770）　17 770

　贷：租赁负债——应计利息　17 770

模块五　案例分析

新《租赁准则》案例分析——以南方航空为例

中国南方航空集团有限公司（以下简称“南方航空”）是我国四大航空公司之一，以广州为基地核心，大力拓展国内市场，在 2005 年将经济型飞机 737-800 投放于北京。南方航空一方面拓展国内市场，另一方面是为旅客提供中转。南方航空拥有多家分公司，遍布范围广，在北京、上海、深圳、湖南、湖北、广西，均拥有主要的附属公司，其中包括为人所熟悉的厦门航空、汕头航空、珠海航空、海南航空及处于中部的贵州航空、重庆航空。南方航空实行国际化战略，成为走出国门，面向全世界的第一门户航空公司，服务范围广泛，包括提供航空客、货、运输服务及配套的维修及餐饮服务。

2016 年，南方航空集团的营业收入达到 1 147.92 亿元，其中归属于上市公司的股东净利润为 50.55 亿元，南方航空通过融资租赁和购进飞机使得固定资产原值增加 12 085 百万元。

南方航空为了实现融资及灵活取得租赁资产使用权的需要，往往会使用租赁方式获取固定资产。从业务角度看，经营租赁一般是可撤销的、短期的、不完全支付的租赁方式。在经营租赁当中，南方航空获得了资产的使用权，但不需要资本化。所以经营租赁成为南方航空表外融资的一条途径。对于重资产型的航空公司而言，这种融资方式的优势显得尤为明显。航空公司的租赁业务流程如下：出租方按照飞机制造商购买合约从制造商处购买飞机，再以租赁方式出租给航空公司。

某种飞机月租金为300万元/每架，租期为12年，年折现率为6%，租金一年支付两次，净残值为零，南方航空于2019年1月1口通过经营租赁的方式引进此种飞机10架。以下将对上述租赁业务在新旧《租赁准则》下的会计处理及报表列示进行对比分析。

新旧租赁准则下南方航空租赁业务的处理对比：

1. 旧《租赁准则》下的处理

首先对此项交易事项进行租赁类型的判断，根据上述案例的已知条件，该项交易事项不满足融资租赁的认定条件，应将此项交易事项判定为经营租赁。

经营租赁时承租人的会计处理如下（分录中的金额单位为万元）：

① 租赁期开始日为2019年1月1日

不存在预付账款，准则规定无须在取得租赁资产时进行会计处理。

② 租赁期内：2019年1月31日支付租金时

借：主营业务成本　　　　3 000

　　贷：银行存款　　　　3 000

直至租赁期届满时，每月都需要对租金编制上述会计分录。

③ 租赁期届满：由于不存在续租、购买等特殊交易，所以在租赁期届满时不应该有任何特殊的会计处理；若存在租赁期届满时的续租、购买等交易，应该将其按照相关准则进行处理。

2. 新《租赁准则》下的处理

租赁付款额 = 300×12×12×10 = 432 000（万元）

半年折现率 = 6%÷2 = 3%

总期数 = 12×2 = 24

租赁付款额现值 = 300×6%×(P/A，3%，24)×10 = 304 839（万元）

半年折旧额 = 304 839÷24 = 12 701.625（万元）

半年应计提的利息费用 = 304 839×3% = 9 145（万元）

经营租赁时承租人的会计处理：

① 租赁期开始日为2019年1月1日

借：使用权资产　　　　304 839

　　贷：租赁负债——面值　　　　304 839

② 租赁期内的2019年6月30日

（1）计提半年折旧时：

借：管理费用　　　　12 701.625

　　贷：累计折旧　　　　12 701.625

（2）支付半年租金时：

借：租赁负债　　　　180

　　贷：银行存款　　　　180

（3）计提半年利息费用时：

借：财务费用　　9 145

　　贷：租赁负债——应计利息　　9 145

（资料来源：中国南方航空. 中国南方航空股份有限公司 2019 年年度报告［EB/OL］.［2022-01-23］. https://pdf. dfcfw. com/pdf/H2_AN202003301377213090_1. pdf.）

【引发的思考】

1. 新《租赁准则》是如何影响企业财务报表数据的？

2. 我国实施新《租赁准则》的背景及影响是什么？

3. 与旧《租赁准则》相比，新《租赁准则》对南方航空产生了怎样的影响？

【分析提示】

1. 新《租赁准则》是如何影响企业财务报表数据的？

根据新《租赁准则》的要求对具体租赁业务进行的会计处理在教材中已经做了详细介绍，但除了带来会计处理上的差异，新《租赁准则》更重要的是能呈现清晰的财务报表数据。

在新《租赁准则》指导下，经营租赁资本化，会形成使用权资产和租赁负债，分别列示在非流动资产和非流动负债中，对所有者权益金额的影响比较明显。使用权资产一般按照直线法进行折旧，租赁负债的余额则是由增加租赁负债的利息与减少租赁负债的租金支出共同决定的，由于前期租赁负债余额较大，导致前期财务利息支出多，偿还的本金数少，所以租赁负债的余额总的来说前大后小，即前期租赁负债大于租赁资产，导致相关所有者权益为负，但是随着租赁进行，租赁负债的减少速度慢于租赁资产的减少速度，这种影响会逐渐消失。

在新《租赁准则》下，企业的息税前及摊销前利润（EBITDA）将上升，因为原本按照国内租赁会计准则，直接接入相关成本，而在新准则处理下，分别计入营业成本以及财务费用，所以，按照《新租赁准则》，会使得 EBITDA 上升。

无论是否采用新《租赁准则》，都不会影响南方航空每年总的现金流量金额，只是列报所属项目发生变化。新《租赁准则》指导下，在筹资活动的现金流量栏目中，偿还的本金及利息分别列示在偿还债务支付的现金和偿还利息支付的现金；在旧《租赁准则》下这部分现金流量属于经营活动，计入购买商品、接受劳务支付的现金项目中。

2. 我国实施新《租赁准则》的背景及影响是什么？

改革开放以来，我国一直在积极参与国际交流，经济全球化的环境下，国际贸易、跨国公司和国际投资活动迅速发展，资本周转速度进一步加快。对于会计而言，提供信息的合规性和标准化是促进全球各国企业之间的贸易合作、资本运营、资金融通顺利进行的可靠保证，是增强世界各国财务报告信息可比性，降低企业各交易或事项的会计核算成本，提高会计核算准确性和提高财务报告效率的必要前提，因此，在目前的国际经济形势下，会计准则的全面趋同是大势所趋，我国应当持续关注国际会计准则的改革与变化，在必要时及时修订我国的相关会计准则。

对于大量采用经营租赁业务的行业，包括零售、运输、航空、电信、教育、医疗等，新《租赁准则》所带来会计处理的变化将造成承租人的某些财务指标发生重大变化。下面选择几个有代表性的指标进行说明。

（1）资产负债率提高。旧《租赁准则》下经营租赁资产不计入资产负债表；新《租赁准则》下所有租赁资产（简化处理的短期租赁和低价值租赁除外）都需要计入资产负债表，可能因此导致资产负债率的提高。

（2）息税折旧摊销前利润（EBITDA）增加。旧《租赁准则》下，租赁费用按照资产使用情况，计入管理费用等科目，从 EBITDA 中扣减；新《租赁准则》下，租赁资产入表计提折旧并确认相关财务费用，而 EBITDA 中不折减折旧和财务费用，因此金额将有所增加。

（3）租赁期的净利率会发生变化。旧《租赁准则》按直线法确认经营租赁费用；新租赁准则下，租赁资产按直线法计提折旧，经营租赁所产生的财务费用则是前高后低，从而使得租赁期的净利率出现前低后高的变化。

（4）经营活动现金流增加。旧《租赁准则》下，经营租赁费用计入经营活动现金流出；新《租赁准则》下，租赁负债本金及利息都计入筹资活动现金流出，如此经营活动现金流出减少，从而增加经营活动现金净流量。

3. 与旧《租赁准则》相比，新《租赁准则》对南方航空产生了怎样的影响？

南方航空的飞机来源以经营租赁为主，按照新《租赁准则》规定对经营租赁资本化后，资产负债率约上升了 3%～5%。表内的资产、负债都将会有较大增幅。旧《租赁准则》下，经营租赁业务在资产负债表内并没有相关反映，但租赁相关的费用及其带来的收益却在利润表中反映，企业呈现给公众的财务报表不符合实质重于形式的原则，给投资者表现出的企业经营状况比实际情况更为可观，从而起到粉饰企业财务业绩、扩大企业经营效果的目的。

新《租赁准则》，承租人在租赁期开始日确认使用权资产与租赁负债，在整个租赁期内的偿债能力、盈利能力等相关经营指标会发生变化，进而可能会影响企业的融资情况。作为经营租赁业务占比比较大的南方航空在做出决策时应该充分考虑到这些变化，在附注中详细披露相关信息。例如在过渡期内，通过附注详细地披露经营租赁资本化的影响并及时找到适宜的过渡措施。

国际会计准则修订工作持续不断推进，要求企业必须紧跟步伐，不断适应新规定、新变化。我国租赁行业中的企业应充分学习领悟新《租赁准则》下的会计处理、列报要求，并认真分析与新旧租赁准则的异同及其为企业带来的影响等。

第十章

资产负债表日后事项与会计变更

模块一　本章要点回顾

本章思维导图如图10-1所示。

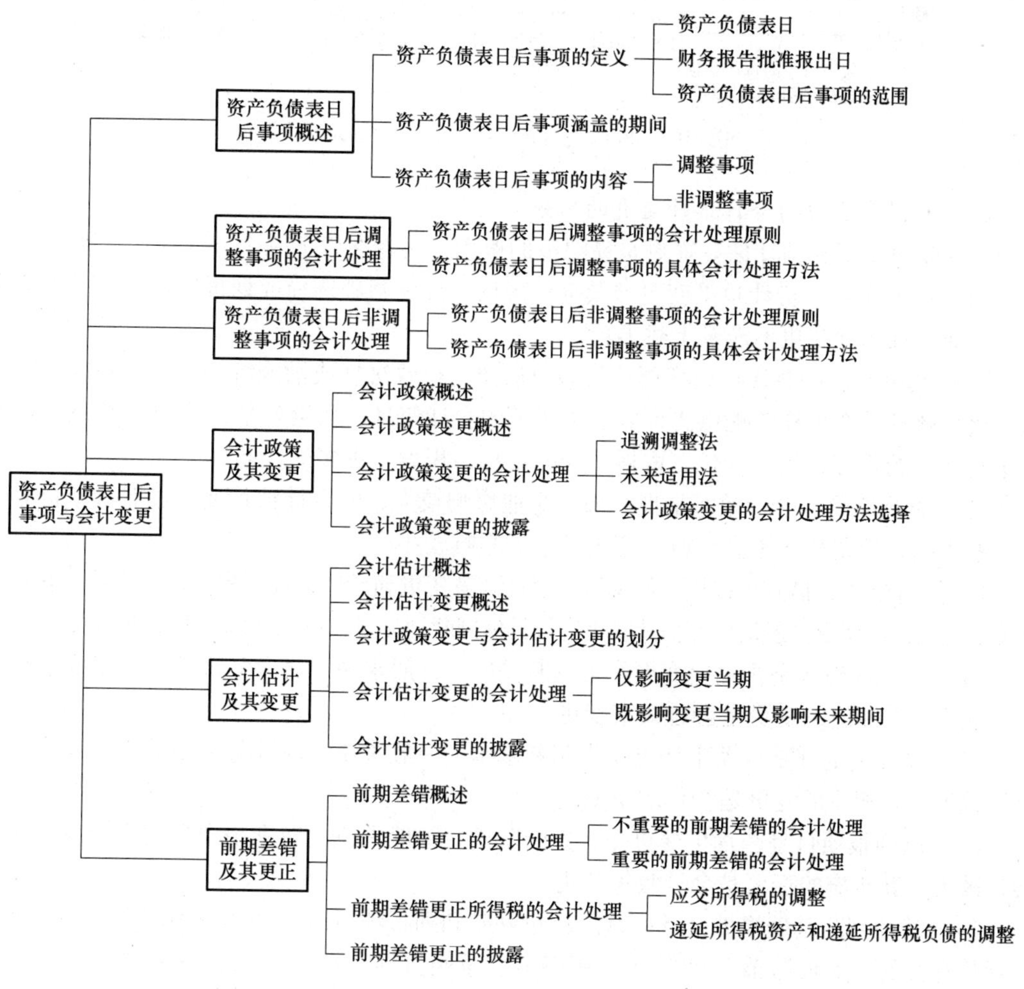

图10-1　本章思维导图

模块二　重点与难点精析

1. 资产负债表日后事项涵盖的期间的把握

资产负债表日后事项涵盖的期间是指资产负债表日次日起至财务报告批准报出日止的一段时间，具体可以概括为以报告年度次年的 1 月 1 日或报告期间下一期的第 1 天为起点日期，以董事会或类似机构批准财务报告对外公布的日期为截止日期的一段时间，如图 10-2 所示。

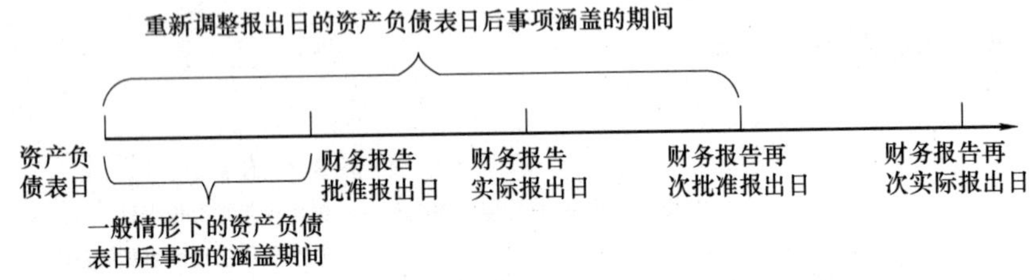

图 10-2　资产负债表日后事项涵盖的期间

2. 会计政策变更与会计估计变更的划分

会计政策变更和会计估计变更是易混淆的概念，两者在以下三个方面存在区别：

（1）涉及事项。会计政策变更涉及会计确认、计量基础选择或列报项目的变更中至少一项，而会计估计变更不涉及上述事项。

（2）变更条件。会计政策变更一般涉及法律、行政法规或国家统一的会计制度等的要求，会计政策的变更能够提供更可靠、更相关的会计信息；而会计估计变更一般是因为赖以进行估计的基础发生了变化，取得了新的信息，积累了更多的经验。

（3）影响范围。会计政策变更一般对企业影响较大，而会计估计变更虽然对于企业也有一些影响，但是相比于会计政策变更产生的影响较小。

以上三个方面的区别可以用于简单区分会计政策变更和会计估计变更，进一步地，在对某一变更是会计政策变更还是会计估计变更进行具体判断划分时，可以从以下四个方面入手：

（1）以会计确认是否发生变更作为判断基础。一般来说，对会计确认的指定或选择是会计政策，其相应的变更是会计政策变更。

（2）以计量基础是否发生变更作为判断基础。一般来说，对计量基础的指定或选择是会计政策，其相应的变更是会计政策变更。

（3）以列报项目是否发生变更作为判断基础。一般来说，对列报项目的指定或选择是会计政策，其相应的变更是会计政策变更。

（4）其他判断基础根据会计确认、计量基础和列报项目所选择的，为取得与资产负债表项目有关的金额或数值（如预计使用寿命、净残值等）所采用的处理方法不是会计政策，而是会计估计，其相应的变更是会计估计变更。

3. 前期差错更正的会计处理流程

企业应当采用追溯重述法更正重要的前期差错，但确定前期差错累积影响数不切实可行的除外。追溯重述法，是指在发现前期差错时，视同该项前期差错从未发生过，从而对财务报表相关项目进行更正的方法，追溯重述法的具体应用与追溯调整法相同。

对于不重要的前期差错，可以采用未来适用法更正。前期差错的重要程度应根据差错的性质和金额加以具体判断。前期差错更正的会计处理流程如图 10-3 所示。

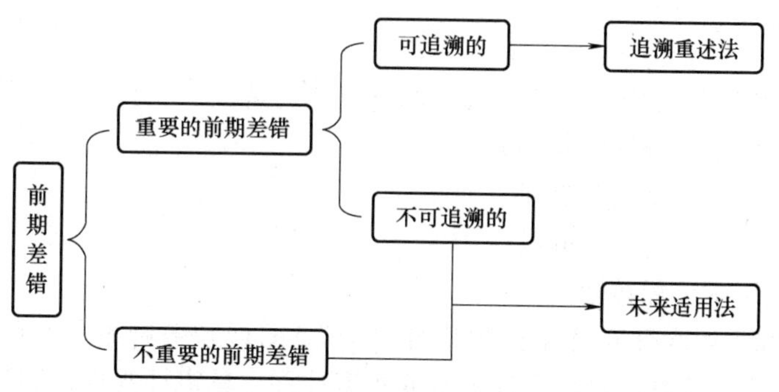

图 10-3 前期差错更正的会计处理流程

4. 追溯调整法和追溯重述法的区别与联系

追溯调整法，是指对某项交易或事项变更会计政策，视同该项交易或事项初次发生时即采用变更后的会计政策，并以此对财务报表相关项目进行调整的方法。

追溯重述法，是指在发现前期差错时，视同该项前期差错从未发生过，从而对财务报表相关项目进行更正的方法。

二者有以下区别：

（1）适用范围不同。追溯调整法适用于可以追溯调整的会计政策变更（追溯调整不切实可行的会计政策变更采用未来适用法），而追溯重述法适用于前期重大会计差错的更正（不重大的前期差错采用未来适用法）。会计政策变更是根据国家相关法律法规的要求，在《企业会计准则》允许的情况下，由原来的会计政策变更为另外一种会计政策，而前期差错是指由于没有运用或错误运用会计信息，而对前期财务报表造成省略或错报。前者是《企业会计准则》允许的，而后者本质上是《企业会计准则》不允许的错报。

（2）会计处理不同。追溯调整法涉及调整以前期间损益时，不通过“以前年度损益调整”科目，而是直接通过“利润分配——未分配利润”及“盈余公积”科目。追溯重述法涉及损益类事项的重述时先通过“以前年度损益调整”科目，然后再转入“利润分配——未分配利润”明细科目。

（3）涉及税费的处理不同。追溯调整法下，在追溯调整时不会涉及“应交所得税”的调整，如果涉及暂时性差异，可能会调整“递延所得税”和“所得税费用”。追溯重述法下，如果按税法规定允许调整应缴纳的所得税的，也会涉及“应交所得税”的调整，如果涉及暂时性差异的，则也有可能调整“递延所得税”和“所得税费用”科目。

二者有以下联系：

（1）都要追溯到可以追溯的最早期。追溯调整法是视同该交易发生时，即采用变更后的会计政策；追溯重述法是视同该项前期差错从未发生过。

（2）最终都要通过“利润分配——未分配利润”项目反映累计影响数。

（3）调整涉及货币资金时，都不调整“货币资金”项目，也不调整现金流量表的正表。

模块三　牛刀初试

一、单选题

1. 下列各项中，属于资产负债表日后调整事项的是（　　）。

A. 日后期间发生报告年度商品退货

B. 日后期间宣告发放现金股利

C. 日后期间发生重大重组事项

D. 日后期间资本公积转增资本

2. 甲公司2021年度财务报告于2022年2月25日经税务师事务所审计出具所得税汇算清缴报告，2022年3月1日经会计师事务所审计并出具审计报告，2022年3月11日经董事会审议，于2022年3月17日对外报出，在2022年3月15日发现报告期差错，经过更正后董事会再次批准于2022年4月1日对外报出，于2022年4月3日实际对外报出，则甲公司资产负债表日后事项的涵盖期间为（　　）。

A. 2022年1月1日至2022年4月1日

B. 2022年1月1日至2022年4月3日

C. 2022年1月1日至2022年3月17日

D. 2022年1月1日至2022年3月11日

3. 甲公司2022年3月在上年度财务报告批准报出前发现一台固定资产未计提折旧，属于重大前期差错。该固定资产系2021年6月接受捐赠取得。根据甲公司的折旧政策，该固定资产2020年应计提折旧100万元，2021年应计提折旧200万元。假定甲公司按净利润的10%计提盈余公积，适用的所得税税率为25%，不考虑其他因素，甲公司2021年度资产负债表“未分配利润”项目年末应调减的金额为（　　）万元。

A. 230.5　　B. 300　　C. 250　　D. 202.5

4. 甲公司为上市公司，其2021年度财务报告于2022年4月1日对外报出，该公司在2021年12月31日有一项未决诉讼，估计很可能败诉并预计将支付的赔偿金及诉讼费等在700万元至1 000万元之间，该范围内支付各种赔付金额的可能性相同。为此甲公司预计了880万元的负债；2022年1月30日法院判决甲公司败诉，需赔偿1 100万元，同时负担诉讼费用15万元。上述事项对甲公司2021年度利润总额的影响金额为（　　）万元。

A. −245　　B. −1 100　　C. −1 115　　D. −880

5. 下列各项中不属于会计政策的有（　　）。

A. 投资性房地产的后续计量

B. 固定资产的初始计量

C. 无形资产的确认

D. 最佳估计数的确定

6. 企业发生下列交易或事项，属于会计估计变更的是（　　）。

A. 所得税核算由应付税款法改为资产负债表债务法

B. 存货发出计量方法由先进先出法改为月末一次加权平均法

C. 某项固定资产使用寿命从 10 年改为 15 年

D. 对子公司投资由权益法改为成本法

7. 下列各项中，关于前期会计差错的说法正确的是（　　）。

A. 对于不重要的前期差错，企业不需调整财务报表相关项目的期初数和发现当期与前期相同的相关项目

B. 重要的前期差错调整结束后，仅需调整发现年度财务报表的年初数

C. 对于重要的前期差错，企业必须采用追溯重述法进行调整

D. 不重要的前期差错，是指不足以影响财务报表使用者对企业财务状况、经营成果和现金流量做出正确判断的会计差错

8. 企业发生的下列交易或事项应采用追溯调整法进行会计处理的是（　　）。

A. 使用寿命不确定的无形资产改为使用寿命有限的无形资产

B. 投资性房地产后续计量模式由成本模式改为公允价值模式

C. 发现前期某项固定资产漏提折旧并且金额重大

D. 对原采用的产品质量保证金的计提比例进行变更

9. 甲公司 2021 年 12 月发现 2020 年 6 月完工并投入使用的某工程项目未转入固定资产核算，该工程账面价值为 1 200 万元（假定该工程达到预定可使用状态后未发生其他支出），预计使用年限 6 年，采用年限平均法计提折旧，预计净残值为 0。假定甲公司采用资产负债表债务法核算所得税，适用的所得税税率为 25%，按净利润的 10% 计提盈余公积。更正该项前期重大差错使甲公司 2021 年资产负债表期末资产总额（　　）。

A. 减少 300 万元

B. 减少 1 200 万元

C. 增加 900 万元

D. 增加 1 200 万元

10. 甲公司为某集团母公司，其与控股子公司（乙公司）会计处理存在差异的下列事项中，在编制合并财务报表时，应当作为会计政策予以统一的是（　　）。

A. 甲公司产品保修费用的计提比例为售价的 4%，乙公司的计提比例为售价的 2%

B. 甲公司对机器设备的折旧年限为 15 年，乙公司为 10 年

C. 甲公司对投资性房地产采用成本模式进行后续计量，乙公司采用公允价值模式

D. 甲公司对 1 年以内应收款项计提坏账准备的比例为期末余额的 6%，乙公司为期末余额的 10%

二、判断题

1. 会计政策变更可以采用追溯调整法和未来适用法两种方法进行，采用哪种会计处理方法，应根据具体情况确定。（　　）

2. 企业 2022 年发生了会计政策变更，累计影响数为 2021 年年初留存收益应有金额与现有金额的差额。（　　）

3. 如果以前期间会计政策的选择和运用是错误的，应进行变更，并按会计政策变更进行追溯调整。（　　）

4. 会计估计是企业经济活动中内在的不确定性因素所导致的，并且会计估计不会削

弱会计核算的可靠性。 （ ）

5. 在未来适用法下无须计算会计政策变更产生的累积影响数，但需重新编制以前年度的财务报表。 （ ）

6. 企业不符合会计政策变更条件进行会计政策变更的，属于滥用会计政策，应按前期差错更正的方法进行处理。 （ ）

7. 对于不重要的前期差错，企业应调整财务报表相关项目的期初数，同时调整发现当期与前期相同的相关项目。 （ ）

8. 企业发生会计估计变更，如果累积影响数能够准确计算，应采用追溯调整法进行会计处理。 （ ）

9. 企业难以将某项变更划分为会计政策变更或会计估计变更的，应根据企业实际情况选择按追溯调整法或是未来适用法进行会计处理。 （ ）

10. 对于重要的前期差错，调整结束后，还应调整发现年度财务报表的年初数和上年数。 （ ）

三、业务题

1. 甲公司系国有独资公司，按净利润的10%提取法定盈余公积，不提取任意盈余公积，2021年度的财务报告已批准报出。2022年甲公司内部审计人员对2022年以前的会计资料进行复核，发现以下问题：

（1）甲公司以1 200万元的价格于2020年7月1日购入一套计算机软件，在购入当日将其作为管理费用处理。按照甲公司的会计政策，该计算机软件应作为无形资产确认入账，预计使用年限为5年，采用直线法摊销，无残值。

（2）甲公司2021年12月31日，“其他应收款”账户余额中的150万元未按期结转为费用，其中应确认为2021年销售费用的金额为100万元，应确认为2020年销售费用的金额为50万元。

（3）甲公司从2021年3月1日开始自行研发一项专利技术，该专利技术用于企业内部管理，在研究开发过程中发生材料费1 400万元、人工工资500万元，以及用银行存款支付的其他费用100万元，总计2 000万元。2021年10月1日，该专利技术已经达到预定用途，甲公司将发生的2 000万元研发支出全部费用化，计入当期管理费用。

经查证，上述研发支出中，符合资本化条件的支出为1 200万元，假定形成无形资产的专利技术采用直线法按10年摊销，无残值。

（4）甲公司于2021年3月30日将当月建造完工的一栋写字楼直接对外出租，并采用公允价值模式进行后续计量。该写字楼账面原价为36 000万元，出租时甲公司认定的公允价值为40 000万元，2021年12月31日甲公司认定的公允价值为42 000万元。

经查证，该写字楼不符合采用公允价值模式进行后续计量的条件，应采用成本模式进行后续计量。若采用成本模式进行后续计量，该写字楼应采用年限平均法计提折旧，预计使用年限为25年，预计净残值为0。

（5）假定上述差错均具有重要性，且不考虑所得税的影响。

要求：

对资料（1）至（4）的差错进行更正（合并编制结转以前年度损益调整及调整盈余

公积的会计分录）。

2. 甲公司为上市公司，主要从事大型设备及配套产品的生产和销售。甲公司聘请会计师事务所对其 2021 年度财务报告进行审计。甲公司 2021 年度财务报告于 2022 年 3 月 31 日对外批准报出。2022 年 1—3 月发生的涉及 2021 年度的有关交易或事项如下：

（1）2022 年 1 月 15 日，乙公司就 2021 年 12 月购入的 A 产品存在的质量问题，致函甲公司要求退货。甲公司经检验，确认该产品确有质量问题，同意乙公司全部退货。A 产品是 2021 年 12 月 5 日甲公司向乙公司销售的，销售价格为 900 万元，成本为 700 万元，未计提存货跌价准备。2021 年 12 月 18 日，甲公司收到乙公司支付的货款。

2022 年 1 月 18 日，甲公司收到乙公司退回的 A 产品。同日，甲公司支付退货款 900 万元。

乙公司退回的 A 产品经修理后可以出售，预计其销售价格高于其成本。

（2）2022 年 2 月 20 日，甲公司于 2022 年 1 月 3 日销售给丙公司的 B 产品无条件退货期限届满。丙公司对 B 产品的质量和性能表示满意，未予退货。

2022 年 1 月 3 日，甲公司发出 B 产品，同时收到丙公司支付的货款。由于 B 产品是刚试制成功的新产品，甲公司无法合理估计其退货的可能性。B 产品的售价为 500 万元，成本为 350 万元，未计提存货跌价准备。

（3）2022 年 3 月 10 日，法院对丁公司起诉甲公司合同违约一案做出判决，要求甲公司赔偿丁公司 180 万元。甲公司不服判决，向二审法院提起上诉。甲公司的律师认为，二审法院很可能维持一审判决。

该诉讼为 2021 年 12 月 5 日甲公司因合同违约被丁公司起诉至法院的诉讼事项。2021 年 12 月 31 日，法院尚未做出判决。经咨询律师后，甲公司认为该诉讼可能败诉，按最可能发生的赔偿金额确认预计负债 130 万元。

不考虑增值税、所得税等相关因素，甲公司按净利润的 10%提取盈余公积。

要求：

逐项指出上述（1）至（3）中哪些事项属于资产负债表日后事项，并编制调整事项的相关会计分录（合并编制“以前年度损益调整”的结转分录）。

模块四　习题解答

一、单选题

1. A

【解析】资产负债表日后调整事项，是指对资产负债表日已经存在的情况提供了新的或进一步证据的事项。选项 A 正确。

2. A

【解析】本题中，资产负债表日为 2021 年 12 月 31 日，资产负债表日后事项的涵盖期间即资产负债表日次日 2022 年 1 月 1 日至发现报告期差错后再次批准报出日为 2022 年 4 月 1 日之间的期间。选项 A 正确。

3. D

【解析】甲公司 2022 年度资产负债表“未分配利润”项目“年末数”应调减的金额 =(100+200)×(1−25%)×(1−10%)= 202.5（万元）。选项 D 正确。

4. C

【解析】本题中的资产负债表日后诉讼案件结案属于资产负债表日后调整事项，调整的金额也要影响甲公司 2021 年度利润总额，所以上述事项对甲公司 2021 年度利润总额的影响金额 =−(1 100+15)= −1 010（万元）。选项 C 正确。

5. D

【解析】会计政策是会计确认、计量和报告中所采用的原则、基础和会计处理方法，最佳估计数的确定属于会计估计。选项 D 正确。

6. C

【解析】会计估计是企业对结果不确定的交易或者事项以最近可利用的信息为基础所做的判断，固定资产的预计使用寿命与净残值属于会计估计。选项 C 正确。

7. D

【解析】对于不重要的前期差错，企业不需调整财务报表相关项目的期初数，但应调整发现当期与前期相同的相关项目。对于重要的前期差错，如果能够合理确定前期差错累积影响数，则应采用追溯重述法。如果确定前期差错累积影响数不切实可行，可以采用未来适用法。重要的前期差错调整结束后，还应调整发现年度财务报表的年初数和上年数。因此，选项 A、B、C 错误。选项 D 正确。

8. B

【解析】选项 A、D 属于会计估计变更，选项 C 属于重大前期差错，均不适用追溯调整法。选项 B 属于会计政策变更，适用追溯调整法。选项 B 正确。

9. A

【解析】甲公司更正该项前期重大差错，使其在建工程减少 1 200 万元，同时使固定资产增加 1 200 万元，应计提折旧额 = 1 200/6×1.5 = 300（万元），减少固定资产账面价值 300 万元，资产总额减少 300 万元。选项 A 正确。

10. C

【解析】产品保修费用的计提比例、机器设备的折旧年限、应收款项计提坏账准备的比例均属于会计估计。企业对投资性房地产的后续计量是采用成本模式还是公允价值模式属于会计政策。选项 C 正确。

二、判断题

1. √

【解析】会计政策变更有两种会计处理方法即追溯调整法和未来适用法。①法律、法规要求发生的变更，如果规定了会计处理方法，应按规定的方法处理；如果未规定会计处理方法，应采用追溯调整法进行会计处理。②为使会计信息更相关、更可靠而发生的变更，应采用追溯调整法进行会计处理。③无论何种情形发生会计政策变更，如果累积影响数不能合理确定，则可以采用未来适用法进行会计处理，但应披露无法确定累积影响数的原因。

2. √

【解析】列报当期为 2022 年，列报前期最早期初为 2021 年 1 月 1 日，因此会计政策变更累积影响数为 2021 年期初留存收益应有金额与现有金额之间的差额。

3. ×

【解析】会计政策的选择和应用是错误的，属于前期差错，应按照前期差错更正的会计处理方法进行调整。

4. √

【解析】会计估计具有如下特点：①会计估计的存在是由于经济活动中内在的不确定性因素的影响；②进行会计估计时，往往以最近可利用的信息或资料为基础；③进行会计估计并不会削弱会计确认和计量的可靠性。

5. ×

【解析】在未来适用法下，不需要计算会计政策变更产生的累积影响数，也无须重编以前年度的财务报表

6. √

【解析】“采用法律、行政法规或者国家统一的会计制度等不允许的会计政策”属于常见的前期差错类型。

7. ×

【解析】对于不重要的前期差错，企业无须调整财务报表相关项目的期初数，但应调整发现当期与前期相同的相关项目。属于影响损益的，应直接计入本期与上期相同的净损益项目；属于不影响收益的，应调整本期与前期相同的相关项目。

8. ×

【解析】会计估计变更只能采用未来适用法进行会计处理。

9. ×

【解析】企业难以将某项变更区划为会计政策变更或会计估计变更的，应当将其作为会计估计变更处理。

10. √

【解析】企业应当在重要的前期差错发现当期的财务报表中，通过下述处理对其进行追溯更正：①追溯重述差错发生期间列报的前期比较金额；②如果前期差错发生在列报的最早前期之前，则追溯重述列报的最早前期的资产、负债和所有者权益相关项目的期初余额。

三、业务题（分录中的金额未标记单位的，金额单位为万元）

1.（1）对无形资产的调整。

2022 年年初无形资产累计已摊销金额 = 1 200÷5×1.5 = 360（万元）。

	借方	贷方
借：无形资产	1 200	
贷：以前年度损益调整		1 200
借：以前年度损益调整	360	
贷：累计摊销		360

（2）对销售费用的调整。

	借方	贷方
借：以前年度损益调整	150	

贷：其他应收款　150

（3）对无形资产的调整。

借：无形资产　1 200

　贷：以前年度损益调整　1 200

借：以前年度损益调整（1 200÷10×3/12＝30）　30

　贷：累计摊销　30

（4）对投资性房地产的调整。

借：投资性房地产　36 000

　其他综合收益　4 000

　贷：投资性房地产——成本　40 000

借：以前年度损益调整　2 000

　贷：投资性房地产——公允价值变动　2 000

借：以前年度损益调整（36 000÷25×9/12＝1 080）　1 080

　贷：投资性房地产累计折旧　1 080

（5）合并结转以前年度损益调整并调整盈余公积。

“以前年度损益调整”科目借方余额＝－1 200+360+150－1 200+30+2 000+1 080＝1 220（万元）。

借：利润分配——未分配利润　1 220

　贷：以前年度损益调整　1 220

借：盈余公积　122

　贷：利润分配——未分配利润　122

2.（1）事项（1）属于资产负债表日后调整事项。

相关会计分录如下：

借：以前年度损益调整——主营业务收入　900

　贷：其他应付款　900

借：库存商品　700

　贷：以前年度损益调整——主营业务成本　700

2022 年支付退货款：

借：其他应付款　900

　贷：银行存款　900

（2）事项（2）不属于资产负债表日后事项，应作为 2022 年当年事项处理，应确认营业收入并结转相应的成本。

（3）事项（3）属于资产负债表日后调整事项。

相关会计分录如下：

借：以前年度损益调整——营业外支出（180－130＝50）　50

　贷：预计负债　50

（4）结转以前年度损益调整。

“以前年度损益调整”科目借方余额＝900－700+50＝250（万元）。

借：利润分配——未分配利润　250

贷：以前年度损益调整　　250

借：盈余公积　　25

贷：利润分配——未分配利润　　25

模块五　案例分析

“青松建化”会计估计变更案例分析

新疆青松建材化工（集团）股份有限公司（以下简称“青松建化”或“＊ST青松”）于2000年11月17日完成注册登记，其所属行业为水泥制造业（依法须经批准的项目，经相关部门批准后方可开展经营活动），主要产品为水泥建材、化工产品。

虽然从相关数据来看，青松建化在全国水泥行业内实在不属于佼佼者，但基于水泥行业受地域因素的影响较大，各个区域经济、通信等存在差异，单从西北区域来说，青松建化作为一家成立多年的企业，实在称得上新疆地区乃至整个西北区域的水泥行业龙头企业。通过数据查找与收集发现，就整个新疆地区而言，其上市水泥公司为数不多，可以说青松建化在新疆水泥行业中具有较强的代表性。

青松建化财务状况的具体转折点出现在2015年，随着整个宏观大环境的变化和运营状况的恶化，青松建化的净利润在2015年和2016年连续两个会计年度为负值，根据《上海证券交易所股票上市规则》的相关规定，该公司股票已于2017年4月被警告退市风险，相关简称变为“＊ST青松”。

（一）案例事项具体介绍

1. ＊ST青松固定资产情况

2013年—2017年＊ST青松固定资产规模处于一个有所波动但总体呈相对平稳趋势的态势，固定资产原值从2013年的877 943.98万元变为2017年的801 175.26万元，几乎没有太大的变化。同时，可以发现该公司固定资产占比很大，是企业得以正常运转的物质基础，相关数据见表10-1。

表10-1　＊ST青松2013年—2017年主要资产账面价值占总资产的比重

年份	货币资金	存货	在建工程	固定资产
2013	2.74%	11.02%	10.57%	58.33%
2014	4.27%	11.42%	26.89%	39.95%
2015	1.76%	7.52%	12.69%	56.64%
2016	1.98%	4.76%	12.44%	60.28%
2017	5.51%	4.82%	10.37%	57.20%

从表10-1中看出，＊ST青松的资产中货币资金、存货、在建工程以及固定资产均占有一定比例，其中固定资产所占的比例最大。相对于存货在这五年呈现明显下降的趋势，固定资产相对保持在一个平稳的状态，除了2014年以外。而2017年相对于2014年，固

定资产在资产中的比例由 39.95%上升到 57.2%，增长幅度达到 43.18%。

2. ＊ST 青松固定资产折旧相关情况

2013 年—2017 年，＊ST 青松的固定资产折旧采用年限平均法进行计提，折旧率是根据固定资产类别、预计使用寿命和预计净残值率来确定的。＊ST 青松 2013 年—2017 年固定资产的折旧率见表 10-2。

表 10-2　＊ST 青松 2013 年—2017 年固定资产的折旧率

类别	折旧年限（年）	净残值率	年折旧率
房屋及建筑物	20~40	3%	2.43%~4.85%
机械设备	10~20	3%	4.85%~9.70%
运输设备	8	3%	12.13%
固定资产装修	10	—	10%
其他设备	3~10	3%	9.70%~32.33%

＊ST 青松于 2017 年 12 月 12 日通过了《关于会计估计变更的议案》，决定自 2018 年 1 月 1 日进行调整，预计将减少公司 2018 年度折旧总额约 21 172 万元。相关固定资产折旧年限调整见表 10-3。

表 10-3　相关固定资产折旧年限调整

类别	变更前折旧年限（年）	变更后折旧年限（年）
房屋及建筑物	20~30	20~40
机械设备	10~12	10~16

相关公告中表明，＊青松进行变更的原因为自 2014 年，新疆水泥行业开始大力推行错峰生产、行业协同，限制企业回转窑开停窑时间，控制熟料供给（2015 年强制性冬季错峰停产 4 个月，2016 年冬季错峰停产 5 个月，2017 年冬季错峰停产 5 个月），减少了机器设备的磨损。但基于该公司存在一定数量的子公司这一情况，具体变更的是哪个子公司的固定资产折旧年限，又或者具体变更方法是什么，都没有很好的解释说明。

3. ＊ST 青松所处水泥行业介绍

＊ST 青松隶属于水泥行业，水泥是影响国民经济发展的基础产业，目前它仍然是一种不可替代的基本建筑材料，不能重复使用。水泥产品单位价值低而单位重量大，运费占水泥售价的比例较高，水泥销售一般呈区域性分布。在新疆这样的西北部地区，受当地经济、地理等因素的影响，其销售价格在华北、华东、西南等 6 个区域中排名最靠后，价格最低。

2013 年—2015 年，国家对水泥行业施行了严控新增产能等行业政策，2016 年明确了建材工业“十三五”期间绿色发展等方面的发展目标。

由图 10-4 西北地区水泥价格指数走势可知，2014 年—2016 年水泥价格呈下降趋势，达到最低谷后开始反弹，继而呈现上升的趋势。

新浪财经总结的 2015 年水泥产品单位利润水平最低的 5 个省份依次为山西省、北京

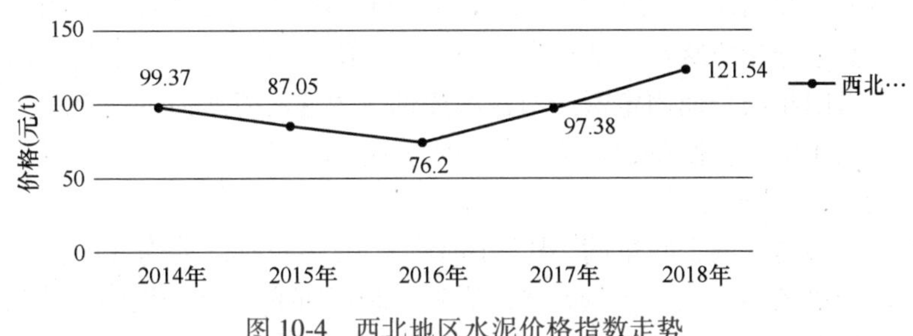

图 10-4　西北地区水泥价格指数走势

市、新疆维吾尔自治区、河北省以及内蒙古自治区。

（二）案例事项分析

1. ＊ST 青松会计估计变更动机分析

（1）增加利润的需求。2013 年由于营业成本的升高，使得该公司营业利润由正转负，从 2014 年开始，受制于各种成本费用的大幅上升，其净利润开始出现负值，并于 2015 年达到谷底，为-93 136. 05 万元。而戏剧性的是，在 2017 年，该公司的利润（包括营业利润、利润总额和净利润）有了极大的回升，在 2018 年 1 月 20 日，该公司发布了股票暂停上市的风险提示公告。

（2）适应宏观大背景。从整个水泥行业发展的周期性角度出发，2015 年开始，随着新疆新建水泥产能的释放，新疆水泥建材市场出现严重的供大于求，需求拉动不足、水泥销量以及售价大幅下降，同时该公司化工企业开工不足，化工板块处于亏损状态，在 2015 年出现了自上市以来的最低净利润；2016 年开始，基于新疆在全国率先推行实施了行业自律、错峰生产、区域协同等组合措施，新疆整个水泥行业减亏达 80%以上，＊ST 青松的财务状况仍不是十分乐观。

2. ＊ST 青松固定资产折旧额变动分析

2013 年—2017 年＊ST 青松计提固定资产折旧额见表 10-4。

表 10-4　2013 年—2017 年＊ST 青松计提固定资产折旧额　　单位：万元

年份	固定资产	房屋及建筑物	机械设备	运输设备	固定资产装修	其他设备
2013	186 611. 09	26 859. 83	137 870. 47	9 955. 59	324. 08	1 601. 10
2014	186 393. 41	46 409. 28	126 271. 04	11 275. 12	329. 58	2 108. 39
2015	195 729. 14	53 397. 01	126 880. 20	12 679. 42	342. 35	2 430. 16
2016	201 700. 35	64 419. 66	122 237. 44	12 200. 57	354. 83	2 487. 85
2017	239 839. 71	76 843. 64	147 787. 50	12 000. 29	367. 30	2 840. 97

从表 10-4 可以看出，2013 年—2017 年＊ST 青松固定资产计提折旧额呈现上升趋势的趋势，2016 年—2017 年增速很快，而在之前几年的增速则相对平缓很多，固定资产的折旧额从 2013 年的 186 611. 09 万元增长至 2017 年的 239 839. 71 万元，增加 53 228. 62 万元。其中，房屋及建筑物计提折旧额从 2013 年的 26 859. 83 万元增加到 2017 年的 76 843. 64 万元，增加 49 983. 81 万元，变化最为明显。

固定资产折旧额变动对2018年的影响如下：由于固定资产折旧年限的延长，固定资产累计折旧的数额就会相应减小，从而使营业成本下降。由于主要变动的是房屋及建筑物以及机器设备的折旧年限，而固定资产数额组成部分中这两者所占的比例最大，这将导致延长固定资产折旧年限将会使得营业成本有较大变化。

3. ＊ST青松股价变动分析

通过分析在新浪财经网上收集的2017年前后＊ST青松股价数据变动情况，发现＊ST青松股价的变动趋势离不开上证指数趋势的影响，2017年前后这一期间股价处于先上升后陡然下降继而略微上升的趋势。纵观＊ST青松发布公告前1日及后1日的股价变动，从2017年12月12日的3.8元/股到2017年12月14日的3.95元/股，显然会计估计变更事项表现在股价上的影响为使得股价出现短暂波动，具体表现为股价上升。

2018年5月1日，＊ST青松发布了《＊ST青松关于公司股票撤销退市风险警示的公告》，自此，该公司实现"摘帽"，其公司简称由"＊ST青松"变回"青松建化"。而此事件带来的股价变动情况如下：＊ST青松在公告自己将撤销退市的信息后，股票市场呈现一片利好局面，公司股价在公告前还呈现下降趋势，公告后却立即转为上升趋势。为了更好地分析＊ST青松股价变动的深层原因，以下对2015年—2017年每年9月30日＊ST青松的主要财务指标进行分析，详见表10-5。

表10-5　2015年—2017年每年9月30日＊ST青松主要财务指标

财务指标	2015-09-30	2016-09-30	2017-09-30
存货周转率（次）	1.17	1.90	2.82
存货周转天数（天）	231.20	141.99	95.67
总资产周转率（次）	0.12	0.13	0.16
总资产周转天数（天）	2 267	2 043.91	1 716.47
毛利率	-0.31%	10.75%	17.35%
营业利润率	-32.96%	-23.06%	-7.67%
主营业务成本率	100.31%	89.25%	82.65%
净资产收益率	-5.83%	-4.24%	0.06%

从表10-5可以看出，通过对＊ST青松2015年—2017年每年9月30日的财务指标进行分析，受制于水泥行业的季节性，第三季度没有固定资产周转率，但从总资产周转率可以看出其处于上升趋势，可见总资产周转情况有所好转。毛利率呈现上升趋势，由负转正，表明公司利润增加。营业利润率从2015年的-32.96%上升到2017年的-7.67%，上升25.29%，可见公司盈利能力增强。主营业务成本率降低，从100.31%下降至82.65%。同期间净资产收益率上升5.89%。

4. ＊ST青松会计估计变更对利润的影响

在2018年第一季度季报报出后，通过将变更前后的每年一季度的相关数据进行比较，我们可以有进一步分析。2014年—2018年每年一季度＊ST青松利润表相关数据见表10-6。

表 10-6 2014 年—2018 年每年一季度 * ST 青松利润表相关数据

时间	营业成本（万元）	同比增长率绝对值	营业收入（万元）	同比增长率绝对值（%）	净利润（万元）	增长率
2014 年一季度	20 884.31	—	18 723.68	—	-17 728.03	—
2015 年一季度	14 880.65	28.75%	11 713.15	37.44	-19 423.43	9.56%
2016 年一季度	13 827.58	7.08%	10 400.32	11.21	-19 397.16	0.14%
2017 年一季度	15 094.41	9.16%	10 752.08	3.38	-18 964.35	2.23%
2018 年一季度	8 603.25	43%	8 699.53	19.09	-10 688.25	43.64%

表 10-6 显示，仅仅比较 * ST 青松在这五年一季度利润表的相关数据我们就可以清楚看到，变更前后营业收入的同比增长率绝对值为 19.09%，而与之相对应的营业成本以及净利润的同比增长率绝对值则分别达到了 43%以及 43.64%。就营业成本这个指标来说，会计估计变更后营业成本就降低了 43%，其增长率的绝对值达到五年中的最大值。* ST 青松 2018 年度进行的会计估计变更显然已经对报表中的营业成本以及净利润产生了影响，虽然我们尚不能断定这次的会计估计变更与盈余管理有关，但 * ST 青松通过延长固定资产折旧年限似乎确实达到了降低营业成本的目的。而相应的，该公司的净利润在一季度的报表中就已经出现了明显的上升趋势。

（资料来源：王舒怡，宋淑鸿. * ST 青松会计估计变更案例分析 [J]. 经济研究导刊，2018（30）：101-106.）

【引发的思考】

通过本文案例的分析，会计估计变更对 * ST 青松乃至其他面临退市风险警示的公司有怎样的作用和影响？

【分析提示】

会计估计变更一定程度上可以帮助面临退市风险警示的公司度过暂时性危机。通过前面的分析我们清楚看到，对于水泥行业这样的国家基础性产业来说，公司经营成果的好坏、财务状况的优劣，很大程度上取决于行业发展的周期性以及国家政策的倾向性。伴随区域经济环境的变动以及宏观经济周期的波动，企业的经营业绩会发生相应的波动，表现在财务报表上就是利润的上下波动。当市场不景气时，企业常容易陷入经营低谷期，而一旦被戴上“ST”的“帽子”，企业很可能会面临退市风险。这时，企业就有可能会伺机通过会计估计变更进行利润前推或是直接设法增加本年利润，从而实现“摘帽”目的，使企业度过难关，有助于实现企业价值最大化。

从其积极意义方面来看，合规、适度的盈余管理有利于传递企业内部信息。盈余管理得以实现主要源于资本市场的一种信息不对称，经营者常常掌握大量的内部信息，受制于内部信息的复杂性以及专业性，内部信息有时无法以报表形式陈列。对于面临退市风险警示的企业的内部管理者，报表上呈现的不良状况难以准确评价企业的盈利能力及其经营业绩，此时他们会选择运用盈余管理来修饰企业的财务状况，从而传达出内部管理者认为的更准确、更有效的价值信息，提升企业形象，增强投资者的投资信心。面临退市风险警示的企业在持续两年经营亏损的情况下，经营状况本身就不稳定，企业管理人员希望通过利润调节的手段来管理盈余而向外界传递一种信息，即其生产经营已经转危为安，从而重拾投资者对企业的信心，吸引更多的投资者。

第十一章

清算会计

模块一　本章要点回顾

本章思维导图如图 11-1 所示。

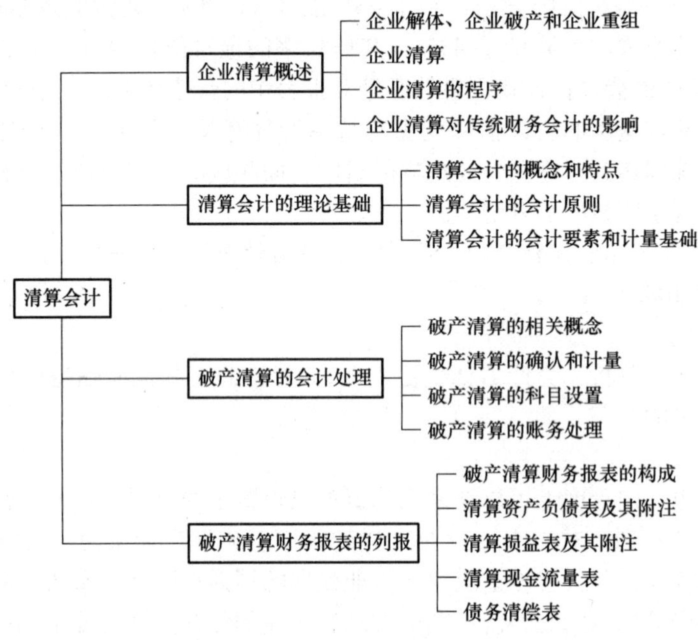

图 11-1　本章思维导图

模块二　重点与难点精析

1. 企业清算的程序

企业在清算时，必须按照一定的程序进行相关事项的处理。首先确定并履行企业应负担的责任，然后进行债权债务的清理，最后将清算财产进行合理分配。一般清算程序如下：

（1）成立清算组织。清算组织是指企业终止经营时执行清算事务并代表企业行使其权力的组织。在任意清算情况下，清算组织是由企业在一定的期限内召开股东大会并确定清算人员而组成的。在法定清算的情况下，可以由法院指定有关人员组成清算组织。清算组织的主要职责有：①清理公司财产，编制有关清算的财务报表和财产清单；②通知或公告债权人；③处理与清算有关的公司未结业务；④清理债权债务；⑤处理公司清偿债务后的剩余资产；⑥代表公司参与民事诉讼活动。

（2）组织清算过程。清算组织成立后，应立即开展清算工作，主要包括：①发出公告，通知债权人在限定期限内申报其债权；②清理、处置企业的全部财产，清算组织在清理财产前要编制营业终止日的资产负债表，并对财产进行全面的清查、盘点、作价，清查结束后要编制财产目录，所有财产由清算组织按照法定程序进行处理；③支付费用，清偿债务，应先支付清理过程中发生的费用，然后再清偿企业的债务。在清偿债务时，需按法定清偿顺序进行；④分配剩余财产，清偿结束后，对剩余财产进行分配，即将其分配给企业的所有者。

（3）提出清算报告。清算结束后，清算组织应提出清算报告并编制清算期间内的款项收支表和各种财务账册。报表和账册经注册会计师审计后，报送企业管理机构，办理企业注销手续，并公告企业解体。

2. 破产清算会计的处理程序

（1）破产资产的确认与计量。破产企业在破产清算期间的资产应当以破产资产清算净值计量。此处所称的资产，是指《中华人民共和国企业破产法》规定的债务人（破产企业）财产。

破产资产清算净值，是指在破产清算的特定环境下和规定时限内，最可能的变现价值扣除相关的处置税费后的净额。最可能的变现价值应当为公开拍卖的变现价值，但是债权人会议另有决议或国家规定不能拍卖或限制转让的资产除外：债权人会议另有决议的，最可能的变现价值应当为其决议的处置方式下的变现价值；按照国家规定不能拍卖或限制转让的，应当将按照国家规定的方式处理后的所得作为变现价值。

（2）破产债务的确认与计量。破产企业在破产清算期间的负债应当以破产债务清偿价值计量。

破产债务清偿价值，是指在不考虑破产企业的实际清偿能力和折现等因素的情况下，破产企业按照相关法律规定或合同约定应当偿付的金额。

（3）破产清算的初始计量与后续计量。破产企业依法被法院宣告破产的，应当按照破产资产清算净值对破产宣告日的资产进行初始确认计量，并按照破产债务清偿价值对破产宣告日的负债进行初始确认计量；相关差额直接计入清算净值。

破产企业在破产清算期间的资产，应当按照破产清算净值进行后续计量，负债按照破产债务清偿价值进行后续计量。破产企业应当按照破产清算财务报表日的破产资产清算净值和破产债务清偿价值，对资产和负债的账面价值分别进行调整，差额计入当期资产处置净损益。

① 破产清算期间发生资产处置的，破产企业应当终止确认相关被处置资产，并将处置所得金额与被处置资产的账面价值的差额，扣除直接相关的处置费用后的差额，计入当期资产处置净损益。

② 破产清算期间发生债务清偿的，破产企业应当按照偿付金额，终止确认相应部分的负债。在偿付义务完全解除时，破产企业应当终止确认该负债的剩余账面价值，同时确认资产处置净损益。

③ 破产清算期间发生的各项费用、取得的各项收益应当直接计入当期资产处置净

损益。

④ 在破产清算期间，破产企业按照我国税法规定需缴纳企业所得税的，应当计算所得税费用，并将其计入资产处置净损益。所得税费用应当仅反映破产企业当期应缴纳的所得税。

⑤ 破产企业因盘盈、追回等方式在破产清算期间取得的资产，应当按照取得时的破产清算净值进行初始确认计量。初始确认计量的账面价值与取得该资产的成本之间存在差额的，该差额应当计入资产处置净损益。

⑥ 破产企业在破产清算期间新承担的债务，应当按照破产债务清偿价值进行初始确认计量，并计入资产处置净损益。

3. 企业破产清算的科目设置、账务处理及信息披露

（1）科目设置。破产管理人接管破产企业的会计档案等财务资料后，应当在企业依法被法院宣告破产后，增设相关会计科目。增设的会计科目分为负债类、清算净值类和资产处置净损益类。破产企业可以根据实际需要，在一级科目中设置明细科目。

1）负债类科目设置。

① 应付破产费用：本科目核算破产企业在破产清算期间发生的《中华人民共和国企业破产法》规定的各类破产费用。

② 应付共益债务：本科目核算破产企业在破产清算期间发生的《中华人民共和国企业破产法》规定的各类共益债务。

2）清算净值类科目设置。清算净值：本科目核算破产企业在破产清算财务报表日结转的清算净损益科目余额。破产企业资产与负债的差额，也在本科目核算。

3）资产处置净损益类科目设置。

① 资产处置净损益：本科目核算破产企业在破产清算期间处置破产资产产生的、扣除相关处置费用后的净损益。

② 债务清偿净损益：本科目核算破产企业在破产清算期间清偿债务产生的净损益。

③ 破产资产和负债净值变动净损益：本科目核算破产企业在破产清算期间按照破产资产清算净值调整资产账面价值，以及按照破产债务清偿价值调整负债账面价值产生的净损益。

④ 其他收益：本科目核算除资产处置、债务清偿以外，在破产清算期间发生的其他收益。

⑤ 破产费用：本科目核算破产企业在破产清算期间发生的《中华人民共和国企业破产法》规定的各项破产费用，主要包括：破产案件的诉讼费用，管理、变价和分配债务人资产的费用，管理人执行职务的费用、报酬和聘用工作人员的费用。本科目应按发生的费用项目设置明细账。

⑥ 共益债务支出：本科目核算破产在企业破产清算期间发生的《中华人民共和国企业破产法》规定的共益债务相关的各项支出。

⑦ 其他费用：本科目核算破产企业在破产清算期间发生的除破产费用和共益债务支出之外的各项其他费用。

⑧ 所得税费用：本科目核算破产企业在破产清算期间发生的企业所得税费用。

⑨ 清算净损益：本科目核算破产企业在破产清算期间结转的上述各类资产处置净损

益科目余额。

另外，除上述科目外，破产企业可根据具体情况增设、减少或合并某些会计科目。

（2）账务处理。

1）破产宣告日的余额结转。法院宣告企业破产时，应当根据破产企业移交的科目余额表，将部分会计科目的相关余额转入以下新科目，并编制新的科目余额表。

① 原“应付账款”“其他应付款”等科目中属于《中华人民共和国企业破产法》所规定的破产费用的余额，转入“应付破产费用”科目。

② 原“应付账款”“其他应付款”等科目中属于《中华人民共和国企业破产法》所规定的共益债务的余额，转入“应付共益债务”科目。

③ 原“商誉”“长期待摊费用”“递延所得税资产”“递延所得税负债”“递延收益”“股本”“资本公积”“盈余公积”“其他综合收益”“未分配利润”等科目的余额，转入“清算净值”科目。

2）破产宣告日的余额调整。

① 调整各类资产。破产企业应当对拥有的各类资产（包括原账面价值为零的已提足折旧的固定资产、已摊销完毕的无形资产等）登记造册，估计其破产资产清算净值，按照其破产资产清算净值对各资产科目余额进行调整，并相应调整“清算净值”科目。

② 调整各类负债。破产企业应当对各类负债进行核查，按照《企业破产清算有关会计处理规定》对各负债科目余额进行调整，并相应调整“清算净值”科目。

3）处置破产财产。

① 破产企业收回应收票据、应收款项类债权、应收款项类投资，按照收回的款项，借记“库存现金”“银行存款”等科目；按照应收款项类债权或应收款项类投资的账面价值，贷记相关资产科目；按其差额，借记或贷记“资产处置净损益”科目。

② 破产企业出售各类投资，按照收到的款项，借记“库存现金”“银行存款”等科目；按照相关投资的账面价值，贷记相关资产科目；按其差额，借记或贷记“资产处置净损益”科目。

③ 破产企业出售存货、投资性房地产、固定资产及在建工程等实物资产，按照收到的款项，借记“库存现金”“银行存款”等科目；按照实物资产的账面价值，贷记相关资产科目；按应当缴纳的税费，贷记“应交税费”科目；按上述各科目发生额的差额，借记或贷记“资产处置净损益”科目。

④ 破产企业出售无形资产，按照收到的款项，借记“库存现金”“银行存款”等科目；按照无形资产的账面价值，贷记“无形资产”科目；按应当缴纳的税费，贷记“应交税费”科目；按上述各科目发生额的差额，借记或贷记“资产处置净损益”科目。

⑤ 破产企业的划拨土地使用权被国家收回，国家给予一定补偿的，按照收到的补偿金额，借记“库存现金”“银行存款”等科目，贷记“其他收益”科目。

⑥ 破产企业处置破产资产发生的各类评估、变价、拍卖等费用，按照发生的金额，借记“破产费用”科目，贷记“库存现金”“银行存款”“应付破产费用”等科目。

4）清偿债务。

① 破产企业清偿破产费用和共益债务，按照相关已确认负债的账面价值，借记“应付破产费用”“应付共益债务”等科目；按照实际支付的金额，贷记“库存现金”“银行

存款”等科目；按其差额，借记或贷记“破产费用”“共益债务支出”科目。

② 破产企业按照经批准的职工安置方案，支付的所欠职工的工资和医疗、伤残补助、抚恤费用，应当划入职工个人账户的基本养老保险、基本医疗保险费用和其他社会保险费用，以及法律、行政法规规定应当支付给职工的补偿金，按照相关账面价值，借记“应付职工薪酬”等科目；按照实际支付的金额，贷记“库存现金”“银行存款”等科目；按其差额，借记或贷记“债务清偿净损益”科目。

③ 破产企业支付所欠税款，按照相关账面价值，借记“应交税费”等科目；按照实际支付的金额，贷记“库存现金”“银行存款”等科目；按其差额，借记或贷记“债务清偿净损益”科目。

④ 破产企业清偿破产债务，按照实际支付的金额，借记相关债务科目，贷记“库存现金”“银行存款”等科目。

破产企业以非货币性资产清偿债务的，按照清偿的价值，借记相关负债科目；按照非货币性资产的账面价值，贷记相关资产科目；按其差额，借记或贷记“债务清偿净损益”科目。

债权人依法行使抵销权的，按照经法院确认的抵销金额，借记相关负债科目，贷记相关资产科目；按其差额，借记或贷记“债务清偿净损益”科目。

5）其他会计处理。

① 在破产清算期间通过清查、盘点等方式取得的未入账资产，应当按照取得日的破产资产清算净值，借记相关资产科目，贷记“其他收益”科目。

② 在破产清算期间通过债权人申报发现的未入账债务，应当按照破产债务清偿价值确定计量金额，借记“其他费用”科目，贷记相关负债科目。

③ 在编制破产清算期间的财务报表时，应当对所有资产项目按其于破产清算财务报表日的破产资产清算净值重新计量，借记或贷记相关资产科目，贷记或借记“破产资产和负债净值变动净损益”科目；应当对所有负债项目按照破产债务清偿价值重新计量，借记或贷记相关负债科目，贷记或借记“破产资产和负债净值变动净损益”科目。

④ 破产企业在破产清算期间，作为买入方继续履行尚未履行完毕的合同的，按照收到的资产的破产资产清算净值，借记相关资产科目；按照相应的增值税进项税额，借记“应交税费”科目；按照应支付或已支付的款项，贷记“库存现金”“银行存款”“应付共益债务”或“预付款项”等科目；按照上述各科目的差额，借记“其他费用”或贷记“其他收益”科目。企业作为卖出方继续履行尚未履行完毕的合同的，按照应收或已收的金额，借记“库存现金”“银行存款”“应收账款”等科目；按照转让的资产账面价值，贷记相关资产科目，按照应缴纳相关税费，贷记“应交税费”科目；按照上述各科目的差额，借记“其他费用”科目或贷记“其他收益”科目。

⑤ 破产企业发生《中华人民共和国企业破产法》所规定的相关事实，破产管理人依法追回相关破产资产的，按照追回资产的破产资产清算净值，借记相关资产科目，贷记“其他收益”科目。

⑥ 破产企业收到的利息、股利、租金等，借记“库存现金”“银行存款”等科目，贷记“其他收益”科目。

⑦ 破产企业在破产清算终结日，剩余破产债务不再清偿的，按照其账面价值，借记

相关负债科目，贷记“其他收益”科目。

⑧ 在编制破产清算期间的财务报表时，有已实现的应纳税所得额的，考虑可以抵扣的金额后，应当据此提存应缴纳的所得税，借记“所得税费用”科目，贷记“应交税费”科目。

⑨ 在编制破产清算期间的财务报表时，应当将“资产处置净损益”“债务清偿净损益”“破产资产和负债净值变动净损益”“其他收益”“破产费用”“共益债务支出”“其他费用”“所得税费用”科目结转至“清算净损益”科目，并将“清算净损益”科目余额转入“清算净值”科目。

（3）信息披露。破产企业的财务报表包括清算资产负债表、清算损益表、清算现金流量表、债务清偿表及相关附注。

1）清算资产负债表及其附注。

① 清算资产负债表：反映破产企业在破产清算财务报表日资产的破产资产清算净值，以及负债的破产债务清偿价值。资产项目和负债项目的差额在清算资产负债表中作为清算净值列示。本表中列示的项目不区分流动和非流动，其中，“应收账款”或“其他应收款”项目，应分别根据“应收账款”或“其他应收款”的科目余额填列，同时，“长期应收款”科目余额也在上述两项目中分析填列；“借款”项目，应根据“短期借款”和“长期借款”科目余额合计数填列；“应付账款”或“其他应付款”项目，应分别根据“应付账款”“其他应付款”的科目余额填列，同时，“长期应付款”科目余额也在该项目中分析填列；“金融资产投资”项目，应根据“交易性金融资产”“债权投资”“其他债权投资”和“其他权益工具投资”等科目的余额合计数填列。表中的“清算净值”项目反映破产企业于破产清算财务报表日的清算净值，其金额应根据“清算净值”科目余额填列。

② 清算资产负债表附注：

破产企业应当在破产资产负债表附注中，区分是否用作担保，分别披露破产资产明细信息。

破产企业应当在破产资产负债表附注中，披露依法追回的账外资产、取回的质物和留置物等明细信息，如追回或取回有关资产的时间、有关资产的名称、破产资产清算净值等。

破产企业应当在破产资产负债表附注中，分别披露经法院确认以及未经法院确认的债务的明细信息，如债务项目名称以及有关金额等。

破产企业应当在破产资产负债表附注中，披露应付职工薪酬的明细信息，如所欠职工的工资和医疗、伤残补助、抚恤费用，所欠的应当划入职工个人账户的基本养老保险、基本医疗保险费用，以及法律、行政法规规定应当支付给职工的补偿金。

2）清算损益表及其附注。

① 清算损益表。清算损益表反映破产企业在破产清算期间发生的各项收益、费用。清算损益表至少应当单独列示反映下列信息的项目：资产处置净收益、债务清偿净收益、破产资产和负债净值变动净收益、破产费用、共益债务支出、所得税费用等。本期数反映破产企业从上一破产清算财务报表日至本破产清算财务报表日期间有关项目的发生额，累计数反映破产企业从被法院宣告破产之日至本破产清算财务报表日期间有关项目的发生额。

“资产处置净收益”项目，根据“资产处置净损益”科目的发生额填列，如为净损失以“-”表示。

“债务清偿净收益”项目，根据“债务清偿净损益”科目的发生额填列，如为净损失以“-”表示。

“破产资产和负债净值变动净收益”项目，根据“破产资产和负债净值变动净损益”科目的发生额填列，如为净损失以“-”表示。

“清算净收益”项目，根据“清算净损益”科目的发生额填列，如为清算净损失以“-”表示。“清算净收益”项目金额应当为“清算收益”与“清算费用”之和。

② 清算损益表附注。

破产企业应当在清算损益表附注中，披露资产处置损益的明细信息，包括资产性质、处置收入、处置费用及处置净收益。

破产企业应当在清算损益表附注中，披露破产费用的明细信息，包括费用性质、金额等。

破产企业应当在清算损益表附注中，披露共益债务支出的明细信息，包括具体项目、金额等。

3）清算现金流量表。清算现金流量表反映破产企业在破产清算期间货币资金余额的变动情况。清算现金流量表应当采用直接法编制，至少应当单独列示反映下列信息的项目：处置资产收到的现金净额、清偿债务支付的现金、支付破产费用的现金、支付共益债务支出的现金、支付所得税的现金等。清算现金流量表反映破产企业在破产清算期间货币资金余额的变动情况，表格应当根据货币资金科目的变动额分析填列。本期数反映破产企业从上一破产清算财务报表日至本破产清算财务报表日期间有关项目的发生额，累计数反映破产企业从被法院宣告破产之日至本破产清算财务报表日期间有关项目的发生额。破产企业应当在清算现金流量表附注中，披露期末货币资金余额中已经提存用于向特定债权人分配或向国家缴纳税款的金额。

4）债务清偿表。债务清偿表反映破产企业在破产清算期间发生的债务清偿情况。债务清偿表应当根据《中华人民共和国企业破产法》规定的债务清偿顺序，按照各项债务的明细单独列示。债务清偿表中列示的各项债务至少应当反映其确认金额、清偿比例、实际需清偿金额、已清偿金额、尚未清偿金额等信息。债务清偿表反映破产企业债务清偿情况。表格应按有担保的债务和普通债务分类设项。

经法院确认的债务金额为经债权人申报并由法院确认的金额；未经确认的债务，无须填写该金额。

清偿比例为根据《中华人民共和国企业破产法》的规定，当破产资产不足以清偿同一清偿顺序的债务时，按比例进行分配时所采用的比例。

另外，破产企业应当在清算财务报表附注中披露下列信息：破产资产明细信息；破产管理人依法追回的账外资产明细信息；破产管理人依法取回的质物和留置物的明细信息；未经法院确认的债务的明细信息；应付职工薪酬的明细信息；期末货币资金余额中已经提存用于向特定债权人分配或向国家缴纳税款的金额；资产处置损益的明细信息，包括资产性质、处置收入、处置费用及处置净收益；破产费用的明细信息，包括费用性质、金额等；共益债务支出的明细信息，包括具体项目、金额等。

模块三 牛刀初试

一、单选题

1. 清算会计对于收入和费用确认采用的原则是（　　）。
A. 收付实现制原则
B. 权责发生制原则
C. 历史成本原则
D. 收益性支出原则
2. 人民法院宣告企业破产清算后，在清算组接管企业后的会计主体将变为（　　）。
A. 被清算企业
B. 清算组
C. 不存在
D. 人民法院
3. 企业破产的原因是（　　）。
A. 资金暂时困难，不能清偿到期债务
B. 自破产申请之日起 6 个月内无法清偿债务
C. 经营管理不善引起严重亏损，致使不能清偿到期债务
D. 发生重大灾害不能清偿到期债务
4. 破产清算组工作人员的酬金及劳务费应计入（　　）。
A. 管理费用
B. 工资费用
C. 资产处置净损益
D. 破产费用
5. 清算会计依旧遵循的传统财务会计假设是（　　）。
A. 会计主体假设
B. 持续经营假设
C. 会计分期假设
D. 货币计量假设
6. 下列关于企业清算财产支付顺序的说法正确的是（　　）。
A. 支付清理费用，支付未付工资，缴纳所欠税款，清偿其他无担保债务
B. 支付未付工资，支付清算费用，缴纳所欠税款，清偿其他无担保债务
C. 缴纳所欠税款，支付清算费用，支付未付工资，清偿其他无担保债务
D. 清偿其他无担保债务，支付清算费用，支付未付工资，缴纳所欠税款
7. 下列不属于破产财产的是（　　）。
A. 宣告破产时破产企业经营管理的全部财产
B. 已作为担保物的财产
C. 应当由破产企业行使的其他财产权利

D. 破产企业在破产宣告后至破产程序终结前取得的财产

8. 公司解体的实质是指（　　）消失的法律行为。

A. 自然人资格

B. 公司法人资格

C. 公司会计主体

D. 公司会计个体

9. 破产清算财务报表日，破产资产的清算净值和破产债务的清偿价值之间的差额，计入（　　）科目。

A. “资产处置净损益”

B. “清算净值”

C. “剩余价值”

D. “当期损益”

10. 下列财务报表中，不属于破产企业财务报表的是（　　）。

A. 所有者权益变动表

B. 清算资产负债表

C. 清算损益表

D. 清算现金流量表

二、判断题

1. 破产企业会计确认、计量和报告以持续经营为前提。（　　）

2. 破产清算期间发生各项费用、取得各项收益应当直接计入“资产处置净损益”科目。（　　）

3. 当债务人出现财务困难，不能按期偿还债务时，债权人只能通过法律程序，要求债务人破产，以清偿债务。（　　）

4. 破产企业对破产可变现价值的清偿顺序，首先是偿还有担保的债权，其次是清偿无担保但有优先权的债权，最后才清偿无担保无优先权的债权。（　　）

5. 应付破产费用属于破产清算的负债类科目。（　　）

6. 破产资产的计量属性是破产资产清算净值。（　　）

7. 破产企业财务报告编制的基础是持续经营。（　　）

8. 共益债务是指是指在人民法院受理破产申请后，为全体债权人的共同利益而管理、变卖和分配破产财产而负担的债务。（　　）

9. 无论何种企业清算，均不会涉及所得税问题。（　　）

10. 在破产清算期间通过清查、盘点等方式取得的未入账资产，应当按照取得日的破产资产清算净值，借记相关资产科目，贷记“其他收益”科目。（　　）

三、业务题

某清算企业清算期间发生以下经济业务：

（1）应收票据 70 000 元，预计只能收回 60 000 元。

（2）应收账款净额 280 000 元，预计只能收回 240 000 元。

（3）存货 400 000 元，预计可变现 250 000 元。

（4）其他应收款 9 600 元，预计可全部收回。

（5）机器设备账面净值 560 000 元，预计可变现 500 000 元。

要求：编制上述经济业务的会计分录。

模块四 习题解答

一、单选题

1. A

【解析】清算会计确认收入和费用的原则是收付实现制原则，清算会计是财务会计的一个特殊分支。它是以现有的各种会计方法为基础，以破产法律制度为依据，反映和监督企业破产清算过程中的各种会计事项，对破产财产、破产债权、破产净资产、破产损益等进行确认、计量、记录和报告的一种程序和方法。选项 A 正确。

2. B

【解析】破产清算是指宣告企业破产以后，由清算组接管企业，对破产财产进行清算、评估和处理、分配。清算组由人民法院依据有关法律的规定，组织股东、有关机关及有关专业人士成立。选项 B 正确。

3. C

【解析】《中华人民共和国企业破产法》第二条规定：“企业法人不能清偿到期债务，并且资产不足以清偿全部债务或者明显缺乏清偿能力的，依照本法规定清理债务。企业法人有前款规定情形，或者有明显丧失清偿能力可能的，可以依照本法规定进行重整。”由此可见，企业破产的原因包括两类：一类为不能清偿到期债务并且资产不足以清偿全部债务，另一类为不能清偿到期债务并且明显缺乏清偿能力。选项 C 正确。

4. D

【解析】破产费用包括破产案件诉讼费、审计费、评估费、公告费、管理人聘用人员工资及债权人会议会务费等。选项 D 正确。

5. D

【解析】除依旧遵循货币计量假设外，清算会计否定了持续经营假设和会计分期假设，另外在会计主体假设方面，也与传统的财务会计有所区别。选项 D 正确。

6. A

【解析】公司破产的清偿顺序是，支付清算费用、共益债务后，按照下列顺序进行清偿：①破产人所欠职工的工资和医疗、伤残补助、抚恤费用，所欠的应当划入职工个人账户的基本养老保险、基本医疗保险费用，以及法律、行政法规规定应当支付给职工的补偿金；②破产人欠缴的除前项规定以外的社会保险费用和破产人所欠税款；③普通破产债权。破产财产不足以清偿同一顺序的清偿要求的，按照比例分配。选项 A 正确。

7. B

【解析】根据相关规定，已作为担保物的财产不属于破产财产。选项 B 正确。

8. B

【解析】公司解体，是指已经成立的公司，因公司章程或者法定事由出现而停止公司的经营活动，并开始公司的清算，使公司法人资格消灭的法律行为。选项 B 正确。

9. A

【解析】破产企业应当按照破产清算财务报表日的破产资产清算净值和破产债务清偿价值，对资产和负债的账面价值分别进行调整，差额计入资产处置净损益。选项 A 正确。

10. A

【解析】所有者权益变动表不属于破产企业财务报表。选项 A 正确。

二、判断题

1. ×

【解析】破产企业会计确认、计量和报告以非持续经营为前提。

2. √

【解析】根据财政部《企业破产清算有关会计处理规定》，破产清算期间发生各项费用、取得各项收益应当直接计入清算损益。

3. ×

【解析】当债务人出现财务困难，不能按期偿还债务时，债权人可以通过法律程序，要求债务人破产，以清偿债务。此外，若债务人无法按时偿还债务，债权人对抵押物不具有直接处置权，需要与抵押人协商或通过上诉由法院判决后完成抵押物的处置；而对质押物的处置不需要经过协商或法院判决，超过合同规定的时间债权人就可以进行处置。

4. √

【解析】破产企业对破产可变现价值的清偿顺序，首先是偿还还有担保的债权，其次是清偿无担保但有优先权的债权，最后才清偿无担保无优先权的债权。

5. √

【解析】应付破产费用属于破产清算的负债类科目。

6. √

【解析】破产企业在破产清算期间的资产应当以破产资产清算净值计量。

7. ×

【解析】破产企业财务报告编制的基础是非持续经营。

8. √

【解析】共益债务是指人民法院受理破产申请后，为了全体债权人的共同利益及破产程序顺利进行而发生的债务。根据《中华人民共和国企业破产法》，属于共益债务的有因管理人请求对方当事人履行双方均未履行完毕的合同所产生的债务、因债务人不当得利所产生的债务、为债务人继续营业而应支付的社会保险费用和为债务人继续营业而支付的劳动报酬。

9. ×

【解析】企业清算的所得税处理，是指企业在不再持续经营，发生结束自身业务、处置资产、偿还债务以及向所有者分配剩余财产等经济行为时，对清算所得、清算所得税、股息分配等事项的处理。

10. √

三、业务题

（1）借：银行存款　　60 000
　　资产处置净损益　　10 000
　　贷：应收票据　　70 000

（2）借：银行存款　　240 000
　　资产处置净损益　　40 000
　　贷：应收账款　　280 000

（3）借：银行存款　　250 000
　　资产处置净损益　　150 000
　　贷：存货　　400 000

（4）借：银行存款　　9 600
　　贷：其他应收款　　9 600

（5）借：银行存款　　500 000
　　资产处置净损益　　60 000
　　贷：固定资产——机器设备　　560 000

模块五 案例分析

Y 公司破产清算案例分析

Y 公司是 1984 年成立的一家国有企业，在册职工人数 956 人，进入 21 世纪以来，由于管理不善，企业亏损严重，负债累累。公司管理层已更换几届，均无功而退，债权人曾试图通过债务重组使企业起死回生，以减少损失，但是公司改革已走到尽头。特别是 2017 年后，该公司已严重资不抵债，难于继续经营。2018 年 8 月，进入破产程序，依法指定的破产管理人在法院的监督指导下，先后组织召开了 7 次债权人会议，向所有债权人详尽公布破产事项，确保了破产程序的公开、公正、公平，有效防止了破产财产的流失。2018 年 8 月 13 日，公司以债务人身份申请破产，2018 年 12 月 5 日，人民法院宣告 Y 公司破产。

Y 公司破产接管日的资产负债表见表 11-1。

表 11-1 Y 公司破产接管日的资产负债表　　单位：元

资产	期末金额	负债和所有者权益	期末金额
流动资产		流动负债	
货币资金	200 380.00	短期借款	1 341 000.00
应收票据	—	应付账款	141 526.81
应收账款原值	84 000.00	应付职工薪酬	118 709.00

（续）

资产	期末金额	负债和所有者权益	期末金额
减：坏账准备	—	应交税费	96 259. 85
应收账款净值	84 000. 00	其他应付款	18 342. 00
其他应收款	17 023. 00	流动负债合计	1 715 837. 66
存货	—	长期应付款	4 530 000. 00
流动资产合计	301 403. 00	非流动负债合计	4 530 000. 00
固定资产	3 089 687. 00	负债合计	6 245 837. 66
		所有者权益	
		实收资本	1 000 000. 00
		未分配利润	-3 854 747. 66
非流动资产合计	3 089 687. 00	所有者权益合计	-2 854 747. 66
资产总计	3 391 090. 00	负债和所有者权益总计	3 391 090. 00

（资料来源：豆丁网. 破产清算会计处理［EB/OL］. https://www.docin.com/p-785852547.html.）

【引发的思考】

1. 简列破产宣告日余额结转和调整。

2. 简列破产宣告日清算资产负债表的编制。

3. 简列清算期间涉及业务的财务处理。

4. 简列破产清算期间财务报表的编制。

【分析提示】

1. 破产宣告日余额结转和调整

根据Y公司破产宣告日前的科目余额表，需要将其中部分会计科目的余额转入新设置的科目中，并编制破产清算报表日的清算资产负债表。

① Y公司原“其他应付款”科目核算内容为人民法院受理其破产案件费用。根据规定，将其转入“应付破产费用“科目，会计分录如下：

借：其他应付款　　18 342

　　贷：应付破产费用　　18 342

② Y公司原“实收资本”“未分配利润”科目的有关余额转入“清算净值”科目，会计分录如下：

借：实收资本　　100 000

　　未分配利润　　-3 854 747. 66

　　贷：清算净值　　-2 854 747. 66

③ 经专业资产评估公司对破产资产房屋进行评估确定：原价值为3 000 000元，评估

价值为 4 000 000 元；另应付职工薪酬 20 000 元，会计分录如下：

借：固定资产 1 000 000

　　贷：应付破产费用 20 000

　　　　清算净值 980 000

2. 破产宣告日清算资产负债表的编制

根据规定，企业经由法院宣告破产后，应当以破产宣告日为破产清算财务报表日编制清算资产负债表及其相关附注。2018 年 12 月 5 日，人民法院宣告 Y 公司破产，经调整后的清算资产负债表见表 11-2。

表 11-2 清算资产负债表

编制单位：Y 公司　　2008 年 12 月 5 日　　单位：元

资产	账面价值	负债及清算净值	账面价值
货币资金	200 380.00	负债：	
应收账款	84 000.00	借款	5 871 000.00
其他应收款	17 023.00	应付账款	141 526.81
存货	—	应付职工薪酬	118 709.00
固定资产	4 089 687.00	应交税费	96 259.85
		应付破产费用	38 342.00
		负债合计	6 265 837.66
		清算净值：	
		清算净值合计	-1 874 747.66
资产总计	4 391 090.00	负债及清算净值总计	4 391 090.00

3. 破产清算期间涉及业务的账务处理

① Y 公司共收回应收账款 80 000 元，已存入银行。按照规定，对于破产企业的应收类债权、应收票据、应收类投资等，如果在其破产清算期间有收回的，则应当按照实际收回的金额，借计到“库存现金”“银行存款”等科目，并按照原资产的账面价值，贷记有关科目，另需将其差额计入“资产处置净损益”科目，会计分录如下：

借：银行存款 80 000

　　资产处置净损益 4 000

　　贷：应收账款 84 000

② 破产清算期间，召开破产清算会议，支付会议费等相关费用 10 000 元，以银行存款付讫，会计分录如下：

借：破产费用 10 000

　　贷：银行存款 10 000

③ 破产清算期间，支付人民法院破产案件受理费用 18 342 元，以银行存款付讫，会计分录如下：

借：应付破产费用　　18 342
　　贷：银行存款　　18 342

④ 破产清算期间，按照经批准的职工安置方案，优先支付应付职工薪酬，除此之外，另支付职工补偿金 20 000 元，会计分录如下：

借：应付职工薪酬　　118 709
　　应付破产费用　　20 000
　　债务清偿净损益　　20 000
　　贷：银行存款　　158 709

⑤ 破产清算期间，盘盈一批存货，估计成本价值为 5 000 元，会计分录如下：

借：存货　　5 000
　　贷：其他收益　　5 000

⑥ Y 公司以房屋作价用于清偿其所欠 B 银行长期借款，会计分录如下：

借：长期应付款　　4 530 000
　　贷：固定资产　　4 000 000
　　　　债务清偿净损益　　530 000

⑦ 将盘盈存货及剩余固定资产折价变卖，共获得价款 28 250 元（含税价），已存入银行，会计分录如下：

借：银行存款　　28 250
　　资产处置损益　　69 687
　　贷：固定资产　　89 687
　　　　存货　　5 000
　　　　应交税费——应交增值税（销项税额）　　3 250

⑧ 其他应收款确认无法收回，且无法提供抵减所得税的资料，会计分录如下：

借：破产资产和负债净值变动净损益　　17 023
　　贷：其他应收款　　17 023

4. 破产清算期间财务报表的编制

在 Y 公司破产清算期间，应债权人会议要求，公司以 2018 年 12 月 31 日为报表日，编制破产清算财务报表。在编制破产清算期间的财务报表时，应将相关损益类科目结转至“清算净损益”科目中，再将该科目余额转入“清算净值”科目，会计分录如下：

借：其他收益　　5 000
　　债务清偿净损益　　510 000
　　贷：资产处置净损益　　73 687
　　　　破产费用　　10 000
　　　　破产资产和负债净值变动净损益　　17 023
　　　　清算净损益　　414 290

借：清算净损益　　414 290
　　贷：清算净值　　414 290

完成上述账务处理后，Y 公司于 2018 年 12 月 31 日编制清算期间财务报表。清算资产负债表见表 11-3。

表 11-3 清算资产负债表

编制单位：Y 公司　　2008 年 12 月 31 日　　单位：元

资产	账面价值	负债及清算净值	账面价值
货币资金	122 579.00	负债：	
应收账款	0	借款	1 341 000.00
其他应收款	0	应付账款	141 526.81
存货	—	应付职工薪酬	0
固定资产	0	应交税费	100 509.85
		应付破产费用	0
		负债合计	1 583 036.66
		清算净值：	
		清算净值合计	-1 460 457.66
资产总计	122 579.00	负债及清算净值总计	122 579.00

参考文献

［1］中国注册会计师协会. 会计［M］. 北京：中国财政经济出版社，2020.

［2］中国证券监督管理委员会会计部. 上市公司执行企业会计准则案例解析［M］. 北京：中国财政经济出版社，2019.

［3］傅荣. 高级财务会计学习指导书［M］. 5版. 北京：中国人民大学出版社，2019.

［4］丁奎山. 2020年注册会计师考试通关必做500题［M］. 北京：北京科学技术出版社，2020.

［5］王舒怡，宋淑鸿. ＊ST青松会计估计变更案例分析［J］. 经济研究导刊，2018（30）：101-106.

［6］傅荣. 高级财务会计学习指导书［M］. 4版. 北京：中国人民大学出版社，2018.

［7］傅荣，孙光国. 高级财务会计习题与案例［M］. 6版. 大连：东北财经大学出版社，2018.

［8］耿建新，戴德明. 高级会计学学习指导书［M］. 8版. 北京：中国人民大学出版社，2020.

［9］张志凤. 2020注册会计师考试应试指导及全真模拟测试：会计［M］. 北京：北京科学技术出版社，2020.